U0903595

作者简介

唐为群　1964年2月生，重庆人。武汉大学留学生教育学院副教授，文学博士。主要从事对外汉语教学和汉语词汇、语法研究。2006年10月—2008年9月受国家汉语对外推广领导小组办公室派遣赴法国马赛大学任教。

主要研究成果有：主持教育部人文社会科学研究2007年度规划基金项目一个；参编《HSK汉语水平考试模拟试题与解析》、《中国文学史教程》、《汉字双解详解字典》等多部著作；在《语言研究》、《学术研究》、《法国研究》、《武汉大学学报》等学术刊物发表论文10余篇。

武汉大学学术丛书

Wuhan University Academic Library

『原来』、『从来』、『连连』三组时间副词研究

唐为群 著

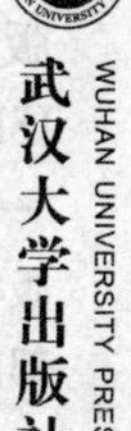

武汉大学出版社

WUHAN UNIVERSITY PRESS

图书在版编目(CIP)数据

"原来"、"从来"、"连连"三组时间副词研究/唐为群著. —武汉：武汉大学出版社,2010.10
武汉大学学术丛书
ISBN 978-7-307-08210-6

Ⅰ.原…　Ⅱ.唐…　Ⅲ.汉语—时间—副词—对外汉语教学—教学研究　Ⅳ.H195.3

中国版本图书馆 CIP 数据核字(2010)第 185866 号

责任编辑:黎晓芳　　责任校对:黄添生　　版式设计:支　笛

出版发行：**武汉大学出版社**　(430072　武昌　珞珈山)
(电子邮件：cbs22@ whu. edu. cn　网址：www. wdp. com. cn)
印刷：武汉中远印务有限公司
开本：720×980　1/16　印张:20　字数:280 千字　插页:3
版次：2010 年 10 月第 1 版　2010 年 10 月第 1 次印刷
ISBN 978-7-307-08210-6/H·726　定价:45.00 元

序

近几十年来，随着我国国力的不断增强，汉语的国际地位不断提高，全世界范围的“汉语热”持续升温。与之相应，对外汉语教学（汉语国际推广）事业蓬勃发展，相关研究工作也取得了不少成果。对外汉语教学（汉语国际推广）有两大任务，一是教授汉语言，一是教授汉文化。就教授汉语言而言，社会上往往有一种误解，以为对外汉语教学（汉语国际推广）只需要教授现代汉语；即便是业内人士，也存在这种倾向：对古代汉语教学和研究重视不够。其实，对外汉语教学（汉语国际推广）同样离不开古代汉语的教学和研究，原因有三：其一，汉语包括古代汉语和现代汉语，虽然对外汉语教学（汉语国际推广）应以教授现代汉语为主，但对正规的学历教育尤其是大学学历教育而言，若抛开古代汉语，那么，这样的汉语教学就是残缺的、不完整的。其二，从汉文化教学的角度看，如果学生没有古代汉语的功底，那是很难学习掌握好汉文化的，试想一个不懂古代汉语的人，他怎么能够很好地了解儒家学派、老庄思想呢？其三，现代汉语是从古代汉语发展而来的，现代汉语教学和研究中不少问题的解决，有赖于古代汉语知识的支持；对外汉语教学（汉语国际推广）工作只有同时重视古代汉语的教学与研究，才能促进现代汉语教学，使之获得理想的效果。

上面我之所以强调对外汉语教学（汉语国际推广）工作中应重视古代汉语的教学与研究，是因为这个问题与唐为群这部专著的写作缘起和特点有关。唐为群的这部专著是在她的博士论文的基础上修改充实而成的。唐为群在攻读博士学位之前已在武汉大学留学生教育学院从事对外汉语教学工作两年，教的是现代汉语。工作中，她碰到不少教学难点，同义词的教学就是其中之一。她发现，对汉语同义词，留学生往往掌握不好，运用中会产生大量偏误。比如学生对“连连”、“接连”两个同义词掌握不好，会造出这样的句子：“比尔不懂汉语，急得接连摇头。”“他连连跑了几次，才把出国的手续办好。”如何攻克同义词教学难题呢？她在实践中深深体会到：对教师来说，仅仅从现代汉语共时平面观察同义词的异同不能完全解决问题，必须对同义词进行历时考察，追本溯源，看它们之间的同和异各自的本源是什么，这种同异经历了什么样的历史演变，这样，教师才能全面、透彻地把握它们之间的同和异，把同和异向学生讲透，帮助学生准确掌握。正是基于这样的经历和认识，唐为群考取博士生后，在确定学位论文选题时确立了将同义词历时考察和对外汉语教学研究结合起来的研究思路。她选取留学生正确掌握有困难的“原来”、“从来”、“连连”三组时间副词，将历时考察、共时探究和教学讨论三方面有机地结合了起来。本书的鲜明特色就体现在这种结合上，尤其是历时考察和现时对外汉语教学研究的结合是以往研究中很少看到的，因此这种研究思路是一种有益且有效的新尝试。

本书的历时考察溯源讨流，揭示了三组时间副词完整的历史发展过程。三组时间副词“原来”组含“原来、本来、原先、原本”四个，“从来”组含“从来、向来、历来、素来、一向、一直、始终”七个，“连连”组含“连连、一连、接连、连续、陆续”五个。论文分中古以前、唐宋、元明、清四个时期展开论述，分析了三组词各语素的本义及引申义，讨论了每个词的内部结构，考察了每个词形成、发展的历史，并比较了各个时期三组词内部各成员之间在意义和用法方面的异同。这方面的研究即使撇开为对外汉语教学服务这一作用不谈，理清了三组时间副词的历史发展脉络，本身就有意义。

本书共时考察的显著特点是细致。对每个词的语法意义、句法特征，论文条分缕析，论述极为细致；对每组词内部成员之间在现代汉语共时层面的异同，论文多角度地进行了探究，分析也很细致，很透彻。

教学讨论方面，论文具体分析了留学生使用三组时间副词所出现的偏误，探讨了偏误的类型和产生原因，提出了相关对策，还设计了三组时间副词的教学示例。这方面的研究有实用价值。

总之，本专著研究思路颇有特色，所做研究工作既有学术价值，也有实践意义。当然，书中还存在一些问题，比如，一些分析未必妥当，一些例句的理解尚需斟酌。这些都希望读者批评指正。

唐为群获得博士学位后赴法国任教两年，于对外汉语教学（汉语国际推广）的特点有了更深的体会和认识，也积累了更多的研究素材，希望也相信她今后在对外汉语教学（汉语国际推广）研究方面做出更大的成绩！

卢烈红

2010 年夏

目　　录

引　　言

一、与本选题相关的研究状况

汉语时间副词是副词中成员较多的一个次类。① 总的来看，对时间副词的关注和研究，主要集中在20世纪八九十年代，主要有以下几个方面的研究：

（一）从现代汉语共时平面对时间副词本身进行分析和描写。①对时间副词的总体分析。如陆俭明、马真《关于时间副词》（见《现代汉语虚词散论》，语文出版社，1985年版），该文把时间副词分为定时时间副词和不定时时间副词两类；张谊生《现代汉语时间副词三论》（见《语言问题再认识》，上海教育出版社，2001年版）把时间副词分成表时副词、表频副词和表序副词三类；除此之外还有李少华《现代汉语时间副词的分类描写》（见《荆州师专学报》社科版，1996年第1期）；李敬国《句主前时间副词特点分

① 本书的“时间副词”，含一些学者所说的时间副词和频率副词。关于这一点，下文有论述。

析》(见《社科纵横》，1998年第5期)；赵恩芳《谈“时间副词”和“时间名词”》(见《中国成人教育》，1998年第7期)；周小兵《频率副词的多角度研究》(见《第六届国际汉语教学讨论会论文选》，北京大学出版社，1999年版)；周小兵《频度副词的划分与使用原则》(见《华东师范大学学报》，1994年第4期)等。②对时间副词的个案描写。如邢福义《从“原来”的词性看词的归类问题》(见《邢福义选集》，东北师范大学出版社，2001年版)，邢先生根据事实的全面性、条件的有效性、标准的同一性来确定“原来”的词性，认为“原来”是时间名词和语气副词；白梅丽《现代汉语中“就”和“才”的语义分析》(见《中国语文》，1987年第5期)，该文通过对现代汉语中“就”和“才”的分布特征和语义特点的描写，试图说明“就”和“才”具有一致的语义特性；赵新《“连、连连、一连”的语义和句法分析》(见《广东教育学院学报》，2002年第3期)等。③时间副词的对比研究。如张斌《现代汉语虚词词典》(商务印书馆，2001年版)、北京大学中文系1955、1957级语言班编《现代汉语虚词例释》(商务印书馆，1996年版)等。尤其值得一提的是张斌等的研究，他们对现代汉语约479个副词从性质、分布及语义等方面进行了详细的说明、描写和概括，对一些同义或近义的副词作简洁的比较或区分，应用性强，成就大。

(二)对副词共现时的次序的研究。如黄河《常用副词共现时的次序》(北京大学中文系《缀玉二集》，北京大学出版社，1990年)，该文主要是对副词内部类别共现的词序进行了描写；袁毓林《多项副词共现的语序原则及其认知解释》(《语言学论丛》26，商务印书馆，2002年)对多项副词共现的语序的制约性原则作了探索，同时也对其进行了认知性的解释。

(三)对时间副词与句中其他成分相互关系的分析。如史金生、胡晓萍《动量副词的类别及其选择性》(见《语文研究》，2004年第2期)，着重讨论了不同类别的动量副词(如本书的“从来、一直、始终、连连”等)与动词、否定副词、动态助词、其他表量成分之间的选择限制以及动量副词小类的共现顺序，揭示了动词的动量特征，并从语义和认知角度对各种选择限制作出了解释；徐国玉《时间副词状语与述补短语的语义关系略论》(载《句法结构中的语义研究》，北京语言文化大学出版社，1998 年版)、王红旗《时间副词对动词持续义和非持续义的影响》(见《晋东南师范专科学校学报》，2001 年第 1 期) 等，探讨了时间副词与述补短语、动词的语义关系。

(四) 对时间副词的语篇功能的研究。如张谊生《副词的篇章连接功能》(见《语言研究》，1996 年第 1 期)；屈承熹《汉语副词的篇章功能》(见《语言教学与研究》，1991 年第 2 期) 等。两篇文章都谈到“原来”、“本来”、“原先”、“原本”是表先时顺序的衔接副词。

(五) 留学生使用时间副词的偏误①分析。如王黎《“连”和“连连”》(见《汉语学习》，2003 年第 2 期)、《说“一连”》(见《世界汉语教学》，2003 年第 2 期)，两文都从留学生使用“连连”和“一连”的语法偏误入手，分别描写了“连连”和“一连”的语法意义和用法特点；辛永芬《留学生在使用“已然”类时间副词和“了”共现与否时的偏误分析》(见《河南大学学报》社科版，2001 年第 4 期)；张占山《“陆续”与“连续”辨析——兼论词义描写的深化》(见《2004 全国博士生学术论坛文学分论坛论文集》)；刘平《“从来”状语句的语义、语用分析》(见《武汉大学 2004 国际汉语教学学术研讨会论文集》)；何一薇《时间名词、时间副词之偏误分析》(见《温州师范学院学报》哲社版，2003 年第 2 期) 等都是针对应用进行研究的。

(六) 有关时间副词的历时考察。到目前为止，对本书所讨论的三组时间副词进行历时考察的专著或论文几乎没有，只是在一些近代汉语研究如吴福祥《〈敦煌变文〉语法研究》、杨荣祥《近代汉语副词研究》和唐贤清《〈朱子语类〉副词研究》中提到过，但都

① 偏误：是指学习外语的人在用外语进行交际时所使用的形式与所学外语的标准形式之间的差距。它表现在正字法、语音、语法、词汇、篇章和语用等各个层面上。偏误是学习外语的人才会有的，是多发的，有规律的。(鲁健骥，《语言文字应用》1992 年第 1 期)

只是粗略的勾勒，没有深入展开。

毋庸置疑，上述研究成果从不同角度对时间副词作了很好的研究。但也应该指出，这些研究主要是综合性的描写或解释，个体及分组研究方面则相对不足，因而面对具体应用时这些研究成果往往不能满足需要。

二、选题的缘由与研究的意义

人们用于交际的语言单位是句子，它由命题加情态构成，即S=P+M。命题的核心是谓词，它决定着句子的“句法·语义”的基本框架。情态部分的时间、量、语气、空间等范畴是句子的“神”，它对句子的成活及其表达有着重要的意义。特别是时间范畴，它直接反映动作行为或性状等的时制、时体或情态。“量”也是如此，它对行为动作或性状的频率、幅度、数量等的表达也具有极其重要的意义。

词汇形式是汉语表达这些范畴所用的主要手段之一。作为句子构成部分的命题，要想现实化为一个句子，时间副词显然是重要的构成要素。本书拟研究的“原来”、“从来”、“连连”三组时间副词，它们不仅在句法上表达“时”意义，语用上体现人际功能，而且在语篇上也起着极为灵活多样的作用，等等。就是说，在句这一单位上，这三组副词典型地体现了汉语“时”与情态纠缠的时相类型特点。所有这些无疑会造成研究上的困难与分歧，反映在对外汉语教学中更是盘根错节难以彻底说清。可见，无论是出于本体研究还是出于应用的实际需要，都需要我们对这些副词作一系统精细的研究。

陆俭明先生（2003）在《对外汉语教学展望》一文中谈道，从事对外汉语教学的教师要做有心人，积极从事具体的研究。朱志平《汉语双音词偏误的词汇语义学分析》对1110例双音词偏误进行了分类，主要有六种情况：①同语素近义双音词之间的误用，即：该用某个双音词而未用，误用了与之具有一个相同语素的另一个双音词（如该用“原来”却用了“本来”，两词具有同一语素“来”），这种偏误有518例，占总数的47%。②非同语素近义双音词之间的误用，即：该用某个双音词而未用，误用了语义与之相近的另一个双音词，两词之间没有同形语素（如该用“一直”却用了“始终”，“一直”和“始终”没有同形语素，但它们在表示动作或状态没有变化时语义相近），这种偏误有 280 例，占总数的 23%。其余四类偏误只占 30%。结论是：外国留学生学习汉语双音词主要问题出在同语素近义双音词的辨析上。这说明汉语双音近义词是第二语言习得者的难点，当然也是教师们极为关注的教学重点。而目前国内尚无一本适合外国人和对外汉语教师使用的近义词词典，现有的近义词词典虽有不少，但收词范围、释义原则、辨析方法、例句选择及释义语言等均不适合对外汉语教学。难怪陆俭明先生在各高校对外汉语教学界呼吁，要尽快编一本适合外国人和对外汉语教师使用的近义词词典。

陆先生另在《关于汉语虚词教学》中谈道：“必须重视虚词教学”。诚然，虚词的数量虽不多，可组织实词行文造句，其重要性不可低估。而副词研究在自古以来的虚词研究中一直占有举足轻重的地位。虚词一向是外国学生学习汉语的难点（据某校一个材料的统计，留学生表达上出现错误，有 65% 属于虚词运用方面出现的偏差），对虚词中的近义副词的掌握更是难上加难。由此，本书拟对“原来、本来、原先、原本”、“从来、向来、历来、素来、一向、一直、始终”与“连连、一连、接连、连续、陆续”这三组副词进行研究。①

对这三组近义时间副词的研究，其意义可归纳为以下几个方面：

（一）对这三组副词进行历时考察，理清这些词的产生、发展、演变的脉络，建立起每个词的发展史，总结演变规律，同时揭示这些副词在现代汉语共时平面所呈现异同状况的历史来源。

（二）对这三组副词在现代汉语时段的使用状况进行共时考

① 第一组以“原来”为代表，包括“原来”、“本来”、“原先”、“原本”；第二组以“从来”为代表，包括“从来”、“向来”、“历来”、“素来”、“一向”、“一直”、“始终”；第三组以“连连”为代表，包括“连连”、“一连”、“接连”、“连续”、“陆续”。

察，从语义、语法、语用和语篇等角度，进行全面细致的描写、比较、辨析，全方位揭示这些副词的特点，揭示三组副词之间和每组内部成员之间的异同。

（三）以历时考察和共时考察为基础，对留学生在使用这三组副词时出现的语法偏误进行科学的分析和解释，帮助留学生正确地使用这些副词。

总之，对这三组时间副词的研究，既能深化时间副词的本体研究，又能推进对外汉语教学；既有理论意义，又有实践意义。

三、本书的研究内容

本书对“原来”类、“从来”类与“连连”类三组时间副词进行研究，拟从以下三个方面入手。

（一）多角度研究这三组时间副词的意义状况。既作语义结构分析，探究其构成语素的本义，特别是对每组时间副词内部成员之间异语素的本义进行比较、辨析，探讨每个词两语素之间的语义关系；又作历时考察，探究这些时间副词从古至今发展演变的过程和存在的演变规律；还作共时剖析，比较三组副词之间和每组内部各成员之间意义的异同。

（二）多层面辨析三组副词的语法特点。既考察它们各自的句法特征，又用比较的方法和内外观察法，根据实际语料，对它们进行全面的比较分析，以揭示它们之间的共性和个性。

（三）结合留学生使用这三组副词常出现的偏误，进行习得方面的考察与探索。既在中介语①理论指导下，分析其偏误类型及产生的原因，又揭示这三组副词的学习规律，以有利于教学双方对偏差进行有针对性的改进，从而减少或避免偏误的产生。

① 中介语：指由于学习外语的人在学习过程中对于目的语的规律所作的不正确的归纳与推论而产生的一个语言系统，这个语言系统不同于学习者的母语，又区别于他所学的目的语。中介语系统在语音、词汇、语法、文化等方面都有表现。但它又不是固定不变的，而是随着学习的发展，逐渐向目的语的正确形式靠拢。（鲁健骥：《对外汉语教学思考集》第22页，北京语言文化大学出版社1999年版）

四、本书的研究方法

本书讨论的三组副词是留学生学习中的难点。本书对三组副词进行的是多“层级”的考察，即跨词、词组、句子和句组（语篇）四级单位，其中“词组、句子”是从语义、结构和语用三个平面进行研究。本书将历时考察、共时比较和偏误分析结合起来，以求揭示出这三组副词在语义、语法、语用及语篇功能等方面各自的特点和相互间的异同，从而减少或避免留学生偏误的产生。在具体研究和分析中，我们力求做到几个结合：

1. 定性分析与定量统计、分析相结合。

2. 历时追溯与共时考察相结合。主要借鉴语法化理论。

3. 从静态单位延伸到动态的语篇单位。将运用语用学、心理学等相关理论。

4. 理论研究与“汉语作为第二语言教学”的应用相结合。运用中介语理论。

五、语料

本书使用的主要语料如下：

先秦：《周易》、《尚书》、《诗经》、《左传》、《论语》、《孟子》等重要典籍。

两汉：《史记》、《淮南子》、《论衡》、部分东汉译经等。

魏晋南北朝：《抱朴子内篇》、《颜氏家训》、《世说新语》、《齐民要术》、《洛阳伽蓝记》、《大明度经》、《菩萨本缘经》、《光赞经》、《长阿含经》、《四分律》、《摩诃僧祇律》、《增壹阿含经》、《百喻经》、《入楞伽经》、《杂宝藏经》。

隋唐：《佛本行集经》、《王梵志诗》、《游仙窟》、《全唐诗》、《祖堂集》、《敦煌变文集》。

宋：《全宋词》、《景德传灯录》、《古尊宿语要》、《朱子语类》、《五灯会元》。

元：《全元曲》。

明：《水浒传》、《三言二拍》、《清平山堂话本》、《老乞大》、

《三国演义》。

清：《儒林外史》、《红楼梦》、《醒世姻缘传》、《儿女英雄传》、《二十年目睹之怪现状》、《官场现形记》、《老残游记》。

现当代：鲁迅《鲁迅全集》第一卷、《鲁迅全集》第二卷、《呐喊》、《阿Q正传》、《纪念刘和珍君》，茅盾《蚀》、《子夜》，老舍《骆驼祥子》、《茶馆》，巴金《家》，曹禺《雷雨》、《日出》，柔石《为奴隶的母亲》，周立波《暴风骤雨》，钱钟书《写在人生边上》、《围城》、《猫》、《纪念》、《灵感》、《上帝的梦》，丁玲《莎菲女士的日记》，张爱玲《红玫瑰与白玫瑰》、《倾城之恋》，周而复《上海的早晨》，宗璞《红豆》、《鲁鲁》、《熊掌》，朱邦复《东尼》、《巴西狂欢节》，李知侠《铁道游击队》，浩然《新媳妇》、《夏青苗求师》，赵树理《李家庄的变迁》、《三里湾》，路遥《人生》，陆文夫《清高》，萧红《生死场》，吴强《红日》，杨沫《青春之歌》，欧阳山《苦斗》、《三家巷》，李英儒《野火春风斗古城》，冯德英《苦菜花》、《迎春花》，梁斌《红旗谱》，李鸿升《平原枪声》，曲波《林海雪原》，冯志《敌后武工队》，茹志娟《百合花》、《静静的产院》、《剪辑错了的故事》，阿城《棋王》，张承志《黑骏马》、《北方的河》，罗广斌《红岩》，孙犁《风云初记》，马烽《吕梁英雄传》，杜鹏程《保卫延安》，白先勇《金大班的最后一夜》、《玉卿嫂》，方方《白雾》、《定数》、《暗示》、《桃花灿烂》、《埋伏》，张抗抗《白罂粟》，张贤亮《绿化树》、《灵与肉》，张卫《你别无选择》，张平《十面埋伏》，王朔《浮出水面》、《空中小姐》、《顽主》、《你不是一个俗人》、《一点正经没有》、《过把瘾就死》、《一半是火焰一半是海水》、《玩的就是心跳》、《许爷》，池莉《你是一条河》、《让梦穿越你的心》、《来来往往》，百合《哭泣的色彩》、《这样一种关系》、《蓝色星》，张炜《秋天的愤怒》、《柏慧》，张欣《梧桐梧桐》、《爱又如何》、《岁月无敌》，王小波《黄金时代》、《未来世界》、《白银时代》，张洁《爱是不能忘记的》、《漫长的路》、《世间上最疼我的人去了》，于晴《红苹果之恋》，叶兆言《哭泣的小猫》、《不要我你后悔一辈子》，亦舒《红尘》、《流金岁月》、《七姐妹》、《香雪海》、《异乡人》、《紫薇愿》，魏润身《挠攘》、《顶戴钩沉》，王蒙《风筝飘带》、《蝴蝶》、《坚硬的稀粥》、《名医梁有志传奇》，卫慧《甜蜜蜜》、《上海宝贝》、《床上的月亮》，铁凝《嫦娥》、《大浴女》、《哦，香雪》、《树下》，苏雪林《棘心》，苏童《1934 年的逃亡》、《妇女生活》、《井中男孩》、《另一种妇女生活》、《妻妾成群》、《罂粟之家》、《肉联厂的春天》，史铁生《我的遥远的清平湾》，乔典云《香与香》，陆文夫《清高》、《人之窝》，龙凤伟《月亮知道我的心》、《金龟》、《石门夜话》，柳建伟《突出重围》，刘震云《单位》、《故乡天下黄花》、《官场》、《官人》、《头人》、《一地鸡毛》，刘醒龙《凤凰琴》、《孔雀绿了》、《菩提醉了》，刘心武《人面鱼》，刘绍棠《狼烟》、《运河的桨声》，刘流《烈火金钢》，梁晓声《梁晓声作品自选集》，梁凤仪《风云变》、《豪门惊梦》、《激情三百日》、《金融大风暴》、《九重恩怨》、《弄雪》，廉声《月色狰狞》，李佩甫《羊的门》，礼平《小站的黄昏》、《晚霞消失的时候》，高阳《红顶商人胡雪岩》，冯苓植《雪驹》、《猫腻》，冯骥才《一百个人的十年》，邓友梅《那五》，戴厚英《人啊，人》，迟子建《原野上的羊群》、《岸上的美奴》，谌容《梦中的河》，陈忠实《白鹿原》，陈世旭《将军镇》，陈染《无处告别》、《私人生活》，王海鸰《牵手》，毕淑敏《预约死亡》、《送你一条红地毯》、《阑尾刘》、《紫花布幔》、《昆仑殇》、《阿里》、《转》、《君子于役》、《跳级》、《北飞北飞》、《补天石》、《那座山，虎啸龙吟》，琼瑶《鬼丈夫》、《聚散两依依》、《青青河边草》、《水云间》、《烟锁重楼》、《雁儿在林梢》、《月朦胧　鸟朦胧》，皮皮《比如女人》，彭荆风《绿月亮》，莫言《红树林》、《蝗虫奇谈》、《师傅越来越幽默》，莫怀戚《透支时代》、《陪都旧事》，马兰《桂圆干》、《闲话》、《阅读和对话》、《猪大肠的故事》，安顿《绝对隐私》，余华《活着》、《难逃劫数》、《夏季台风》、《现实一种》，余秋雨《十万进士》、《洞庭一角》、《文化苦旅》、《文明的碎片》、《西湖梦》、《一个王朝的背影》，《邓小平文选》第 1 卷，《邓小平文选》第 2 卷，《邓小平文选》第 3 卷，九年义务教育六年制小学语文教科书（以下简称“语文总”）等。

第一章

时间与时间副词

语言都有表达时间的系统。但是不同语言及同一语言的不同时期在表达手段上并不一样。下面我们先对汉语的时间表达作一大致介绍。

第一节　时间范畴及其表达手段

一般认为，时制、时体是构成人类语言的时间表达系统的要素，任何语言中都具有区分这些时间因素的表达手段，但不同的语言中表达这些时间意义所用的具体语法手段不完全相同。就汉语而言，它们往往交织在一起，情况十分复杂。为了深入讨论本书涉及的时间副词，有必要在此对它们作出界定和诠释。

一、时制、时体

（一）时制（tense）是说明动作行为、性状或事件发生出现的时间。包括如下几个方面：一是时点与时段，二是指出事件发生出现的时序或与参照事件的距离等。这两个方面是从外部对事件进行时间观察（external temporal reference of event）的反映，与事件本身状态无关，像本书讨论的“原来”类、“从来”类副词就是表示时制的。

（二）时体（aspect）则是从某一时间对事件内部进行观察（internal temporal reference of event）的结果，反映的是时间点段内行为性状的特征，如“从来”类、“连连”类副词就是反映时体的副词。①

时制与时体的区别反映了人们对时间观察的两种不同方式。西方语言学理论认为，说话时间(“ST”)、参照时间(“RT”) 和事件时间(“ET”) 等三种时间及其相互关系决定时间范畴在语法上的反映：说话时间与参照时间之间的关系确定时制，参照时间与事件时间之间的关系确定时体。

时体与时制也有着密切的关系，有时体范畴的语言中不一定存在时制范畴，而有时制范畴的语言通常也必有时体范畴。时制是命题与现实发生联系的重要方面，“现实性关心的是事件与说话时刻之间的关系，直接的语法反映就是时制系统”，而时体是高一层次的语法化系统，“反映了说话人观察事件状态的角度：完结的还是未完结的，与参照事件是什么关系”等。②

二、时间副词与时间表达之关系及其功能

在有形态的语言中，时制、时体通常是通过动词的形态变化或曲折手段来表达的。汉语没有严格意义的形态变化，主要靠词汇手段来表达。其中时间副词是时间意义表达的重要手段之一。它只有时间性，没有事物性（只能充当状语），既可以表达时制上的过去、现在与将来，也能表达时体上的经历、完成与进行。但在时制表达方面不及时间名词明确，在时体表达方面不及动态助词专职，

---

① “从来”类副词具有两兼的特性：除了主要表达时制外，还可以体现“经历”体。

② 张伯江：《认识观的语法表现》，《国外语言学》1997 年第 2 期。

它们往往和时制与时体等的表达都有千丝万缕的关系。就本书讨论的时间副词而言，具有如下功能：

（一）定向或定位的功能。“从来”类、“原来”类时间副词虽不能表达精确的时段，但能表达以说话时间为基点的某一方向上的时间情况。如“一向、从来、历来”等只能用于说话时间前、说话时以及说话后的事件。① 还有些时间副词虽不绝对以说话时间为参照点，但总是表达某一时间点之前发生的事件，如“原来$_{1a}$”、“本来$_{1a}$”、“原先$_1$”、“原本$_1$”等。② 因此，它们对小句在整个时间系统中所处的位置具有定向功能，可以确定某一事件与其他事件之间的时间关系。

（二）完句功能。时间是事件存在的方式之一，有些句子的谓语若离开了时间副词不能完句或可受性差。如分别把句例1、例2的“原来$_{1a}$”、“原先$_1$”去掉，句子就很难成立，比较：

例1：a. 原来$_{1a}$她一句汉语都不会说，现在已经能翻译一些简单的文章了。

---

① 陆俭明、马真：《现代汉语虚词散论》，语文出版社1999年版。

② “原来$_{1a}$”是“原来$_1$”的一个小类，“原来$_{1a}$”表示“早先”、“在先”的意思，指“以前”的某一时段，隐含现在情况改变了；“原来$_{1b}$”也是“原来$_1$”的一个小类，“原来$_{1b}$”本身仍含有“原来$_{1a}$”的语义，但它还含有从时间上进行“推究”的意思，常常和“就”连用，加强对句内语义内容的肯定；“原来$_2$”是用来强调某一情况是出乎说话人自己的预料之外的或是强调现存的某种情况与说话人的期待相反等义，含有吃惊、醒悟等义。“本来$_{1a}$”是“本来$_1$”的一个小类，“本来$_{1a}$”表示行为或性状的“原初”状况；“本来$_{1b}$”也是“本来$_1$”的一个小类，“本来$_{1b}$”表示事情或情况始终是如此，常与“就”连用，加强确认语气；“本来$_2$”表示按道理就应该这样的意思，但事实并非如此，含有虚拟的意义。“原先$_1$”是泛指先前的某一时段，相当于“先前”、“起初”，着重强调时间的“在先”性；“原先$_2$”表示某一行为、性状的先前情况始终是如此，未曾变化。“原本$_1$”表示事物或情况原先就是如此；“原本$_2$”表示某种行为或性状从始到终未曾变化。

例1：＊①b. 她一句汉语都不会说，现在已经能翻译一些简单的文章了。

例2：a. 原先$_1$答应了的人，现在都不行了。(《梁晓声作品自选集》)

例2：＊b. 答应了的人，现在都不行了。

(三) 情态功能。一些时间副词在表达时间意义的同时，还可以表示语气、态度等情态意义，如：

例3：不是正义感不正义感，本来$_2$嘛，我就不爱跟这种人打交道，谁知道他什么时候是真的什么时候是假的。(《顽主》)

例4：从来我就不抽烟。

例5：他一连忙了一个月才把论文写完。

例3"本来$_2$"有表示"未必如此"的虚拟义。例4"从来"有说话人的主观强调性。例5"一连"反映主观多量。

(四) 语篇上的衔接功能。这些时间副词除表达时制、时体等时间意义外，还可以作为衔接语篇的形式。如：

例6：原先$_1$，在敌人"确保治安"区，神出鬼没单独活动了近三年的武装工作队，今天，像条小溪汇合到主流里似的和大兵团汇聚到一起了。(《敌后武工队》)

例7：原来$_{1a}$，她认为冯永祥不会答应她的要求的，现在他答应得这么快又这样突然，真叫她忍不住高兴。(《上海的早晨》)

例8：他本来$_{1a}$有个奶名，却没有大号，人已年过花甲，因而大家都叫他的官称。(《狼烟》)

例9：这座花园洋房原本$_1$是蒋仞山的，现在转到了李少波的手里，不过，这房子的功能倒没有变，都是为了养小老婆的。(《人之窝》)

例10：我从来不肯对人这样低声下气说话，现在我求你可怜可怜我，这家我再也忍受不住了。(《雷雨》)

例11：南沙群岛，历来世界地图是划到中国的，属中国，现在除台湾占了一个岛以外，菲律宾占了几个岛，越南占了几个岛，

① 本书中的偏误句一律用＊表示。

马来西亚占了几个岛。

例6中的"原先$_1$"与"今天"对举，使得两个小句按时间顺序自然地衔接起来。例7～11的"原来$_{1a}$"、"本来$_{1a}$"、"原本$_1$"、"从来"、"历来"表先时顺序。

三、"原来"等类时间副词与其他事件表达手段的差异

在表达时间意义方面，这三组时间副词与时间名词、动态助词和事态语气词存在着一定的差异，主要表现在：

（一）在表达时间意义方面，它们的抽象程度介于时间名词与动态助词之间，即：时间名词>时间副词>动态助词。从理论上讲，动态助词表达的时体有时可以脱离特定的时制，即在语言表达中，可以表达时体而不涉及时制，但如果有时制，一般必有时体。

（二）时间名词重在时制的表达，动态助词主要用于表达时体意义，而这三组时间副词兼有表达时制、时体与情态的多重功能。在与现实的联系方面，时间名词与现实最为密切。

（三）时间副词和动态助词所表达的时间意义是模糊的，时间名词表达的时间意义可以是相对明确相对精确的。

（四）时间副词与时间名词、动态助词之间有选择性。在时间范畴性特征比较一致的情况下，相互之间体现出较好的兼容性；就与动词之间的关系而言，动态助词的制约性最强，时间名词最弱，时间副词介于二者之间，因此它们与动词之间的选择关系的强弱同样呈现出这样的势态：动态助词>时间副词>时间名词。

第二节 "原来"、"从来"与"连连"三组时间副词的判定与归类

一、"原来"、"从来"与"连连"类时间副词的判定

早期的时间副词研究由于受到传统语法凭意义划分词类的影响，未能严格区分表示时间意义的成分作状语与时间副词这两者之间的关系，因而所划定的时间副词还包括一般所说的时间名词、代

词等，范围广而杂。这种现象在后来的研究中有所改变，但对时间副词的范围、定义及判定标准仍未完全取得共识。① 陆俭明、马真（1985）把时间副词分为定时时间副词和不定时时间副词两类，认为现代汉语的时间副词有 130 个左右；张谊生②把时间副词分成表时副词、表频副词和表序副词三大类，数量是 80 多个；李泉③认为，时间副词表示事物或动作发生、变化的时间或频率，主要修饰动词或修饰带上“了、着、过”的形容词，数量有 139 个。其他涉及时间副词的研究中则采取举例的方法，但所举例词也不尽一致。

本节只讨论“原来”、“从来”、“连连”三组时间副词如何判定。其判定标准主要看某个词有哪些用法，占据哪些分布位置。

（一）时间副词与时间名词的区别。

首先，时间名词还可以充当主语、宾语（包括介词宾语）、定语，而时间副词不具备这些功能。如：

例 1：原来比现在强。（主语）

例 2：现在哪能比得上原来？（宾语）

例 3：“其实我倒觉得你原来那个女朋友挺好，你干吗和人家吹呀。”（《浮出水面》）（定语）

例 4：世界比原来设想的要大，力量比已经证明的要多。（《秋天的愤怒》）（介词宾语）

其次，时间副词一般修饰谓词性词语，一般不能修饰体词性词语；时间名词可以修饰体词性词语，也可以被体词、谓词和数量短语所修饰。

例 5：一直在等你/始终没忘记/连连点头　　　　（副词）

---

① 本书所讨论的三组双音近义时间副词是留学生在学习汉语副词时不易掌握的，也就是说，本书的立足点是对外汉语教学，因而我们对时间副词作宽泛定义，目的是有利于留学生很好地掌握时间副词。

② 张谊生：《现代汉语时间副词三论》，见《语言问题再认识》，上海教育出版社 2001 年版。

③ 李泉：《汉语语法考察与分析》，北京语言文化大学出版社 2001 年版，第 72 页。

＊曾经的考试/＊从来的苦日子/＊始终的关键 （副词）

明年的工作/今天的会议/顷刻之间 （名词）

漆黑的夜晚/不寻常的日子/一九三七年的冬天 （名词）

但从语言发展的角度看，有些时间副词本来就是由时间名词经常充当状语逐渐专职化和定型化而形成的，所以部分时间副词和时间名词存在纠葛是难免的。本书讨论的“原来”、“本来”与“原先”等就是如此。以“原来”为例，有的学者（如邢福义先生）把“原来$_1$”处理为时间名词，把“原来$_2$”处理成语气副词。我们认为本节中1~4例的“原来”为时间名词。

以下情况中的“原来”类、“从来”类词为时间副词：

1. “原来$_{1a}$”一般位于某一小句的谓语前或句首，后续句有时有“现在”或“可是”等与之呼应，前后句构成对比或转折，如：

例6：她原来$_{1a}$打算只学半年，现在想再延长半年。

例7：他们原来$_{1a}$（本来$_{1a}$/原先$_1$/原本$_1$）说顶多也就四年，可现在已经三年了，并没有看到什么希望，还是遥遥无期。(《十面埋伏》)

“原来$_{1a}$（本来$_{1a}$/原先$_1$/原本$_1$）+V（或VP）/A（或AP)”中的“原来$_{1a}$（本来$_{1a}$/原先$_1$/原本$_1$）”是时间副词，“从来、向来、历来、一向”的判定同此。

2. 处于句首、句中的“原来$_2$”为兼表语气的时间副词。

3. 在语篇中起先时衔接作用的“原来$_{1a}$”、“本来$_{1a}$”、“原先$_1$”、“原本$_1$”是时间副词；表示释因性衔接作用的“原来$_2$”、“本来$_2$”为时间副词。

4. 表示情况始终不变的“原来$_{1b}$”、“本来$_{1b}$”、“原先$_2$”“原本$_2$”为时间副词。

（二）“连连”类表示频率的副词与表时间意义的动词的区别。本书讨论的表频率副词有“连连、一连、接连、连续、陆续”，本源都与动作有关，表示动作行为的接连不断。比如，“接连”、“连续”是由古汉语的动词短语凝固虚化而成的。不过，“连连”类的动词性很弱，很少独立作谓语或带宾语。即便作谓语也常常需要黏附在另一个谓词上面，而且它带的宾语多是数量结构。如：

例 8：a.（老师）连续三天（没上课）→＊老师连续三天

b. 连续熬夜三天

例 8a：“连续三天”可作两种分析：第一种“连续三天”它们互为直接成分，那么，“连续三天”分析为动宾结构，“连续”是动词；第二种把“连续三天”作为后面动词的递加状语，那么，“连续”可分析为频率副词。而例 8b 里的“连续”只能是表频率副词。这样，根据例 8a、例 8b 中“连续”的分布特征与意义，本书将例 8b 中的“连续”处理为表频率副词是很符合它现在的性质的。同理“接连”等也作这样的处理。

二、“原来”、“从来”与“连连”三组副词的归类

（一）“原来”、“从来”与“连连”三组词的归类。学者们一般把时间副词和频率副词分列为两类，如邢福义先生①，也有学者如张志公②、胡裕树③、钱乃荣④、李泉⑤等把时间副词和频率副词合为一类，称为时间频率副词，我们采用后一种分类方法。

“原来”、“从来”两类显然是时间副词，作用是指示谓语部分的时间。“连连”组有争议，有的处理为方式类，有的认为是频率类。请看下列例句：

例 1：他连连点头说：“是，是。”

例 1 的“连连”是说明“点头”这一行为在说话时分的重复出现的频度的，“频度”是时间，因此，可以将与时间相关的频率副词都作为时间副词。这样我们可以把本书所讨论的时间频率副词作为一个小类放在一起，总称为时间副词。三组词的具体情况是：

A 类 {“原来”类
“从来”类

---

① 邢福义：《汉语语法学》，东北师范大学出版社 1999 年版，第 183 页。

② 张志公等：《汉语知识》，人民教育出版社 1999 年版。

③ 胡裕树主编：《现代汉语》，上海教育出版社 1981 年版。

④ 钱乃荣主编：《现代汉语》，高等教育出版社 1990 年版。

⑤ 李泉：《副词和副词的再分类》，载胡明扬《词类问题考察》，北京语言文化大学出版社 1997 年版，第 375 页。

B 类“连连”类

A 类里的“原来”一组是典型的时间副词，“从来”组副词是和典型的表频率副词 B 类相通的，如“一直”、“一向”等也是一些广义的表频率副词。

（二）从表达的时体与时制看，“连连”类就是些时体副词；“原来”类是时制副词，它们比较单纯；而“从来”类较复杂，不仅表时制，也表时体。

（三）从表达的角度看，这三组词都是情态成分。A 类是从时制方面反映说话人对行为、性状的态度、语气或评议等；B 类主要是用来描摹谓词所表示的体貌或“动相”等，表示说话人对行为或性质量的强调。从“句法·情态”看，都是通过状语这一成分体现说话人的情态的。简言之，着眼句法与语用两个方面，本书研究的这三组词语是表达“情态”范畴的手段之一。张志公、胡裕树、钱乃荣、李泉、张谊生等学者把频率副词归为时间副词，其重要的原因就是基于这种考虑。

第二章

“原来”类副词（上）

——历时考察

本章从历时的角度讨论“原来”、“本来”、“原先”、“原本”四个双音近义时间副词。表“原来”、“本来”义的副词，古汉语中有“原、本、固”等，后来出现了“原来”、“本来”、“原本”、“原先”等双音词。“原来”等四个双音时间副词在用法上同中有异。下面分四个阶段考察四个词的历时演变情况。

第一节　中古以前：元（原）本　本来

一、元（原）本

《说文·一部》：“元，始也。”由表示头引申为开始，魏晋南北朝时期虚化为副词，表示“原来、本来”义。如：

推其所由，似元不解音声。（嵇康《琴赋》）

“原”篆文从泉。《说文·泉部》：“原，水泉本也。”“原”是“源”的古字，本义是“水源”，如：“夫是之谓有原。”（《左传·

昭公五年》）

《说文·木部》：“木下曰本。”引申为“始”，《玉篇》：“本，始也。”虚化为副词，表示所述事实的原本或初始情况，始见于先秦。如：“是其始死也，我独何能无概然！察其始而本无告，非徒无生而本无形，非徒无形也而本无气。”（《庄子·至乐》）

先秦典籍中已有“原本、本原”短语的用例。如：

例1：我在伯父，犹衣服之有冠冕，木水之有本原，民人之有谋主也。（《左传·昭公九年》）

例2：或美以相应，比缀以书，原本穷末。（《管子·小匡》）

例1“本原”与“木水”对应，为并列式的名词短语，指根和源；例2“原本”指追溯事物的由来，是动宾式短语。

发展到汉代，本土文献和佛经文献中“本原、原本”例渐多，如下：

例3：……（皇帝）二十有六年，初并天下，罔不宾服。亲巡远方黎民，登兹泰山，周览东极。从臣思迹，本原事业，祗诵功德。（《史记·秦始皇本纪第六》）

例4：今长安天子之都……此教化之原本，风俗之枢机，宜先正者也。（《汉书·匡衡传》）

例3“本原”指“推本溯源”。例4“原本”意为“根源”。

到了魏晋南北朝时期，“本原、原本”继续沿用，例如：

例5：有本原无本原是为色。（《大明度经·照明十方品第十》）

例6：然不能知此生、老、病、死之原本，犹如有人在山林中。（《增壹阿含经》四）

例7：今与四部之众而说此本，皆当知此原本所起。（《增壹阿含经》）

例5～7“本原”、“原本”都是并列式名词短语，意为“根源”。

“元本”连用最早见于中古，是一个并列式名词短语，表示“根本的东西”、“首先的东西”，如：

例8：夫意也者，众苦之萌基，背正之元本，荒迷放荡，浪逸

天涯，若狂夫之所丽；爱恶充心，耽昏无节，若夷狄之无君。（《全晋文》卷一百三十八）

例9：尚书百官之元本，庶绩之枢机，丞郎列曹，局司有在。（《宋书》卷六）

由于“元”、“本”经常用作副词，在语法的类化作用下，“元本”由并列短语凝固虚化为副词，表示事实本来就是如此。魏晋南北朝时期已有个别用例。如：

例10：我观此髑髅，元本亦复非男，又复非女。（《增壹阿含经》四）

例10“元本”修饰并列式复句“亦复非男，又复非女”，作状语。

二、本来

《说文·来部》：“来，周所受瑞麦来麰。”本义是小麦。关于“本来”的“来”有两种说法：一是“来”字在甲骨文中就已假借为“来往”的“来”。古书中一般也用它的假借义。二是朱骏声在《说文通训定声》中说，“往来”之来正字是“麦”，菽麦之麦正字是“来”。从语音来看，“来”和“麦”上古音很相近，“麦”的声符正是“来”，两字相混确有可能。

吕叔湘先生曾对现代汉语表示概数的助词“来”的应用范围和位置作过系统的分析和归纳，且推测“来”的最初形式可能是“以来”（见《中国语文》1957年第4期）；日本学者太田辰夫在《中国语历史文法》① 一书中也认为概数词“来”或许是“以来”的省略。胡竹安先生《概数词“来”的出现及其由来》一文认为吕先生的假设是“颇为可信”的，他认为“来”替代“以来”跟汉语要求匀称的特点有关。志村良治②把“来”看做副词词尾，认

① 太田辰夫：《中国语历史文法》，蒋绍愚，徐昌华译，北京大学出版社1989年版，第142页。

② 志村良治：《中国中世语法史研究》，江蓝生，白维国译，中华书局1995年版，第74页。

为“以来”是从动词“来”逐渐变为副词词尾的，大部分还保留着原义。以上研究成果对我们很有启发。

“以来”的基本意义是表示从过去某时到谈话时间（或某个特定的时间）的一段时间范围，此义从古一直沿用至今。古“以”、“已”通用，故“以来”又常作“已来”。江蓝生先生《近代汉语探源》认为，先秦两汉“以来”未见省用，前边多有“自”、“从”等介词，魏晋南北朝时期始见“以来”省用为“来”，且前面往往不用“自”等介词。如：

例1：又复问言：“失经几时？”言：“失来二月”。（《百喻经》十九）

例2：玄石亡来，服以阙矣。（《搜神记》卷十九）

这一时期，从“以来”到“来”、从短语“从本以来”、“从本来”到名词或副词“本来”都处于过渡阶段。故“以来”和短语“本来”、名词或副词的“本来”并存。如：

例3：汝等慎勿起迎恭敬礼拜，亦勿请坐。取一别坐与之令坐。彼既坐已，卿等当问：“沙门瞿昙，汝从本来以何法教训于弟子？”（《长阿含经》八）

例4：世间之人亦复如是，从本以来常无有乐。（《百喻经》四四）

例3“汝从本来”中“本来”还是两个实词，其中“本”是名词，“来”为动词；例4“从本以来”中“本”仍为名词，意为“开始”，“从本以来”即“自始以来”，表示从一开始直到说话时的一段时间。

“本来”在我们考察的语料中，中古以前没有发现副词的用法。但是《汉语大词典》四卷第710页（汉语大词典编写组：《汉语大词典》，汉语大词典出版社，四川辞书出版社1998年版）征引了三国魏曹操《选举令》中的例子：“事本来台郎传之，令使不行知也。”《汉语大词典》释为“原来”、“向来”。若此例可靠，则副词“本来”萌芽于汉魏。

不论是单音副词还是双音副词，大都是由实词虚化而来。杨荣祥（2005）认为，在汉语的发展过程中，两个单音节词按照一定的构词规则结合成一个合成词，这个合成词最先是用作实词，后来再由实词虚化为副词。“本来”即是这样，随着短语“（从）本来”、“从本以来”的经常应用，就渐渐凝固成为一个词。如：

例5：佛言：善哉，善哉！持明度者是所施与，乃从本来福出其上。（《大明度经·变谋明慧品第五》）

例5“本来”凝固为一个名词，指人本有的心性。“本来”与前面的介词“从”组成介宾短语修饰后面的“福出其上”。

时间副词“本来”也由短语“（从）本来”、“从本以来”凝固虚化而成，表示某种事实或状况原先是如此的（记为“本来$_1$”）。这在语义上是相关的。我们遍查了中古时期的重要典籍，共检得六例，如下：

例6：自性本来$_1$入于涅槃。（《入楞伽经·佛心品第四》）

例7：一切世间诸法本来$_1$不生不灭。（《入楞伽经·法身品第七》）

例8：先知彼人本来$_1$患厌身命，秽贱此身。（《四分律·四波罗夷法之二》）

例9：我在前立便言可羞，本来$_1$作如是如是事何以不羞？（《四分律·一百七十八单提法之二》）

例10：复问言：“此第二方石，何由而有？本来$_1$不见。”（《四分律·受戒揵度之三》）

例11：大德长老，此作是已言是本来$_1$所作，比丘知不？（《四分律·七百集法毗尼》）

本土文献也已出现“本来$_1$”的用例。如：

例12：欲知健少年，本来$_1$最轻黠。（南朝梁·萧子云《赠美均》）

6~11例“本来$_1$”，分别修饰其后的VP“入于涅槃”、“不生不灭”、“患厌身命，秽贱此身”、“作如是如是事何以不羞”、“不见”和“所作”。例12“本来$_1$”修饰后面的AP“最轻黠”。“本来$_1$”都作状语。

小 结

就作副词而言，魏晋南北朝时期的“元本”、“本来$_1$”意义上差不多，都表示事实或道理原本就如此。

我们对中古各种类型的有代表性的典籍作了调查，列成表 2-1：

表 2-1　　中古“元本”、“本来”双音副词使用情况简表

词项＼次数＼文献	抱朴子内篇	颜氏家训	齐民要术	洛阳伽蓝记	世说新语	百喻经	长阿含经	增壹阿含经	大明度经	光赞经	摩诃僧祇律	菩萨本缘经	入楞伽经	四分律	杂宝藏经
元本	0	0	0	0	0	0	0	0	0	0	0	0	0	0	0
本来$_1$	0	0	0	0	0	0	0	1	0	0	0	2	4	0	0

从此表可知，这一时期，副词“元本”和“本来$_1$”都还处于萌芽阶段。本土文献和佛经文献中都只出现了零星用例。

第二节　唐宋：元（原）本　本来　元（原）来

一、元（原）本

唐宋时代，作副词用的“元（原）本”还是不太多，《全唐诗》、《王梵志诗》（含篇题中的“元本”）和《敦煌变文集》各 2 次，《景德传灯录》1 次，《朱子语类》1 次，《佛本行集经》、《祖堂集》和《古尊宿语要》没有用例。同期其他文献中有用例。如下：

例 1：一身元本别，四大聚会同。（《王梵志诗·一身元本别》）

例 2：此亭留恨为伤怀，未得醒醒便看回。却想醉游如梦见，直疑元本不曾来。（《全唐诗》卷 518，雍殉《寄题岘亭》）

例 3：……折狱也曾为俗吏，劝农元本是耕人。（唐·李频《五月一日蒙替本官不得随例入阙感怀献送相公》）

例 4：雀儿语燕子：“不由君事觜。问君行坐处，元本住何

州？”（《敦煌变文》，《燕子赋》卷三）

例5：浩然之气，原本在于至大至刚。若用之处，只在“必有事焉，而勿正，心忽忘，勿肋长”否？（《朱子语类》卷五十二《孟子二》）

例6：特达一生常任运，野客无乡可得归。今日山僧只遮是，元本山僧更若为？（《景德传灯录·云顶山僧德敷诗十首》）

“元（原）本”或修饰光杆V（例1），或修饰VP（例2~5），或修饰S（例6）。

二、本来

“本来”发展到唐宋时期，副词用法十分丰富，随着“本来$_1$”的大量使用，唐代又进一步产生出“表示某种事实或状况按理就是如此”的意思（记为“本来$_2$”）。“本来”的用例《王梵志诗》2次（含篇题中的“本来”），《全唐诗》39次，《祖堂集》14次，《敦煌变文集》6次，《全宋词》18次，《景德传灯录》69次，《古尊宿语要》12次，《五灯会元》63次，《朱子语类》36次。兹分述之。

（一）表示某种事实或状况原先就是如此，后面往往跟有表转折的内容，可用于主语前或谓语前作状语。例如：

例1：法性本来$_1$常存，茫茫无有边畔。（《王梵志诗·法性本来常存》）

例2：本来$_1$薄俗轻文字，却致中原动鼓鼙。（《全唐诗》卷632，司空图《丁未岁归王官谷》）

例3：……后来出家子，论情入骨痴，本来$_1$求解脱，却见受驱驰。（《全唐诗》卷807，拾得《诗》）

例4：法法本来$_1$法，无法无非法。（《祖堂集》卷一）

例5：本来$_1$事主夸忠赤，变为不孝辱家门。（《敦煌变文》卷一）

例6：其观本来$_1$破落，令修造严丽，天子频驾幸。（《入唐求法巡礼行记》卷四）

例7：……留得鬓须迟白，是本来$_1$真贵。（《全宋词》，程大

昌《好事近》)

例 8：老作宫祠散汉，$本来_1$田舍村翁。(《全宋词》，吴儆《西江月》)

例 9：问曰：赖觉知万法，万法$本来_1$然。(《景德传灯录》卷第四)

例 10：尧舜之所以为尧舜，也只是这四个字，桀纣$本来_1$亦有这四个。如今若认得这四个分晓，方可以理会别道理。(《朱子语类》卷一)

例 11：其人如是解，心色$本来_1$同。(《五灯会元》卷一)

例 12：上堂云：此性$本来_1$清静，具足万德。(《古尊宿语要·大隋神照禅师语要》)

(二) 表示某种事实或状况按理就是如此。例如：

例 13：况我今四十，$本来_2$形貌羸。(《全唐诗》卷 432，白居易《白发》)

例 6、例 12“$本来_1$”修饰双音节形容词谓语“破落”、“清静”；例 7“$本来_1$”修饰 AP“真贵”；例 1、例 11“$本来_1$”修饰 V 及 VP，其中例 1“$本来_1$”修饰 VP“常存”，例 11“$本来_1$”修饰 V“同”；例 2、3“$本来_1$”和后面的关联副词“却”合用衔接一组句子；例 9“$本来_1$”修饰代词“然”；例 4“$本来_1$”修饰的对象是 N“法”，该名词活用为动词，意为“是法”；例 5“$本来_1$”置于主语前修饰 S“事主夸忠赤”；例 10 与后面的时间词“如今”相对照表先时顺序，同时兼有释因和引起转折的作用；例 8“$本来_1$”修饰 NP“田舍村翁”；例 13“$本来_2$”修饰主谓短语“形貌羸”。需指出的是，例 1、例 9、例 11 中的“$本来_1$”现代汉语学界称为“$本来_{1b}$”①，其余“$本来_1$”现代汉语学界称为“$本来_{1a}$”②。

唐宋时期的“本来”有两个义项，第二个义项是唐代新产生的。“$本来_1$”除继续沿用魏晋南北朝时的用法（例 1、3、6、7、

---

① “$本来_{1b}$”表示事情或情况始终是如此，常与“就”连用，加强确认语气。

② “$本来_{1a}$”表示行为或性状的“原初”状况。

10、11、12）外，还可修饰N及NP，如例4、例8；修饰S，如例5；有衔接功能，如例10；新产生的“本来$_2$”可修饰主谓短语，如例13。

三、元（原）来

“元来”本义为“自开始、起初以来”，为时间名词，唐代已出现①，后来，渐渐虚化成时间副词“元来”。

至少在唐代，副词“元来”出现了两个义项。

（一）“元（原）来”表示某种事实或状况原先是如此（大致同“本来$_1$”），记为“元（原）来$_1$”。如：

例1：善恶既不二，元来$_1$无大小。（《王梵志诗·若遇觅佛道》）

例2：因咏曰：“元来$_1$不相识，判自断知闻。”（《游仙窟》）

例3：明妃既策立，元来$_1$不称本情。可汗将为情和，每有善言相向。（《敦煌变文》卷五）

例4：目莲（连）含佛若恒河，地狱元来$_1$是我家。（同上）

例5：尾虎元来$_1$险，主文却类疵。（《全唐诗》卷405，元稹《酬翰林白学士代书一百韵》）

例6：世事短如春梦，人情薄似秋云。不须计较苦劳心，万事原来$_1$有命。（《全宋词》，朱敦儒《西江月》）

例7：若是那物元来$_1$破了，则不可谓之毁。（《朱子语类》卷第三十一）

例8：僧云：“元来$_1$无许多般，如今却作模样。”（《古尊宿语要·舒州法华山举和尚语要》）

以上“元（原）来$_1$”用法与“本来$_1$”相近，表示某种事实或状况原先就如此。上面例1~4、例6、例8“元来$_1$”分别修饰VP“无大小”、“不相识”、“不称本情”、“是我家”、“有命”、“无许多般”。例5、例7“元来$_1$”分别修饰单音节形容词谓语“险”和“破”。例8“元来$_1$”与后面的时间词“如今”相呼应表

① 杨荣祥：《近代汉语副词研究》，商务印书馆2005年版，第118页。

先时顺序，“元来$_1$……如今……”有连接小句的作用。宋代“元来$_1$”产生了连接语篇的用例。如：

例9：他元来$_1$也有此心，只是他自失了。今却别是一种心，所以不见义理。（《朱子语类》卷第二十一）

例9表先时顺序的同时，解释“他”不见义理的原因。

以上例1、例3、例7、例8、例9的“原来$_1$”现代汉语学界称为“原来$_{1a}$”①，例2、例4、例5、例6的“原来$_1$”现代汉语学界称为“原来$_{1b}$”②。

（二）“元来”表示发现了原先不知道的真实情况，有时含恍然大悟的意思（记为“元来$_2$”）。可用在主语前或谓语前作状语。在唐宋时的文献里大量运用。如：

例10：国家兵马元来$_2$不入他界，恐王怪无事，妄捉无罪人送入京也。（《入唐求法巡礼行记》卷四）

例11：养大长成人，元来$_2$不得使。（《王梵志诗·父母是冤家》）

例12：师云：“我将谓是玉玺，元来$_2$只是天南角。”（《祖堂集》卷八）

例13：我将谓天下无人，元来$_2$有老大虫在。（《祖堂集》卷八）

例14：玉英惟向火中冷，莲叶元来$_2$水上干。（《全唐诗》卷413，元稹《放言五首》）

例15：师曰：“将谓是舶上商人，元来$_2$是当州小客。”（《五灯会元》卷第九）

例16：我将谓是个人，元来$_2$是唵黑豆老和尚。（《景德传灯录》卷十二）

---

① “原来$_{1a}$”表示“早先”、“在先”的意思，指“以前”的某一时段，隐含现在情况改变了，其所在句的后续小句常有表当前的时间词或转折性词语等。

② “原来$_{1b}$”本身仍含有“原来$_{1a}$”的语义，但它还含有从时间上进行“推究”的意思，常常和“就”连用，加强对句内语义内容的肯定。

例 17：我在浙江早闻你名，元来$_2$见解只如此，何得名播寰宇？（《古尊宿语要 · 筠州大愚芝和尚语录》）

例 18：道学不明，元来$_2$不是上面欠缺工夫，乃是下面元无根脚。（《朱子语类》卷第一）

例 11～16“元来$_2$”作状语修饰 VP。其中，例 11 修饰一般 VP“不得使”；例 12、例 15“元来$_2$”修饰 VP“是+宾语”。其中，例 12 限定副词“只”修饰 VP“是天南角”后，再受前面“原来$_2$”的修饰；例 13“元来$_2$”修饰兼语短语“有老大虫在”。例 14“元来$_2$”修饰状中短语“水上干”。例 17“元来$_2$”修饰 S“见解只如此”，指发现了原来不知道的情况，作句首状语。例 18“元来$_2$”修饰其后的复句“不是上面欠缺工夫，乃是下面元无根脚。”

小 结

唐宋时期，副词“元本”、“本来”、“元来”既有共同点，也有不同点。共同点在于“元来$_1$”、“元本”在语义上和“本来$_1$”基本相同。如“元本”的例 1～6 与“元来$_1$”的例 1～9；语法功能上，三者都可放在主语前或主语后作状语，修饰 V 及 VP 或 S。“本来$_1$”和“元来$_1$”都可修饰形容词谓语，宋代“本来$_2$”、“元来$_2$”产生出连接小句的功能（“本来$_1$”的例 10 和“原来$_1$”的例 8），二词都可和其他副词（如：皆、都、只、也、犹等）连用，共同修饰后面的谓词性成分，“本来$_1$”可修饰 NP（如例 8）、“本来$_2$”可修饰主谓短语（如例 13）；“元来$_2$”可修饰状中短语（如例 14）、兼语短语（如例 13）和复句（如例 18）。

下面我们通过一个简表说明唐宋时期“元本”、“本来”、“元来”的使用情况。

从表 2-2 可知，副词“本来”在唐代普遍出现，用例颇多。“元（原）来”则刚刚产生，故用例偏少。到了宋代，“元来”和“本来”使用频繁。副词“元本”居劣势，只有零星用例。“元（原）来”、“本来”、“元本”使用频繁的比率约为 18∶27∶1。

表 2-2 唐宋时“元（原）本”、“本来”、“元（原）来”使用情况简表

朝代	文献（语义与次数 / 词项）	元（原）本	本来			元（原）来		
		同“本来$_1$”	本来$_1$	本来$_2$	合计	元来$_1$	元来$_2$	合计
唐	佛本行集经	0	3	0	3	0	0	0
唐	王梵志诗	2	2	0	2	1	3	4
唐	游仙窟	0	0	0	0	2	3	5
唐	全唐诗	2	39	1	40	2	6	8
唐	敦煌变文集	2	6	0	6	2	3	5
唐	祖堂集	1	35	0	35	3	10	13
宋	景德传灯录	1	69	0	69	3	16	19
宋	全宋词	0	20	0	20	12	40	52
宋	古尊宿语要	0	12	0	12	2	9	11
宋	五灯会元	0	63	0	63	6	43	49
宋	朱子语类	3	41	6	47	15	15	30

这一时期，“原本”、“本来”、“原来”的实词用法继续沿用。如：

例 19：曰：“若论水之有原本，则观其流，不知其有原。然流处便是那原本，更去那里别讨本？”（《朱子语类·孟子上》）

例 20：万机俱泯迹，方识本来人。（《全唐诗》卷 806，寒山《诗三百三首》）

例 21：不昧本来，太虚明月流辉过。（《全宋词》，代香严茶老《点绛唇》）

例 22：欲复自家元来之性，乃恁地悠悠，几时会做得？（《朱子语类》卷第一）

例 19 两个“原本”是名词，指（水的）源头，在句中作宾语。20、21 两例“本来”是名词，例 20“本来”表示原有的，作定语，例 21“本来”指人本有的心性，“本来”作宾语。例 22

“元来”是时间名词，修饰后面的名词“性”，作定语。

第三节 元明：元（原）来 本来 原先

一、元（原）来

元代，副词“元（原）来”的使用更加频繁。从元代开始，多用“原来”，但是“元来”在元明时期仍有运用。“原来$_1$”继续沿用唐宋时连接小句和语篇的用法：

例1：原来$_1$不知道，如今有圣人的命，着倾城士户都去符家花园里赏花去哩，我和你两个走一遭去好么……（无名氏《赵匡义智娶符金锭》楔子）。

例2：李吉道：“大郎原来$_1$不知。如今近日上面添了一伙强人，扎下个山寨在上面，聚集着五七百个小喽罗，有百十匹好马……”（《水浒传》第二回）

例3：元来$_1$山东地面，方术之士最多。（《醒世恒言》第三十九回）

例1连接小句，例2、例3连接语篇。以上三例“原来$_1$”都为“原来$_{1a}$”。

下面是“原来$_2$”的用例：

例4：（做见科，云）我道是谁，元来$_2$是季卿来了也。（范康《陈季卿误上竹叶舟》第三折）

例5：您孩儿问其故，他原来$_2$去井上打水，掉了桶在井里。（关汉卿《刘夫人庆赏五侯宴》第四折）

例6：（白士中云）夫人不知，当日杨衙内曾要图谋你为妾，不期我娶了你做夫人。他怀恨小官，在圣人前妄奏，说我贪花恋酒，不理公事。现今赐他势剑金牌，亲到潭州，要标取我的首级。这个是家中老院公，奉我老母之命，捎此书来，着我知会；我因此烦恼。（正旦云）原来$_2$为这般。（关汉卿《望江亭中秋切鲙》第二折）

例7：（须贾云）哦，原来$_2$今日是你生日。（高文秀《须贾大

夫谇范叔》第二折）

例8：来到这洞庭湖也。原来$_2$这湖口上果然有一座庙宇。（尚仲贤《洞庭湖柳毅传书》第二折）

例9：（院公云）你原来$_2$不曾吃酒，可怎生这个模样？（高文秀《须贾大夫谇范叔》第二折）

例10：我则道在那壁，原来$_2$在这里，谁想这底座儿下包藏着杀人贼。（孟汉卿《张空目制勘合罗》第四折）

例11：贫道东华帝君是也。掌管群仙籍录。因赴天斋回来，见下方一道青气，上彻九霄。原来$_2$河南府有一人，乃是吕岩，有神仙之分。可差正阳子点化此人，早归正道。（马致远《邯郸道省悟黄粱梦》第一折）

例12：我不曾好生看，这个马元来$_2$有病。（《老乞大》卷下）

例13：只见潘金莲掀帘子进来，银丝髻上戴着一头鲜花，笑嘻嘻道："我说是谁，原来$_2$是陈姐夫在这里。"（《金瓶梅》第十八回）

例14：（武松）只一棒，从半空劈将下来。定睛看时，一棒劈不着大虫。原来$_2$慌了，正打在枯树上，把那条梢棒折做两截，只拿得一半在手里。（《水浒传》第二十三回）

例15：林冲按住喝道："你这厮原来$_2$也恁的歹，且吃我一刀。"（《水浒传》第一十回）

例16：钟公道："原来$_2$如此，可怜！可怜！"（《警世通言》第一卷）

例17：卢俊义笑道："原来$_2$也只恁地。看你到那里？"（《水浒传》第一百一十九回）

例18：大王道："苦也！畜生也来欺负我。"再看时，原来$_2$心慌，不曾解得缰绳。（《水浒传》第五回）

例19：那婆子赶出来，看了笑道："我只道是谁，却原来$_2$是施主大官人。你来得正好。且请你入去看一看。"（《水浒传》第三回）

例20：看官听说："原来$_2$但凡世上妇人哭，有三样哭：有泪有声谓之哭；有泪无声谓之泣；无泪有声谓之号。"（《水浒传》第

二十五回）

例4、例12、例13"元（原）来$_2$"修饰VP，分别修饰VP"是季卿来了也"、"有病"、"是陈姐夫在这里"。例5"原来$_2$"修饰连谓短语"去井上打水"，例14、例15"原来$_2$"分别修饰形容词谓语"慌"和AP"也恁的歹"。16、17两例"原来$_2$"分别修饰代词"如此"和代词短语"也只恁地"。例18"原来$_2$"修饰主谓短语"心慌"。例6"原来$_2$"修饰介宾短语"为这般"。例7、例8"元（原）来$_2$"分别修饰S"今日是你生日"、"这湖口上果然有一座庙宇"。例9"原来$_2$"与转折副词"可"共现，表转折义，有虚拟的情态。10、19两例"只（则）道……原来$_2$……"格式，"只（则）道"指"以为"，用"只（则）道"作出的论断往往不符合事实，另一小句用"原来$_2$"指明真相。这种格式到清代表示为"（只）当……原来$_2$……"如：宝玉冷笑道："我只当是谁亲戚，原来$_2$是璜嫂子侄儿。"（《红楼梦》）现代汉语表示为：我以为你是中国人，原来$_2$你是日本人。例10"那壁"、"这里"对举，更强调了这一格式所要突出的内容即"在这里"。这两例都表示说话人的期待与事实相反。例11、例20"原来$_2$"是释因性衔接副词，有连接语篇的功能。例11"原来$_2$"先提出原因"吕岩不是凡人，他有神仙之分……"然后对前面的现象作出解释。"……见下方一道青气，上彻九霄"；例20通过其后的复句"但凡……谓之号"提出原因对前面的情况作出解释。

以上例句，为了突出"发现原先不知道的真实情况"这一意义，"原来$_2$"往往与表示领会、醒悟的叹词"哦"（例7）、表示惊异的"呀"、"嗨"等或"原来$_2$"之后有副词"果然"（例8）、"果真"与之配合；或者是"我道是谁"（例4）、"我说是谁"（例13）配合。

由于"缘"是"原"的同音字，明代还出现了副词"缘来"，义同"原来$_2$"。如：

例21：一个老诚的和尚。他是裴家绒线铺里小官人，出家在报恩寺中。因他师傅是家里门徒，结拜我父做干爷，长他两岁。因此上叫他做师兄。他海名叫做海公。叔叔，晚间你只听他请佛念

经，有这般好声音。石秀道：“缘来恁地。”(《水浒传》第五回)

例21“缘来”为“原来$_2$”，作状语，修饰代词“恁地”(意为“这样”)。

元明时期，“原来”的运用与唐宋时相比：唐宋时的“原来”可放在主语前或谓语前修饰V及VP、A及AP、兼语短语、S和复句。宋代，“原来”产生出连接小句的功能。而这时的“原来”除了继续沿用唐宋时的所有用法（参唐宋时“原来”例1～18）外，变得更为复杂，出现了一些新的情况，表现在以下几个方面：

第一，“原来$_2$”作状语，可修饰代词和代词短语（例16、例17)、主谓短语（例18)、介宾短语（例6)。

第二，用“哦”、“呀”、“嗨”等叹词或“果然（真)”等与“原来$_2$”配合使用，强调发现原先不知的真实情况，如例7、例8；或者用“我道（说）是谁”与“原来$_2$”配合、“只（则）道……原来$_2$……”“原来$_2$……只（则）道……”格式，表示说话人的期待与事实相反，如例4、例10、例19。

第三，宋代“原来$_1$”连接小句只有个别用例，到元明时用例普遍出现（例1)，元代“原来$_2$”又产生了连接语篇的功能（例11、例20)。

第四，这一时期，“原来$_2$”与其他副词连用或共现的用例颇多，“原来$_2$”与副词“却”、“只”、“也”、“就”、“都”等连用的例句如例15、例17、例19。

二、本来

元明时代，副词“本来”的用例如下：

例1：［正末云］我本来$_1$度脱你，倒着你接引了我。（李寿卿《月明和尚度柳翠》第一折）

例2：有一首词单道着妙观好处：丽质本来$_1$无偶，神机早已通玄。(《二刻拍案》卷之一)

例3：回来走在帐房里，好酒好肉噻一顿。本来$_1$不醉佯装醉。(无名氏《小尉迟将斗将认父归朝》第二折)

例4：然知行之体，本来$_1$如是，非以己意抑扬其间。（明·王

守仁《传习录》）

例5：绝了业障本来$_1$空，离了终须还宿债。（李寿卿《月明知尚度柳翠》第二折）

例6：他资性本来$_1$聪慧，教来曲子，那消几遍，却就会了。（《醒世恒言》第二十卷）

例7：本来$_1$好好一个妇人，却被尼姑诱坏了身体，又送了性命。（《初刻拍案》卷之六）

例8：那过善本来$_1$病势已有八九分了，却又勉强料理这事。喉长气短，费舌劳唇，劳碌这半日，到晚上愈加沉重。女儿、媳妇守在床边，啼啼哭哭，张孝基备办后事，早已停当。又过数日，乌呼哀哉！（《醒世恒言》第十七卷）

例9：好人家儿女，不好拆开了另嫁得，别人家也本来$_1$要了。（《初刻拍案》第三十五回）

例1～4“本来$_1$”分别修饰VP“度脱你”、“无偶”、“不醉”、“如是”。例5、例6“本来$_1$”修饰形容词谓语“空”、“聪慧”。例7、例8“本来$_1$”和后面的关联副词“却”合用以衔接一组句子，组成相对完整的篇段。例9“本来$_1$”受副词“也”的修饰（这种格式少见）。以上是“本来$_1$”的用法。就我们所考察的语料，不见“本来$_2$”的用例。以上例1～3、例6～8细分则为“本来$_{1a}$”，例4、例5为“本来$_{1b}$”。

和唐宋时的副词“本来$_1$”相比，元明时代“本来$_1$”的使用频率偏少，且用法也不及唐宋时丰富。唐宋时的“本来$_1$”除了有和上面1～8例相同的用法外，还可修饰NP、主谓短语和名词的活用，“本来$_1$”还可与后面的时间词“今”、“如今”等相呼应表先时顺序，同时兼有释因的作用。

三、元（原）本

作副词用的“元本”宋代以后基本上为“原本”所取代。我们在《全元曲》和明代的《水浒传》、《老乞大》、《清平山堂话本》、《三言二拍》中都没有发现“元本”、“原本”的副词用法。

四、原先

《说文·先部》：“先，前进也。”《尔雅·释诂》：“先，始也。”本义为“（行进）在前”。引申为“初始”义。

“原先”与“元本”产生途径相似，是两语素同义合用，表示先前的某一时期或先前的某一情况，相当于“先前、起初”。产生于元代，之后直到现代用例一直很少，《全元曲》和《水浒传》各有1例；“三言二拍”有3例；《老乞大》和《清平山堂话本》中我们没发现用例。如：

例1：娘道：“休把出去罢！原先你爷曾把出去，便使得一番便休了。”（《醒世恒言》第十四卷）

例2：张之翁道：“只有一件，他原先是你妻子，今日是你主母，必然着提旧事。”（《二刻拍案》卷二十一）

例3：前日忽有上司文书到府，将俺相公升除吉安太守，却是因祸致福。原先我相公原除饶州佥判，只因不就丞相亲事，欲改潮阳。如此更迁，意欲陷害在潮阳。如今朝廷别立丞相，廉知相公治事清廉，持心公正，因此升除吉安太守。今日促装行李，那来的鼓乐彩旗，敢是与相公送行的？（柯舟邱《荆钗记》第三十七出）

例1“原先”修饰后面的S“你爷曾把出去，便使得一番便休了”。例2、例3“原先……（如今）……今日……”相对照，表先时顺序；例3同时兼有解释前因的作用。以上三例“原先”现代汉语学界称为“$原先_1$”①。

小　结

元明时期，作副词用的“原来”、“本来”、“原先”三词同中有异。相同点在于“$原来_1$”、“$本来_1$”、“原先”都有“原先，当初”义。如“$原来_1$”的例1~3、“$本来_1$”的例1~9和“原先”

---

① “$原先_1$”表示先前的行为或性质状态到说话时或到某一具体时点为止已不是那样。它的后续小句表示的是与之对立或相反的意思，往往有转折连词“但是、可是”或时间词“现在、后来”等与之呼应。

的1～3例；语法功能上三词都可修饰V及VP。“原来$_1$”、“本来$_1$”、“原先”都可修饰S，都有连接小句和语篇的功能，表先时顺序。“原来$_1$”、“本来$_1$”都可修饰形容词谓语。不同点在于，“原来$_2$”还可修饰代词及其短语、主谓短语、复句。另外，“原来”还有“表示发现原先不知的情况”的意思，即“原来$_2$”的例4～21。

表2-3反映了元明时期“原来”、“本来”、“原先”的使用情况。

表2-3 元明时代“原来”类副词使用情况简表

朝代	文献 \ 语义与次数 \ 词项	元(原)来$_1$	元(原)来$_2$	合计	本来$_1$	本来$_2$	合计	原先
		元（原）来			本来			
元明	全元曲	19	750	769	6	0	6	1
	三言二拍	2	694	696	12	0	12	3
	老乞大	0	2	2	0	0	0	0
	清平山堂话本	1	19	20	0	0	0	0
	水浒传	5	316	321	0	0	0	1

说明：此表包括《全元曲》中“元来”261次；《水浒传》“元来”有2次，“缘来”1次。

表中可见，以上典籍中使用频率最高的是“原来”，“本来”、“原先”使用范围不广，“元（原）本”不见用例。四词使用频率的比率大致是1519∶18∶5∶0。由此可见，相对于唐宋时代来说，元明时代是副词“原来”的发展成熟期。“本来$_1$”则退居次要地位，“本来$_2$”没有用例。

第四节 清代：原来 本来 原本 原先

一、原来

清代，“原来”用例甚多。不过，表“原先、当初”义的“原来$_1$”用例不多，兹举几例：

例1：王夫人已到宝钗那里，见宝玉神魂失所，心下着忙，便说袭人道：“你们忒不留神二爷犯了病，也不来回我。”袭人道：“二爷的病原来$_1$是常有的，一时好，一时不好。……”（《红楼梦》第一百十四回）

例2：我是他门下人，怎么不来！姑爷，你原来$_1$也是好相与？（《儒林外史》第二十九回）

例3：宝玉原来$_1$还不知贾环的话，见袭人说出，方才知道……（《红楼梦》第三十四回）

例1、例2“原来$_1$”分别修饰“是常有的”和“也是好相与”。例3“原来$_1$”表示先时顺序，与其后的时间副词“方才”相对照、相呼应。

这一时期，“原来”表示“发现原先不知的真实情况”义的占“原来”用例的绝大多数。如：

例4：马二先生恍然大悟：“他原来$_2$结交我，是要借我骗胡三公子。幸得……”（《儒林外史》第十五回）

例5：娘心里说道：“原来$_2$果然走到父亲任上来了。……”（《儿女英雄传》第二十二回）

例6：香菱上来瞧道：怪道这么好看，原来$_2$是孔雀毛织的。（《红楼梦》第四十八回）

例7：晁夫人道：“原来$_2$如此，怪道他只来缠你！你快把他的原物取出来，我叫人送还与他，你情管就好了。”（《醒世姻缘传》第十七回）

例8：那女子笑道：“原来$_2$也不过如此！”（《儿女英雄传》第五回）

例9：你公公说受了你的气得病不起，我还不信。你原来$_2$这们放肆！你说孩子不是你公公的，你就指出来说是谁的！（《醒世姻缘传》第七十六回）

例10：……只念得临了一句“细睨参却原来$_2$少一个眼”。（《醒世姻缘传》第九十七回）

例11：你把一个小脸儿绷的单皮鼓也似的了，原来$_2$为这桩

事！(《儿女英雄传》第十九回)

例 12：我看里头着实不成体统，要屈尊大妹妹一个月。在这里料理料理，我就放心了。邢夫人笑道：“原来$_2$为这个。你大妹妹现在你二婶娘家，只和你二婶娘说就是了。”(《红楼梦》第十三回)

例 13：出门正无所之，昏昏默默，自想方才之事：“原来$_2$这样标致人才，又这等刚烈！”(《红楼梦》第六十六回)

例 14：假尹先生又故作省悟道：“原来$_2$这就是姑娘府上……”(《儿女英雄传》第十六回)

例 15：宝玉听了，忙笑道：“原来$_2$姐姐那项圈上也有字？我也赏鉴赏鉴。”(《红楼梦》第三回)

例 16：刘姥姥便又想了想，说道：“我们庄子东边庄上有个老奶奶子，今年九十多岁了。他天天吃斋念佛，谁知就感动了观音菩萨，夜里来托梦，说：‘你这么虔心，原本你该绝后的，如今奏了玉皇，给你个孙子。’原来$_2$这老奶奶只有一个儿子，这儿子也只有一个儿子，好容易养到十七八岁上，死了，哭得什么似的。后起间，真又养了一个，今年才十三四岁，长得粉团团的……”(《红楼梦》第三十九回)

例 17：戴勤家的笑道：“奴才不敢错哟。奴才本是姑娘宅里的人，姑娘就是奴才奶大的。”舅太太道：“哦，原来$_2$呢，还是嬷嬷呢！这么说，连你都比我的命强了，你到底还合姑娘有这么个缘法儿呀！”(《儿女英雄传》第二十二回)

例 4～6“原来$_2$”分别修饰 VP“结交我”、“果然走到父亲任上来了”、“是孔雀毛织的”。7、8 两例“原来$_2$”分别修饰代词“如此”和代词短语“也不过如此”。例 7“原来$_2$……怪道……”相呼应，强调语气重。9、10 两例“原来$_2$”分别修饰 AP“这们放肆”和“少一个眼”。11、12 两例“原来$_2$”分别修饰介宾短语“为这桩事”和“为这个”。例 13“原来$_2$”修饰并列式成分“这样标致人才，又这等刚烈。”14、15 两例分别修饰 S“这就是姑娘府上”(陈述句)和“姐姐那项圈上也有字”(疑问句)。为了突出“发现了原先不知的情况”这一意义，例 4～7 在“原来$_2$”前后分别有“恍然大悟”、“果然”、“怪道”等表示有所领悟的词语与之共现（其中“怪道……原来$_2$……”或“原来$_2$……怪道……”格式产生于明代，清代广泛运用，至现代由“难怪〈怪不得〉……原来$_2$……”替代），使篇段的语气更加连贯顺畅，衔接更加紧凑协调。例16“原来$_2$”为释因性衔接副词，“原来$_2$”后的内容是解释玉皇给老奶奶孙子的原因。例17语气词“呢”用在“原来$_2$”之后共同起篇章连接作用，且与表领悟的叹词“哦”共现，情态上，含有恍然大悟的强调语气。

这时的“原来”在用法和功能上，与元明时差不多。

二、本来

清代，作副词用的“本来”用例较多，“表示事实或状况原先是如此”的用例如：

例1：晁秀才本来$_1$原也通得，又有座师的先容，发落出来，高高取中一名知县。（《醒世姻缘传》第一回）

例2：宝玉使个眼色给芳官，芳官本来$_1$伶俐，又学了几年戏，何事不知？（《红楼梦》第五十八回）

例3：众人道：“本来$_1$也巧，怎么一连有这两件事？”（《红楼梦》第一百四回）

例4：薛姨妈劝道：“宝玉本来$_1$心实，可巧林姑娘又是从小儿来的，他姊妹两个一处长得这么大，比别的姊妹更不同。”（《红楼梦》第五十二回）

例5：那姑子会意，本来$_1$心里也害怕，不敢挑逗，便告辞出去。（《红楼梦》第一百十五回）

例6：你本来$_1$呆头呆脑的，再添上这个，越发弄成个呆子了！（《红楼梦》第四十八回）

例7：邹吉甫道：“我本来$_1$果然不晓得这些话。因我这镇上有个盐店，盐店一位管事先生闲常无事，就来到我们这稻场上，或是柳荫树下坐着，说的这些话，所以我常听见他。”（《儒林外史》第九回）

例8：莺儿笑道：“我的名字本来$_1$是两个字，叫做金莺，姑娘

嫌拗口，只单叫莺儿，如今就叫开了。”（《红楼梦》第三十四回）

例 9：金有余道：“列位老客有所不知。我这舍舅本来$_1$原不是生意人。因他苦读了几十年的书，秀才也不曾做得一个，今日看这贡院就不觉伤心起来。”（《儒林外史》第三回）

例 1“本来$_1$”修饰 VP“原也通得”。2、3 两例“本来$_1$”分别修饰 A“伶俐”和 AP“也巧”。例 4“本来$_1$”修饰主谓短语“心实”。例 5“本来$_1$”置于主语前，修饰后面的状中短语“心里也害怕”。例 6“本来$_1$”修饰固定结构“呆头呆脑的”。例 7、例 8、例 9“本来$_1$”表先时顺序的同时兼有释因的作用，其中 8、9 两例“本来$_1$”与后面的时间词“如今（今日）”相呼应，使行文连贯顺畅。

“表示事实或状况按理就是如此”意思的“本来$_2$”有少量用例，如：

例 10：乡里人走得快，又听不见。他本来$_2$不会走城里的路，这时着了急，七手八脚的乱跑，眼睛又不看着前面。跑了一箭多路，一头撞到一顶轿子上，把那轿子里的官儿乎撞了跌下来。（《儒林外史》第十二回）

例 11：本来$_2$我要瞧瞧他去，给他带了去的，又瞧着主子们不在家，各处严紧，我又没什么差使，跑什么？（《红楼梦》第六十回）

与元明时代相比，清代副词“本来”的用法多些。除和元明时相同的用法（修饰 VP、A 以及与关联副词“却”合用）外，这时，还可修饰连谓短语、固定短语和小句，具有连接小句和语篇的功能。

三、原本

清代，副词“原本”的用例不多，如下：

例 1：贾政见他惶悚，应对不似往日，原本无气的，这一来倒生了三分气。（《红楼梦》第三十三回）

例 2：那道小河子北边的一带大瓦房，那叫小邓家庄儿，原本是二十八棵红柳邓老爷的房子。（《儿女英雄传》第二十一回）

例3：童定宇开言道：“晚生原本寒微，学了些许拙笑，也晓得几个海上仙方，所以敝府乡老合春元公子们也都错爱晚生。”（《醒世姻缘传》第四回）

例4：刘姥姥便又想了想，说道：“我们庄子东边庄上有个老奶奶子，今年九十多岁了，他天天吃斋念佛，谁知就感动了观音菩萨，夜里来托梦说：‘你这么虔心，原本你该绝后的，如今奏了玉皇，给你个孙子。’”（《红楼梦》第三十八回）

例5：……（宝玉）喜得笑道：“怪道姐姐举止言谈，超然如野鹤闲云，原本有来历。”（《红楼梦》第六十二回）

1、2例“原本”分别修饰VP“无气的”、“是二十八棵红柳邓老爷的房子”。例3“原本”修饰A“寒微”。例4“原本”与后面的“如今”相照应表先时顺序，起连接作用。例5“原本”与上文“怪道”呼应，为“原来$_2$”，“表示发现原先不知的情况”的意思。

四、原先

同期副词“原先”的用法也很少，如下：

例1：只是张华此去，不知何往，倘或他再将此事告诉了别人，或日后再寻出这由头来翻案，岂不是自己害了自己？原先不该如此把刀靶儿递给外人哪！因此，后悔不迭。（《红楼梦》第六十九回）

例2：我交给你一个法子：原先盖这园子就有一张细致图样，虽是画工描的，那地步方向是不错的。（《红楼梦》第四十二回）

例3：晁源有个胞妹，嫁与一个尹乡宦孙子。原先也有百万家产，只因公公死了，不够四五年间，三四兄弟破荡得无片瓦根椽。（《醒世姻缘传》第十二回）

1～3例“原先”都表先时顺序，其中，2、3两例“原先……虽……”、“原先……（只）因……”合用以衔接句子。

小　结

这一时期，作副词用的“原来”、“本来”、“原本”、“原先”

（除“原本”的例 5 外）在语义和语法功能上都与元明时代差不多。

我们对清代有代表性的四部典籍进行了调查，列表如 2-4：

表 2-4　　清代“原来”类双音副词使用情况简表

朝代	文献（语义与次数 / 词项）	原（元）来			本来			原本			原先
		原来$_1$	原来$_2$	合计	本来$_1$	本来$_2$	合计	同“本来”$_1$	同“本来”$_2$	合计	
清	红楼梦	4	245	249	45	5	50	6	1	7	0
	儒林外史	1	72	73	14	1	15	0	0	0	0
	醒世姻缘传	5	140	145	1	0	1	2	0	2	1
	儿女英雄传	0	221	221	0	0	0	0	0	0	0

从上表可以看出，清代“原来”类双音副词使用频率最高的是“原来”(尤其是“原来$_2$”)，其次是“本来”，“原本”、“原先”用例不太多。四词使用频率的比率大致是：688∶66∶9∶1。

这一时期，作实词用的“原来”、“本来”、“原先”继续沿用，三个词的这一用法沿用至今。下面各举一例以说明：

例 1：但那西番原来的人今在何处？(《醒世姻缘传》第六回)

例 2：就是我哥哥说话不防头，一时说出宝兄弟来，也不是有心挑唆：一则也是本来的实话，二则他原不理论这些妨嫌小事。(《红楼梦》第三十四回)

例 3：出殡回来，众人又要分他的房屋地土。议将晁夫人原先的五十亩地仍旧还晁夫人管业……(《醒世姻缘传》第五十七回)

本章总结

本章所叙述的“原来”类双音副词的历时演变情况可总结为表 2-5：

表 2-5

历代"原来"类副词使用频率对照表

词项	文献及使用次数（朝代／语义）	中古															唐宋											元明					清			
		抱朴子内篇	颜氏家训	齐民要术	洛阳伽蓝记	世说新语	百喻经	长阿含经	增壹阿含经	大明度经	光赞经	摩诃僧祇律	菩萨本缘经	入楞伽经	四分律	杂宝藏经	佛本行集经	王梵志诗	游仙窟	全唐诗	敦煌变文集	祖堂集	景德传灯录	全宋词	古尊宿语要	五灯会元	朱子语类	全元曲	三言二拍	老乞大	清平山堂话本	水浒传	儒林外史	红楼梦	醒世姻缘传	儿女英雄传
元(原)来	原来$_1$	0	0	0	0	0	0	0	0	0	0	0	0	0	0	0	0	1	2	2	2	3	3	12	2	6	15	19	2	0	1	5	1	4	5	0
	原来$_2$	0	0	0	0	0	0	0	0	0	0	0	0	0	0	0	0	3	3	6	3	10	16	40	9	43	15	750	694	2	19	315	72	245	144	221
	合计	0	0	0	0	0	0	0	0	0	0	0	0	0	0	0	0	4	5	8	5	13	19	52	11	49	30	769	696	2	20	320	73	249	149	221
本来	本来$_1$	0	0	0	0	0	0	0	0	0	0	0	0	2	4	0	3	2	0	39	6	35	69	20	12	63	36	6	12	0	0	0	8	49	1	0
	本来$_2$	0	0	0	0	0	0	0	0	0	0	0	0	0	0	0	0	0	0	1	0	0	0	0	0	0	0	0	0	0	0	0	7	3	0	0
	合计	0	0	0	0	0	0	0	0	0	0	0	0	2	4	0	3	2	0	40	6	35	69	20	12	63	36	6	12	0	0	0	15	52	1	0
元(原)本		0	0	0	0	0	0	0	1	0	0	0	0	0	0	0	0	2	0	2	2	1	1	0	0	0	3	0	0	0	0	0	0	7	2	0
原先		0	0	0	0	0	0	0	0	0	0	0	0	0	0	0	0	0	0	0	0	0	0	0	0	0	0	1	3	0	0	1	0	2	1	0

“原来”类副词清代以前历代演变情况，可总结如下：

1. 据我们考察及据前所述，先秦典籍已有“原本、本原”短语连用的例子，那时二词或为并列式名词短语，意为“根和源”；或为动宾式短语，指追溯事物的由来。“元”、“本”连用最早见于中古，那时是并列式名词短语，表示“根本的东西”、“首先的东西”。“元本”的副词用法在中古有个别用例，表示某种事实或状况原先就是如此，修饰VP。“本来$_1$”萌芽于汉魏，中古时有一些用例，主要修饰VP，个别用例修饰AP。

2. 发展到唐代“本来$_2$”产生。唐代是使用副词“本来”的高峰期。其语法功能相当完备，除继续沿用中古时的用法（修饰V及VP、A及AP）外，又可修饰代词、由名词活用的动词、NP。这时又产生出连接小句和语篇的功能（还可与关联副词“却”合用）。唐代“原来”产生了两个义项，均处于萌芽阶段，故用例不如“本来”多，主要修饰VP。到宋代得到了较好的发展，“原来”的语法功能较完备，除修饰V及VP外，还可修饰A谓语、兼语短语、小句和复句，有连接小句、篇章（表先时顺序）的功能。这一时期的“本来”和“原来”都可和其他副词连用共同修饰后面的谓词性成分。唐宋时副词“元本”较之中古时语法功能多些，但与同期的“原来”、“本来”相比，仍居劣势，只有零星用例，先秦出现的“原本”仍沿用。

3. 产生于唐代的“原来”，在语言的自由竞争中，经过宋代，到元代已经占据主导地位，除继续沿用唐宋时的用法外，为了强调发现原先不知的真实情况，这一时期的“原来$_2$”之前往往有短语“我道（说）是谁”、叹词“哦、嗨、呀”等配合，或是“只（则）道……原来$_2$……”或“原来$_2$……只（则）道……”相呼应，或与语义相近的副词“果然”、“果真”连用，与其他副词的连用也颇多。这时“原来$_2$”还产生出连接篇章（释因）的功能。到了明代，为了篇段的语气连贯顺畅，衔接更加紧凑协调，还产生出“怪道……原来$_2$……”这一特殊格式。

元明时代，副词“本来”的使用频率偏少，且用法也不及唐宋时丰富。和同期的“原来”相比，数量和用法明显减少，居次要地位。

元代，作副词用的“原先”已产生，但用例不多，主要修饰V及VP。有些用例有连接小句的功能（表先时顺序），也有个别用例表先时顺序的同时兼有释因的作用。

副词“原本”语法功能萎缩，不见用例。

4. 清代，“原来”的使用频率仍占优势，其次是“本来”，“原本”、“原先”用例不太多。四词的用法与现代汉语基本一样。需指出的是：产生于元代的“只（则）道……原来$_2$……”或“原来$_2$……只（则）道……”格式经历了清代的“（只）当……原来$_2$……”这一格式到现代被“以为……原来$_2$……”所代替；产生于明代而广泛运用于清代的“怪道……原来$_2$……”和“原来$_2$……怪道……”格式到现代被“难怪（怪不得）……原来$_2$……”取代。

5. 从篇章的角度看，近代汉语中“原来”类副词在表达语气情态的同时兼有衔接功能，即具有双重的表达功能。

第三章

“原来”类副词（下）

——现代汉语时段的共时考察

第一节 原 来

现代汉语的“原来”，《现代汉语八百词》分为两类：一类是形容词，表示“没有改变的”；一类是副词，有两种用法：1. 以前某一时期；当初。含有现在已经不是这样的意思。2. 发现从前不知道的情况，含有恍然醒悟的意思。邢福义先生《从“原来”的词性看词的归类问题》认为“原来”有时是时间名词，表示起初，未变之前的意思；有时是副词，表示有所发现、有所领悟的语气。① 我们采用邢福义先生的观点，认为“原来”兼属名词和副词两类，副词的两种用法（“表示某种事实或状况原先是如此”和“表示发现了原先不知道的真实情况，有时含有恍然醒悟的意思”）

① 邢福义：《从“原来”的词性看词的归类问题》，《汉语学习》1985 年第 6 期。

记为“原来$_1$”、“原来$_2$”。时间名词“原来”在句中可以作主语、宾语和定语。例如：

例1：原来比现在强。（主语）

例2：现在哪能比得上原来？（宾语）

例3：正好像中国官吏，商人在本国剥削来的钱要换外汇，才能保持国币的原来价值。（《围城》）（定语）

例4：学校的住宿条件，现在比原来有所改变。（介词宾语）

例1里的“原来”作主语、例2的作宾语；例3的作“价值”的定语；例4是作介词“比”的宾语。

一、“原来”的语法意义

（一）“原来$_1$”的语法意义

“原来$_1$”可以分为“原来$_{1a}$”、“原来$_{1b}$”，二者在语义语法方面存在一定的差别：

1. “原来$_{1a}$”表示“早先”、“在先”的意思，指“以前”的某一时段，隐含现在情况改变了，其所在句的后续小句常有表当前的时间词或转折性词语等，如：

例1：建筑队里养了一只猫，原来$_{1a}$老往我身上爬，现在也不爬了。（《未来世界》）

例2：你看今冬部队指战员都是穿的什么，原来$_{1a}$是草绿色，现在都洗成黄得发白的了，大多数都补了补丁……（《铁道游击队》）

例3：原来$_{1a}$这里还有好几座筒子楼，现在都拆了——如果不拆，那些楼就会自己倒掉，因为它们已经太老了。（《白银时代》）

例4：我原来$_{1a}$并不是他们中的一个，只是在旁边看着他们。（《人啊，人》）

例5：原来$_{1a}$这条路是那么坎坷不平、曲曲弯弯，今天的路总算铺平了。（语文总）

例6：原来$_{1a}$双方辩论员一样多，可是，由于有的家长临时有事，有的有病住院，使我们双方力量不均。（语文总）

例7：只是那些原来$_{1a}$建在半山中间，不属于主流地带的房舍，

如今则成了无助的孤屋。(《巴西狂欢节》)

例 8:"像"原来$_{1a}$是个动词,后来成为介词,最后又成为副词。

例 1 的"原来$_{1a}$"用于前一分句,后一分句有"现在"与之呼应,两个小句叙述了一个事件的两种情况,它们在时间轴上表现出一种截然相反的转变或对照,即"过去"是某一情况,而"现在"却正好与之相反。如"猫原来老往我身上爬"与"现在不爬"就是叙述"猫往身上爬"这一事件的过去"爬"和现在"不爬"两种表现,它们构成的是一种并列关系。有时在后一分句里还有转折连词,如例 4 的"只是"和例 6 的"可是",此时两个分句构成的是转折关系。

有时,其所在句的后续句常常把这些时间词语、转折或假设词语隐去。如:

例 9:a. 这个东西原来$_{1a}$又小又老实,还不算太丑,(Φ)被人用刀子扎了一下,就变得又大又不老实,而且丑极了。(《白银时代》)

例 10:a. 原来$_{1a}$我打算回老家看看,(Φ)工作忙,就不走了。

Φ 表示隐含。① 例 9a 隐含着"可是"或"如果"等转折或假设性词语。例 10a 括号处也可以看做隐去了"后来"或"如今"等时间性词语。但是,这些被隐去的词语出现与否,在句意上是有差别的。有,时间对照性强;无,就是按照从过去到说话时分的时间顺序进行叙事。同理,从语义来看,后一个分句若无转折性词语,在表达上也有细微差别。有,转折意味更明显。这可以通过比较例 9a、例 10a 两句的添加式例 9b、例 10b 看到:

例 9:b. 这个东西原来$_{1a}$又小又老实,还不算太丑,可被人用刀子扎了一下,就变得又大又不老实,而且丑极了。

例 10:b. 原来$_{1a}$我打算回老家看看,可最近工作忙,就不走了。

2. "原来$_{1b}$"本身仍然具有"原来$_{1a}$"的语义,但它还含有从

① 吕叔湘:《汉语句法的灵活性》,《中国语文》1986 年第 1 期。

时间上进行“推究”的意思，常常和“就”连用，加强对句内语义内容的肯定，相当于“本来$_{1a}$”，但不及“本来$_{1a}$”肯定语气强。比较下列例子：

例 11：a. 其实陶渊明的“好读书不求甚解”，究竟是不是胡乱阅读的意思，原来$_{1b}$就有问题。（叶圣陶《叶圣陶语文教育论集》）

例 11：b. 其实陶渊明的“好读书不求甚解”，究竟是不是胡乱阅读的意思，有问题。

例 12：a.“虽然是有人居间，和那边接洽过一次，而且条件也议定了，却是到底不敢说十拿九稳呀。和兵头儿打交道，原来$_{1b}$就带三分危险。”（《子夜》）

例 12：b.“虽然是有人居间，和那边接洽过一次，而且条件也议定了，却是到底不敢说十拿九稳呀。和兵头儿打交道，就带三分危险。”

例 13：a. 他惘然想：“现在是事业和恋爱两方面的理想都破碎了，是自己的能力不足呢，抑是理想的本身原来$_{1b}$就有缺点？”（《蚀》）

例 13：b. 他惘然想：“现在是事业和恋爱两方面的理想都破碎了，是自己的能力不足呢，抑是理想的本身就有缺点？”

例 14：a. 所以在抗敌卫国的大目标下，大将和小卒在与敌作战的军队里虽各有其机能，但是同有贡献于国家民族是一样的，在本质上，工作的大与小，贡献的大与小，原来$_{1b}$就没有什么分别的。（语文总）

例 14：b. 所以在抗敌卫国的大目标下，大将和小卒在与敌作战的军队里虽各有其机能，但是同有贡献于国家民族是一样的，在本质上，工作的大与小，贡献的大与小，就没有什么分别的。

以例 11 为例，例 11a 删去“原来$_{1b}$”变为例 11b 后，主观的肯定语气有所降低。因为句例 11a 是说话人从时间上的原初性对“有问题”这一命题进行追溯性的肯定，删去“原来$_{1b}$”后就没有这一语义了。另一方面，也使得例 11a 所表现的说话人的主观义丢失，变为一个客观的叙述。

总起来说，“原来$_{1a}$”是“以前、先时”等义，是指以说话人所在时点或某一具体时点往前推的一个不定时段。它起点不具体，终点一般是说话人所在的时点或某一具体时点，这是“原来$_{1a}$”与“原来$_{1b}$”的共同的语义。其不同在于：“原来$_{1b}$”具有“追溯”或“推究”作用——通过从说话人所在的时点或具体时点往前追溯一个时段量来达到对事件的肯定或否定，带有说话人很强的主观性。而且，它所在句子表达的事件在说话时并未发生变化或改变。这正好与“原来$_{1a}$”形成语义上的不同——“原来$_{1a}$”句隐含现在情况改变了。

3. 表“时”方面，“原来$_{1}$”不仅可以表达已然这样的时意义，同时也能体现一定的“情态”义。这一点我们已经在前面分析例11时论述到了，在此从略。

（二）“原来$_{2}$”的语法意义

“原来$_{2}$”的时间性不太强。它是用来强调某一情况或状况是出乎说话人自己的预料之外的；或者是强调现存的某种情况与说话人的期待相反等义，含有吃惊、醒悟等意义。例如：

例15：我还以为是谁呢，<u>原来$_{2}$</u>是你啊！

例16：她看见来的是觉慧，便放心地笑了笑，说：“我说是哪个？<u>原来$_{2}$</u>是三少爷。”（《家》）

例17：<u>原来$_{2}$</u>河水既不像老牛说的那样浅，也不像松鼠说的那样深。（语文总）

例18：<u>原来$_{2}$</u>我不是丑小鸭，而是一只漂亮的天鹅呀。（语文总）

例19：哦，没想到，他想，<u>原来$_{2}$</u>我那时听的故事已经在我心里扎根发芽啦。（《北方的河》）

例20：他十分惊讶地说：“啊，<u>原来$_{2}$</u>是你！”（语文总）

例21：这又是代英根本没有料到的情况，王国炎的家<u>原来$_{2}$</u>是在一个死胡同里！（《十面埋伏》）

例22：<u>原来$_{2}$</u>她只是在玩弄我，敷衍我，最后一走了之！（《巴西狂欢节》）

例15说话人所期待的“人”原本不是这一句子里的“你”，

但出现的事实恰恰相反，是“你”而不是说话人所期待的；例16～22中的“原来$_2$”则强调出现了出乎说话人自己预料之外的情况。

二、“原来”句的句法特征

（一）“原来”句形容词谓语的特征

副词“原来”可以放在形容词前面，用来修饰说明某种性质、状态在“先前、以前”的情况。例如：

例1：“江大姐原来$_{1a}$就很漂亮”，金懋廉打趣地说，“她并不因为这朵花才显得漂亮”。(《上海的早晨》)

例2：病原来$_{1a}$不很重，——回来身体好么？(《雷雨》)

例3：这红棉袄是分的果实，原来$_{1a}$太肥，刘桂兰花一夜工夫，改得十分合身。(《暴风骤雨》)

“原来$_{1a}$”修饰的“漂亮”、“重”及“肥”都是性质形容词，表示它们先前的性质状况。它也能修饰状态形容词。例如：

例4：a. 你原来$_2$那么傻，他嘲笑着自己，你忘了那次横渡黄河时有没有什么神式或者特殊的感觉。(《北方的河》)

例4：b. 这房子原来$_{1a}$干干净净的。

如例4b所示，“原来$_{1a}$”主要修饰双音节状态形容词AABB式，但“原来$_{1a}$”偶尔也能修饰ABAB式。如：

例5：他原来$_{1a}$干瘦干瘦的，现在胖多了。

例6：这面旗子原来$_{1a}$鲜红鲜红的，现在都褪色了。

（二）“原来”句动词谓语的特征

作谓语的动词主要有以下一些小类：

1. 表示动作义的动词可进入“原来$_{1a}$”、“原来$_2$”句，比如“洗、住、站、挂、喝、爬、哭、坐、讲、问、、捆、搞（调查）、背（讲义）、读（书）、报告、上班”等。“原来$_{1b}$”一般很少进入。如：

例7：你这个女人，原来$_{1a}$还自己洗洗衣服赚钱，现在连衣服也不洗了，还是讨来的方便。(语文总)

例8：可馨道：“那你原来$_{1a}$住哪儿？”(《爱又如何》)

例 9：他发现自己原来$_{2}$和那姑娘并肩站在一起，抓着车厢前挡板。(《北方的河》)

例 10：众人最后到了晚香楼，楼房檐下原来$_{1a}$挂得有几盏绿穗红罩的宫灯，现在里面都插上点燃了的蜡烛，射出黯淡的红光……(《家》)

例 11：“天！你原来$_{2}$回来了！爸不让告诉你，可爸这几天天天在叨念你！”(《十面埋伏》)

例 12：原来$_{1a}$她在华盛顿读二年级，父亲早故，年幼随母亲到巴西渡假。(《巴西狂欢节》)

例 13：“汤阿英原来$_{1a}$看多少锭子？”(《上海的早晨》)

例 14：小滑子原来$_{1a}$在车站上摆小摊卖零食，被鬼子一脚踢了摊子，没饭吃来找王强，嬉皮笑脸地央告着要到炭厂里来。(《铁道游击队》)

2. 关系动词①都可进入“原来$_{1a}$”、“原来$_{1b}$”、“原来$_{2}$”副词句，如“是、当、专指、指”等。

例 15：约翰牛一味吹牛，Uncle sam 原来$_{1b}$就是 Uncle sham；至于马克斯……(《围城》)

例 16：远古时候，这儿原来$_{1a}$是一片大陆。(语文总)

例 17：可怜的人！他穿上那套漂亮的礼服，原来$_{2}$是为了纪念这最后一课。(法 · 都德《最后一课》)

例 18：“我记得你说过你们家的小保姆原来$_{1a}$在中国银行什么副行长家里当过保姆？”(《顽主》)

例 19：比如“江”原来$_{1a}$专指长江，“河”原来$_{1a}$专指黄河，后来都由专名变成通名了。(语文总)

例 20：他原来$_{1a}$在 11 中队任副指导员，前不久才被提升为五

---

① 张宝林《关系动词的鉴定标准》中所列的 37 个关系动词：是、算、姓、叫、像、作为（做为）、当作、看作、等于、同、相当（于）、叫做（叫作）、称、号称、简称、合称、好像、好比、好似、类似、近似、如同、犹如、即、为、乃、系、类、似、如、若、犹、谓之、之谓、谓、曰、非（匪）。该文载于《语言教学与研究》2002 年第 4 期。

中队中队长。(《十面埋伏》)

3. 表示"有无"的动词可进入"原来$_{1a}$"、"原来$_{2}$"与"原来$_{1b}$"副词句,如"有、含有、没、没有、在"等。

例 21:她说她原来$_{1a}$也有过地,但是汉人把他们从自己的地上赶跑了。(《老山界》)

例 22:近日偶翻有关资料,得知荠菜原来$_{2}$含有丰富的叶绿素,多种维生素、胆碱、乙酰胆碱等成分。(语文总)

例 23:但也许正是由于这个原因,原来$_{1a}$具有狱政、狱侦两项职能和权力的狱政科,才在几年前改为狱政科和狱侦科独立的科室。(《十面埋伏》)

例 24:……我家原来$_{1a}$在无锡梅村镇,住在人家的猪窝里。(《上海的早晨》)

例 25:冲:(稀罕地)没有。我坐家里的车,很有趣的。(四面望望这屋子的摆设,很高兴地笑着,看四凤)哦,你原来$_{2}$在这儿。(《雷雨》)

4. 表示思维活动义的"打算、以为、认为、欢喜、认识"等;需要义的"要、需要、要求"等可进入"原来$_{1a}$"、"原来$_{2}$"句,很少进入"原来$_{1b}$"句。

例 26:我原来$_{1a}$打算一个人现在走,以后再来接你,不过现在不必了。(《雷雨》)

例 27:原来$_{1a}$我们认为工程师的两大技术:使用计算尺与作图,现在都可以用计算机代替。(语文总)

例 28:众人大眼望小眼,一齐道:"原来$_{2}$新贵人欢喜疯了。"(《范进中举》)

例 29:汪先生道:"方先生当然跟高先生原来$_{1a}$不认识,可是因为赵先生间接的关系,算'从龙派'的外围或者龙身上的蜻蜓;呵呵!……"(《围城》)

例 30:他原来$_{1a}$估计大家一定赞成结束的,没想到半路杀出个程咬金来,朱延年公然不赞成,简直是不识大体。(《上海的早晨》)

例 31:"何处长,原来$_{1a}$我也没想到的,直到后来,经过分

析……”(《十面埋伏》)

例32：喂这些猪原来$_{1a}$要三个妇女，现在要我一个人干。(《黄金时代》)

例33：临走，小坡告诉他们：“原来$_2$你们要这些东西，早知道我们多带些来好了。”(《铁道游击队》)

例34：年轻人在一生的关口原来$_2$需要一个导师，这种导师将深思熟虑地指导他的人生。(《北方的河》)

例35：医生原来$_{1a}$要求，药品不能迟于四日黎明找到，可在黎明之前就送到了。(语文总)

5. 表变化义的“长、生长、瞎”等可进入“原来$_{1a}$”、“原来$_2$”句，很少进入“原来$_{1b}$”句。

例36：这种树原来$_2$生长在沙漠里！(《旅行家树》)

例37：这是件令人诧异的事：我知道，她原来$_{1a}$像蝙蝠一样的瞎，在黑暗里什么也看不见。(《白银时代》)

例38：他伸出两只手摊开给她看：原来$_{1a}$白森森的双手晒得黑黄了，上面满是厚茧。(《上海的早晨》)

6. “原来”与能愿动词的组合情况

“原来$_{1a}$”、“原来$_2$”与“原来$_{1b}$”可以与必要类、可能类能愿动词共现①，其中，与必要类共现的如：

例39：唉，你一个外国人都知道，杰克原来$_{1a}$应该有领的，但是，他死了以后没有人寄支票给我，我也不知道找哪里要。(《玛丽和她的图书馆》，载《读者》2005年第2期)

例40：他原来$_{1b}$就该这样做。

与可能类共现的例子如：

例41：今天在这儿遇上这个女的可真是见鬼，他想，原来$_{1a}$可以在黄河边搞搞调查、背背讲义的。(《北方的河》)

例42：克利奥佩屈拉惊奇地挑起了眉毛，先吸了一口气，然后才说：“你原来$_2$会说话！”(《白银时代》)

---

① 马庆株：《汉语动词和动词性结构》，北京语言学院出版社1992年版，第52页。

（三）“原来”与动词体标记的共现

1. “原来$_{1a}$”、“原来$_{2}$”和“原来$_{1b}$”都可以与进行体“着”共现。例如：

例 43：a. 窗台上原来$_{1a}$摆着一盆花，现在不知搬到哪儿去了。

例 43：b. 这些东西原来$_{1b}$就这样摆着，从来没有人动过。

例 43：c. 他同时想手一扬，才记得这两手原来$_{2}$都捆着，于是“手执钢鞭”也不唱了。（《阿 Q 正传》）

例 43a“原来$_{1a}$”表示“原先”义，例 43b、例 43c 里的“原来$_{1b}$”、“原来$_{2}$”分别表示一个可持续的时段和语气，三例“原来”与“着”共现，强调了“摆”、“捆”在说话之前的持续状态。从整个句子反映事件的完整性及其谓语的状态看，它们是非完整的静态句。①

2. “原来$_{2}$”可与体标记“了”、“过”共现，强调已经结束、曾经存在或发生过的某种行为、性状的意外性。从反映的事件特点看，与“了”、“过”共现的“原来”句，都是一些动态的完整自足句。例如：

例 44：a. 我回头一看，原来$_{2}$只剩了一盘，恰是与冠军的那一盘。（《棋王》）

例 44：b. 我回头一看，原来$_{2}$只剩过一盘，恰是与冠军的那一盘。

“原来$_{1a}$”与经历体“过”共现后，体现某一行为性状的“先时”存在性的同时，含有一种追溯的意味，和“原来$_{1b}$”基本相同。例如：

例 45：听人家背地里谈论，孔乙己原来$_{1a}$也读过书，但终于没有进学，又不会营生……（鲁迅《孔乙己》）

（四）“原来”与代词的搭配

“原来$_{2}$”与近指代词“如此”、“这样”搭配，形成“原来$_{2}$

---

① 静态句：静态的句子均表示事件的持续（有限的持续和无限的持续），但与同样可以表示事件持续的动态句子不同的是，它不表示变化。在时间轴上表现为一条高低粗细相等的直线，静态语义特征具有均质性。（戴耀晶：《现代汉语时体系统研究》，浙江教育出版社 1997 年版，第 26 页。）

这样/如此”这类较为固定的结构，它入句一般是个感叹句；“原来$_{1b}$”与代词“这样、那样”等构成“原来$_{1b}$是这样/那样（的）”结构，入句一般是陈述句。

例46：并非像他所说，（情况）原来$_{1b}$是这样的。

例47：……一直听到有人说出了他的名字，他才终于听清楚了里面争吵的事由竟然是应该不应该立刻对他实施监视审查等强制措施！原来$_2$真是这样！（《十面埋伏》）

例48：汪处厚想起了，气直冒上来——“就是年轻不年轻那些话”，他加这句解释，因为太太的表情是诧异。汪太太正对着梳妆台的圆镜子，批判地审视着自己的容貌，说：“哦，原来$_2$如此。……”（《围城》）

例49：李健群教授把这一特大真讯告诉了许振中，许振中方才恍然大悟，原来$_2$如此！（张雅文《向精明人挑战的“傻子”》）

（五）“原来”与其他副词的共现

1. 与否定副词共现，先于否定副词：

“原来$_{1a}$”常常与“不”、“没（有）”、“无须（乎）”、“并不”、“从不”等表示否定意义的否定副词共现，“原来$_{1b}$”与“原来$_2$”很少如此。例如：

例50：余静对她的谈话，使她明白自己地位原来$_2$并不低于别人，第一次感到一个独立的人的尊严。（《上海的早晨》）

例51：“说真的，我原来$_{1a}$真的是不想惊动你，但却没想到竟会闹出一个通天大案来。”（《十面埋伏》）

例52：“是这样，原来$_2$富人也是不把他看在眼里的，可是由于他和跑江湖的各式人等都有来往，庄上的富户，在荒乱年月也不敢得罪他，怕从朱三身上惹起祸灾。”（《铁道游击队》）

有些“原来$_2$”所连接的上下文语义含有转折关系，这时，也能与“不”、“没有”等否定副词共现，如：

例53：她顿然觉得平日被她鄙夷的人们原来$_2$不是那么不足取的；她自悔往日太冷僻，太孤傲，以至把一切人都看成仇敌。（《蚀》）

总之，“原来$_{1a}$”和所连接的上下文语义含有转折关系的“原来$_2$”，多与否定副词共现。

2. 与转折副词的共现，二者可以互为先后。

“原来$_2$”、“原来$_{1a}$” 不仅能和转折性副词“倒$_2$、倒反、反倒、反而、却、倒$_1$”① 等在不同的小句不连续地共现，而且也可以和它们在同一小句连续或不连续的共现。如：

例 54：上前仔细一看，却原来$_2$是一个来游览的小伙子，故意穿这一身戎装拍照留念的。（语文总）

例 55：这时大客厅的门开了，当差高升侧着身体站在门外，跟着就有一个人昂然进来，却原来$_2$正是孙吉人……（《子夜》）

例 56：朱凤一直笑着，没有承认，原来$_2$却瞒着他干下了风流的勾当，金大班朝着朱凤的肚子盯了一眼……（《金大班的最后一夜》）

例 57：贵：（有把握地）原来$_{1a}$我倒是想报告给太太，说大少爷今天晚上喝醉了，跑到我们家里去。现在太太既然是也去了，那我就不必多说了。（《雷雨》）

例 58：原来$_2$是这样，心里的那块被泪水一遍一遍擦拭的伤痕，原以为是相伴一生的怅然、遗恨，竟在一夜间悄然无声地弥合，人的猛醒会来得这样扎实、明确，却又是这样的令人感到缺憾和凄迷。（《梧桐梧桐》）

例 59：但那一次抽调却不同，原来$_{1a}$计划好的抽调一天，却被无期限地延长了两个多月。（《十面埋伏》）

例 60：大家原来$_{1a}$有不少意见要提，听了谭招弟最后几句话，反而没有意见了……（《上海的早晨》）

例 54、55、56 的“却原来$_2$”、“原来$_2$却”是连续的共现，例 56 的“原来$_{1a}$”与“倒”、例 58、例 59 的“原来$_2$”与“却”以及例 60 的“原来$_{1a}$”与“反而”是不连续共现。

3. 与其他时间副词共现，一般是“原来”类居前：

---

① 见郭志良：《现代汉语转折词语研究》，北京语言文化大学出版社 1999 年版，第 59 页。转折复句的兼职标志，所谓兼职即有时可用于转折关系语段中，有时可用于非转折关系语段中，如“却”、“倒”等。

3.1 “原来$_2$”、“原来$_{1a}$”与“原来$_{1b}$”可以与表示过去、已然的时间副词“那时”、“曾经”、“早”、“已经”、“老早”、“刚刚”等共现。如：

例61：原来你可没打算那么干，原来$_{1a}$你曾经打算撞进那间地窝子揍她一顿。（《北方的河》）

例62：他们一边有人粗粗地喘着气，抬头一望，原来$_2$早有一个人抱着膀子站在那儿，嘻嘻笑着。（《秋天的愤怒》）

例63：小姚阿姨想起我妈过去说过的话：“我弟弟可能不行”，原来$_2$她已经把这话忘掉了。（《未来世界》）

例64：挣扎了好几下，才明白自己和孩子原来$_2$都已经被牢牢地绑在了车座上。（《十面埋伏》）

例65：原来$_2$她刚刚起床。（《家》）

例66：王强认出来那被刺的人正是林忠，原来$_2$刚才鬼子丢了两包粮食，林忠从这儿经过，鬼子认为是他偷的。（《铁道游击队》）

3.2 “原来$_2$”、“原来$_{1a}$”可以与表示持续不变的时间副词“一直”、“老”等共现。如：

例67：……他原来$_{1a}$一直以为四格是个挺安分的人。（《青春禁忌游戏》，载《萌芽》2005年第1期）

例68：原来$_2$她一直哭了这许久。（《家》）

例69：原来$_2$赵中和一直在辜政委那里！怎么会这么长时间？（《十面埋伏》）

这是由于“原来$_{1a}$”、“原来$_2$”与“一直”、“老”等时间副词的语义相吻合，可以共现。

3.3 “原来$_2$”可以与时间副词“正”、“在”或“正在”共现，“原来$_{1a}$”、“原来$_{1b}$”很少与之共现。例如：

例70：这时有两个人吆吆喝喝地走过来了，原来$_2$正是肖万昌和民兵连长……（《秋天的愤怒》）

例71：他方才联想到手里要调查的申请歇业的小布店的业主，原来$_2$正在这个门内。（《蚀》）

时间副词“正”“正在”是非完整事件的一种表现形式，它着眼于动作行为的持续部分。而“原来$_2$”表示对某种情况有所认识或醒悟，可与“正在”等语义相融。所以，二词能共现。

从“原来”与时间副词及其他副词共现的语序看，它处于优先的位置，这显然与它具有的情态性有关①。

有两点值得指出。一是副词“原来”后面不能直接加上“吗、吧”等语气词，否则就成了名词了。如在“原来呀，他的学习不错”这个句子里的“原来”就是个名词，绝不是一个副词。二是谓词结构“原来$_{1a}$+VP/AP”可以充当定语。“原来$_{1b}$”、“原来$_2$”带有一定语气，很少能如此。如例72～75的主语的定语就分别是“原来$_{1a}$问”、“原来$_{1a}$住”、“原来$_{1a}$呆”、“原来$_{1a}$很熟悉”。

例72：原来$_{1a}$问的人道：“韩学愈怎么老是请你们吃饭?”(《围城》)

例73：最重要的是，我们不要回到原来$_{1a}$住的地方，也不要和过去取得联系……(《未来世界》)

例74：“这儿也不坏，总比你们原来$_{1a}$呆的地方强。”(《绿化树》)

例75：……只有这本书能使我重新进入我原来$_{1a}$很熟悉的精神生活中去……(《绿化树》)

三、“原来”的句类分布

副词“原来”分布的句类从语气类型看主要集中在陈述句里，出现在其他的句类是有选择的。“原来$_{1a}$”能出现在疑问句里，“原来$_2$”可以分布在感叹句里。“原来$_{1b}$”则不能出现在这两种句类里，或者说它分布在疑问句或感叹句里已经是“原来$_{1a}$”了，如：

例1：他原来$_{1a}$学习好吗?

例2：他有点烦，就劈头插上一句：“你原来$_{1a}$是哪个学校的?”

---

① 原因见袁毓林：《多项副词共项的语序原则及其认知解释》，《语言学论丛》26，商务印书馆2002年版。从我们的研究看，有一点需要指出，关联副词不一定先于情态副词，它们可以互为先后。当“原来”居于关联副词前面时，它的主位功能就具有了篇章和人际的双重身份。

(《北方的河》)

例3：“听说，你们原来$_{1a}$在一块儿插队？”她问。(《北方的河》)

例4：他不就是原来$_{1a}$11中队的指导员吗？(《十面埋伏》)

例5：“你们原来$_{1a}$不是挺好的吗？”(《绿化树》)

例6：“我不知道我今天为什么这样晦气，原来$_2$就因为见了你！”(《阿Q正传》)

例7：柔嘉干笑道：“哦，原来$_2$是这个道理！”(《围城》)

例8：静不禁暗地想道：“无怪东方明他们算是出色人才了，原来$_2$都是这等货！”(《蚀》)

例9：“二能人”现在才恍然大悟：这么多天来，巧珍能得刷牙，一天衣服三换，黑天半夜在外面疯跑，原来$_2$都是为了高玉德那个败家子儿啊！(《人生》)

四、“原来”的篇章功能

“原来$_{1a}$”和“原来$_2$”不仅可以在句法上作状语，表示时间或某种情态、语气等，而且它们在语篇中可以起关联、照应作用。这是“原来$_{1b}$”所不具有的功能。

(一)“原来$_{1a}$”具有表示时间顺序的功能。如：

例1：山上中部偏南的文殊院原来$_{1a}$可以留宿，一九五二年烧毁了，现在就文殊院原址建筑旅馆，年内可以完工。(《黄山三天》)

例2：杨重回答：“三T公司原来$_{1a}$有照，现在成立新组织不用另起照，到工商局改个照就行了，把名称换一下。”(《一点正经没有》)

例3：这些原来$_{1a}$就是我百思不得其解的惶惑之一，现在想通了，总算不虚此行。(《巴西狂欢节》)

例4：还有一个线索，那就是这个王国炎的同学，市委书记的外甥，原来$_{1a}$在银行工作，后来被调到一个要害部门……(《十面埋伏》)

例1、2、3、4“原来$_{1a}$”同后面的时间词“现在”、“后来”

呼应，前后两项构成一种并列关系。“原来$_{1a}$”在表先时顺序的同时，往往还兼有解释原因和引起转折的作用。如：

例5：原来$_{1a}$我打算以此为主题写写我舅舅和小姚阿姨，但是有关各方，包括上级领导、《传记报》编辑部、还有我舅舅小说的出版商都不让这样写……(《未来世界》)

例6：这女人原来$_{1a}$有个姘头，常常溜到我这儿来幽会，所以她不回去。(《围城》)

例7：菊花原来$_{1a}$是天宜的小保姆，可馨还没生天宜时，菊花就来了，当时又穷又土，连换洗的内裤都没有。(《爱又如何》)

例8：原来$_{1a}$我以为我战胜了这场挑战后，在海喜喜面前能理直气壮，挺起腰杆，但这时我似乎比过去更为羞愧，并且还意识不到羞愧的缘由。(《绿化树》)

例9：原来$_{1a}$居室的采光还可以，1990年以后，这一带搞起了小区改造，高层建筑一个接一个的在四周矗立了起来，于是住在低层的人家，一年四季都很难得见到阳光了。(《十面埋伏》)

例10：齐虹对司机摇摇手，把江玫领到路灯下，看着她，摇头，说：“原来$_{1a}$预备抢你走的。你知道么？你看，我预备了车。飞机票也买好了。不过我看得出来，那样做，你会恨我一辈子。你会的，不是么？”(《红豆》)

(二)“原来$_2$”具有释因的功能，张谊生称之为补证性解说，如：

例11：我曾经读过一个让我感动的故事：一个现在已成大款的人，却对一块糖很有感情。原来$_2$，他小时候家里很穷。一次在路上，一个好心人给了他一块糖。……后来，这个穷孩子靠自己的努力成了百万富翁，同时也成了远近闻名的大善人。(《汉语教程》三〈上〉，第37页)

例12：原来$_2$王一生已经来过几次地区，认识了一个文化馆画画儿的，于是便带了我们投奔这位画家。(《棋王》)

例13：事情原来$_2$是这样的：惠荣她们四个人捣一圈粪，另一边有四个男社员也捣一圈粪，那四个男社员每人记九分，她们四个女社员却只记六分；惠荣觉得挺奇怪，就向翠英打听……(《新

媳妇》）

例 14：原来$_2$枣庄人都喜欢穿黑色，因为他们生活在煤矿上，在煤炭里走来走去，穿别色的衣服，很快也变成黑的了，所以干脆都穿黑的。(《铁道游击队》）

例 15：原来$_2$情况是这样：枣庄成立铁路管理局时，刘金上和王志胜都担任了局一级的领导职务，而徐广田却仍然是长枪中队的中队长。(《铁道游击队》）

例 16：“这件事今天早上我已经同施政委交换过意见，我也给程监狱长打了电话，他们都同意立刻对这个犯人实施严管。另外我也同你们单昆科长，2 大队和 5 中队的有关领导，还有狱政科的冯科长也联系过了，他们都表示要对这个犯人尽快进行审查，一旦有什么问题，就马上立案。……”听到这里，罗维民直觉得脑子一阵发胀，辜政委后面的话，他一句也听不进去了。原来$_2$辜政委一早也都给这些人打了电话！(《十面埋伏》）

例 11 中“原来$_2$”之后的句组是对“大款对一块糖很有感情”的原因的解释，起到连接“结果”和“原因”的作用。

小　结

1. 语义上，“原来$_{1a}$”、“原来$_{1b}$”与“原来$_2$”都是表示说话人所在的时点前的一个不定时段，大致相当于“以前”等，句法上都是状语。但是它们之间在语法意义上存在一定的差别：

“原来$_{1b}$”可表示“追溯”或“推究”意义，它是通过从说话人所在的时点或某一具体时点往前追溯的一个时段来达到对事件的肯定或否定，带有说话人的主观情态。“原来$_2$”是说话人用来强调出现或现存的某一情况或状况是出乎自己的预料之外的，或者是强调现存的某种情况与说话人的期待相反等义，含有吃惊、醒悟等意义。“原来$_{1a}$”则不具有“原来$_{1b}$”与“原来$_2$”的这些语用意义。

2. 分布上，“原来$_{1a}$”、“原来$_{1b}$”与“原来$_2$”主要出现在陈述句里，其中，“原来$_{1a}$”在疑问句里也有，“原来$_2$”可出现在感叹句里，三者在祈使句里没有。同时与它们共现的词类及其小类也存在着诸多的不同。

2.1 句类分布上，“原来$_{1a}$”主要选择陈述句与疑问句，“原来$_2$”则主要是感叹句与陈述句，“原来$_{1b}$”选择陈述句。分布句类的不同是典型的时间副词“原来”发生语法意义及其功能变化的句法环境。

2.2 对词类或同一词类的不同小类的选择不同。其中“原来$_{1a}$”、“原来$_2$”分布能力强，“原来$_{1b}$”和其他词类共现能力差些。主要的差异可具体表示为表 3-1 所示：①

表 3-1

副词	形容词	动词			动态助词		代词	其他副词				语气词
		动作义	思维需要义	变化意愿义	了过	着	这样、如此、那样等	否定	转折	频率	表“正在”的副词	
原来$_{1a}$	+	+	+	+	+	+	−	+	+	+	−	−
原来$_{1b}$	+	−	−	−	−	+	+	−	−	−	−	−
原来$_2$	+	+	+	+	+	+	+	−	−	+	+	+

2.3 语法功能上，谓词结构“原来$_{1a}$+VP/AP”可以充当定语；“原来$_{1b}$”、“原来$_2$”不具有这种功能。

3. 语篇上：“原来$_{1a}$”和“原来$_2$”在语篇中可以起关联、照应作用。“原来$_{1a}$”具有表示时间顺序的功能，“原来$_2$”具有释因的功能。

第二节 本 来

对现代汉语中的“本来”，不少学者认为它有形容词、副词两种用法。如《现代汉语实词搭配词典》（张寿康、林杏光）在形容

① “+”表示经常共现，“−”表示很少或不能共现的情况。

词类收有“本来”，《现代汉语八百词》列出它的形容词、副词两种用法，将副词用法从意义上再分为两类：1. 原先，先前；2. 表示按道理就该这样。我们赞同《现代汉语八百词》的观点。为了称说方便，把副词“本来”的两种用法记为“本来$_1$”、“本来$_2$”。“本来$_1$”、“本来$_2$”分别产生于汉魏和唐代。形容词“本来”表示原有的，作定语，只修饰名词，后可带“的”，如：本来面目/本来的面目/本来的颜色。

一、“本来”的语法意义

“本来”的意义有“本来$_1$”、“本来$_2$”两种。其中“本来$_1$”又有“本来$_{1a}$”、“本来$_{1b}$”之分。它们的基本语义是“原先、先前”等，是个强调行为或性状的“原初”状况的副词，句法上主要作状语，这是它们的共性。但它们的语法意义存在一定的差异，“本来$_{1a}$”表示行为或性状的“原初”状况；“本来$_{1b}$”与“本来$_2$”主要是表达一种语用意义——反映叙事者或说话人对某种行为或性状的强调、评议等情态。“本来$_{1b}$”表示事情或情况始终是如此，常与“就”连用，加强确认的语气。“本来$_2$”表示按道理就应该这样，但事实并非如此，含有虚拟意味。

(一)“本来$_1$”的意义

1. “本来$_{1a}$”的两种情况

1.1“本来$_{1a}$”用来强调某种动作行为或性状的“原先”状况，它所在的小句多是给后一小句的语义或语气的转变提供前提或基础，它的后续小句有时用“但是、可是”等转折词语或时间词“现在、后来”等跟它呼应。例如：

例1：况且我再警告你：博文这人就是个站不直的软骨头！他本来$_{1a}$爱佩珊，他们整天在一块，后来荪甫反对，博文就退避了。(《子夜》)

例2：本来$_{1a}$他想去问加林，但想了一下，还是没去，先跑到亲家家里来了。(《人生》)

例3：阿梅过去有个朋友，本来$_{1a}$感情很好，可后来那个男的没理由地把她甩了。(《空中小姐》)

例4：她有大学文凭，本来$_{1a}$也有很不错的工作，但是她生性不安分，一直想做点冒险的事情。(《哭泣的色彩》)

例5：本来$_{1a}$他可以坐汽车去，但是他宁愿步行穿过公园。(语文总)

例6：本来$_{1a}$和齐虹一提也可以，但是决不愿求他。(《红豆》)

例7：本来$_{1a}$申茂想支吾一下就过去了，可是李正一定要问到底。(《铁道游击队》)

例8：“据说他本来$_{1a}$打算投黄浦江葬的，后来一想不划算，不如跳楼自杀，当街示众，企图说明是人民政府逼他这样的。”(《上海的早晨》)

例9：她这几天本来$_{1a}$变得好削瘦好憔悴，可是这晚，搽了一点粉，修饰一下，又变得有点说不出的漂亮了……(《玉卿嫂》)

例1、例2“本来$_{1a}$”用于前一分句，从时间上分别表示强调“他爱佩珊”、“他想去问加林”的真实性，后一分句有“后来”、“但”呼应。例1构成并列句，例2a是表示转折意味较重的转折复句。比较例2a和例2b：

例2：a. 本来$_{1a}$他想去问加林，但想了一下，还是没去，先跑到亲家家里来了。(《人生》)

例2：b. 问加林，但想了一下，还是没去，先跑到亲家家里来了。

可以看到例2b去掉“本来$_{1a}$”后，整个复句的转折意味变弱了，这当然是由于“本来$_{1a}$”具有强调它所在分句的作用。

“本来$_{1a}$”强调的“原先”的某种情况在说话人说话时有两种可能，一是这种情况已经发生了变化，如例2a；另外一种是或然的，如例1，即“他爱佩珊”在遭“苏甫反对”后，可能依然“爱”也可能是“不爱了”。

当“本来$_{1a}$”所在句子是个相对独立的句子时，在语义上仍然表示某一情况前后的转变或变化。如：

例10：一个巧手姑娘所绣的只是一小幅花巾，广大劳动者却以大地为巾，使本来$_{1a}$荒凉单调的地面变得像苏绣广绣般美丽了。(秦牧《土地》)

例10句子兼语的修饰语含有“本来$_{1a}$”，语义上和“变得”的宾语“像苏绣广绣般美丽”存在着对立，反映了“地面”状况的变化。

1.2“本来$_{1a}$”多与“就”共现，用于前一分句，“就”强调事实或情况已经达到了某种程度，后一分句用程度副词“更(加)”或表重复义的副词“再”等表示情况向更高程度发展。①如：

例11：我一进门的时候本来$_{1a}$就有点疑惑，现在更加疑惑了。(阿累《一面》)

例12：但是工人们回答：“生活程度高了，本来$_{1a}$就吃不饱，再减工钱，那是要我们的命了。”(《子夜》)

例13：快到新华门那一带，路本来$_{1a}$就极宽，加上薄雪，更教人眼前神爽，而且一切都仿佛更严肃了些。(《骆驼祥子》)

例14：这小伙子流里流气的样子，他本来$_{1a}$很厌恶，再听小伙子的话就更讨厌了。(语文总)

例15：本来$_{1a}$是不肥不瘦的身材，加上这套装束，更显得窈窕、活泼。(《蚀》)

有时这个“就”也可以省去，但是失去了对某种行为或性状的强调。比较例16～例18句式a与例16～例18句式b可以看到，后者的两个小句对比是强于前者的：

例16：a. 袁成的瘦脸本来$_{1a}$有点黑，现在显得更黑了。(《家》)

例16：b. 袁成的瘦脸本来$_{1a}$就有点黑，现在显得更黑了。

例17：a. 餐厅里的电灯光本来$_{1a}$够强烈，给雪白的屋顶一衬，更加明亮……

例17：b. 餐厅里的电灯光本来$_{1a}$就够强烈，给雪白的屋顶一衬，更加明亮……(《上海的早晨》)

例18：a. 她看到玉生本来$_{1a}$有点忍不住要哭了，再加上手出了

① 张斌《现代汉语虚词词典》(商务印书馆2001年版）等基本具有本书的部分内容，但不够深入细致。具体见第31页。

血，所以干脆放下镰刀抱着头哭起来。

例 18：b. 她看到玉生<u>本来</u>$_{1a}$就有点忍不住要哭了，再加上手出了血，所以干脆放下镰刀抱着头哭起来。(《三里湾》)

2. “本来$_{1b}$”表示事情或情况始终是如此，常与“就”连用，加强确认的语气。

例 19：他<u>本来</u>$_{1b}$就是土地的儿子。他出生在这里，在故乡的山水间度过梦一样美妙的童年。(《人生》)

例 20：由于幼年时代的特殊环境，他的脾气<u>本来</u>$_{1b}$就有点古怪。(《倾城之恋》)

例 21：“乡巴佬就乡巴佬。<u>本来</u>$_{1b}$就是乡巴佬。”他高兴地看了一眼黄亚萍。(《人生》)

例 22：或者我是个侥幸者，或者生活<u>本来</u>$_{1b}$就是由许多的“偶然”所铸成。(语文总)

例 23：——上帝造女人，是取了男人的一根肋骨，所以男女<u>本来</u>$_{1b}$注定不可分离。(《这样一种关系》)

例 24：沈伟道：“这个世界<u>本来</u>$_{1b}$就没有公平可言，人和人就是不一样，我们请她来不是看书的，是来带天宜的。”(《爱又如何》)

例 25：萧素抚着她的肩，说：“人生的道路，<u>本来</u>$_{1b}$不是平坦的。要和坏人斗争，也要和自己斗争——”(《红豆》)

例 26：我觉得这里的女孩子确实要比沙市的美丽得多，<u>本来</u>$_{1b}$美感就不是绝对的。(《东尼》)

(二)“本来$_2$”表示按道理就应该这样，但事实并非如此，含有虚拟意味。例如：

例 27：这本书<u>本来</u>$_2$昨天就该还给你，拖到现在，真不好意思。

例 28：<u>本来</u>$_2$昨天就要来接你的，叫不到汽车，公共汽车又挤不上。(《倾城之恋》)

例 29：罗维民说<u>本来</u>$_2$早就应该做手术的，一直拖到今天，这一次犯得特别重。(《十面埋伏》)

“本来$_{1a}$”表示先时意义的一个泛时段副词，没有明确的起点，但有明确的时间终点，一般是以叙事主体的说话时为界；或以某种行为或性状的变化改变为界，如例 1 ~ 8；或以某一具体时间为界等，如例 10 ~ 18 等。表示情况始终如此的“本来$_{1b}$”无终点，如例 19 ~ 26 等。“本来$_2$”一般是没有明确的直接的时间起点但存在一个时间终点的，如例 27 里，它的时间起点是借书之时，时间终点是到“现在还书”即说话时为止；例 28 时间起点是“你离开”之时，时间终点是到“现在来接你”即说话时为止；例 29 时间起点是“做手术”之时，时间终点是到“今天病犯得特别重”即说话时为止。

表时上，“本来”和“原来”在时制上没有什么不同，只是在表达“情态”上比“原来”强些。

二、“本来”句的句法特征

（一）“本来”句形容词谓语特征

副词“本来”一般都能直接或间接修饰性质、状态形容词。例如：

例 1：阳光本来$_{1a}$很微弱，松林中就更暗淡。（《骆驼祥子》）

例 2：泓菲的性情本来$_{1a}$并不娇贵，但因有乔二胡在身边，简直打个喷嚏都有人关照加衣服，两个人恩恩爱爱的只把方佩衬得无比冷清。（《岁月无敌》）

例 3：肖济东是个惜车之人，更兼人本来$_{1b}$就谨慎仔细，每天都把车细细查过才敢出门，所以对这交警的检查毫不在乎。（《定数》）

例 4：刘巧珍刷牙了。这件事本来$_2$很平常，可一旦在她身上出现，立刻便在村里传得风一股雨一股的。（《人生》）

这四例“本来”都是修饰性质形容词。如“微弱”、“娇贵”、“谨慎”、“仔细”与“平常”，若分别把它们前面的“并不”、“就”、“很”去掉仍成立。“本来”还可以修饰状态形容词，如下例 5、6、7 里的“阴沉沉”、“干干净净”、“昏昏沉沉”。

例 5：江南冬天的阴，本来$_2$阴沉沉的，而那天的阴，以我们看来尤其阴得可惨——简直低压到心上来。（《冬晚的别》）

例 6：这衣服本来$_{1b}$就干干净净的，再洗要掉色了。

例7：有一天我下夜班，本来$_{1a}$就昏昏沉沉的没睡实，浑身不舒服，心里面就特烦。(《梧桐梧桐》)

(二)“本来”句动词谓语的特征

1. 动作义动词可进入“本来”副词句：

例8：我本来$_{1a}$已经忘记了她这个人，你嫂嫂对我是再好不过的，我也很喜欢你嫂嫂。(《家》)

例9：你的话我本来$_{1b}$就听见了，只是不想跟你理论。

例10：她本来$_{1a}$也可以不死的，可她就是不顾一切地要去摁那个报警器，脑壳最终被击碎的那一刻，她的手还向前伸着……(《十面埋伏》)

例11：茂盛本来$_{1a}$也不赞成私私合营，说私私合营是重床叠架，增加机器，分散生产，集中管理没有好处。……(《上海的早晨》)

例12：芳林嫂本来$_{1a}$愣在那里，要赶过去，一听老洪的喊声，才提醒了她……(《铁道游击队》)

例13：史元杰本来$_2$以为该结束了，没想到肖振邦又拿起了电话，看来是内部电话，便拨通了。(《十面埋伏》)

其中，“忘记”、“听见”、“死”、“赞成”、“愣”、“结束”都是瞬间义动词。也就是说，瞬间义动词一般都可进入“本来$_{1a}$”、“本来$_{1b}$”和“本来$_2$”句。

而持续义的动词只能进入“本来$_{1a}$”、“本来$_{1b}$”句，不能进入“本来$_2$”句。

例14：他本来$_{1a}$把课余的时间完全花在周报上面，然而他又害怕会引起祖父的干涉或者还会给大哥添一些麻烦，便只好隐瞒着他跟周报的关系。

例15：男的是林子冲，本来$_{1a}$认识；那女的可就像一大堆白银子似的耀得胡国光眼花缭乱。(《蚀》)

例16：他本来$_{1b}$就不靠薪水，他这样解譬着。(《围城》)

例17：本来$_{1a}$说要取下来，破除迷信，好些房间都取下来了。后来又说是艺术品让留着，有几间屋子就留下了。(《红豆》)

例18：靠窗的泥墙塌了一大片，天花板上本来$_{1a}$糊的一层纸，

现已碎成万片……（《东尼》）

例19：老洪本来$_{1a}$坐在那里沉思什么，现在突然雄赳赳地走出炭屋……（《铁道游击队》）

例20：“余厂长，我本来$_{1a}$要去找你，你怎么跑来找我了？”（《上海的早晨》）

例21：“何处长本来$_{1a}$提前要给你打个电话的，但因为时间太晚了，怕打搅你就没打。”（《十面埋伏》）

2. 关系动词也可进入“本来”副词句

例22：他本来$_{1a}$姓张，后来才改姓李的。

例23：回校把这话告诉孙小姐，孙小姐说：“我也会这样问，您本来$_{1b}$就像个学生。”（《围城》）

例24：工会里分党分派，本来$_{1a}$不关我的事；不过我是爱打不平的。（《子夜》）

例25：我私下问组长怎么交代，组长就是我军仲笙兄，本来$_{1a}$是老朋友啊，可是，这会板起面孔，翻脸不认人……（《上海的早晨》）

例26：恰巧有辆刚打好的车（定作而没钱取货的）跟他所期望的车差不甚多；本来$_{1a}$值一百多，可是因为定钱放弃了，车铺愿意少要一点。（《骆驼祥子》）

3. 表示有无的动词可进入“本来”副词句。

例27：她觉着灵芝现在好比是得了宝葫芦，自己本来$_{1a}$也可以得到，可是误了。（《三里湾》）

例28：他希望的那种“桥”本来$_{1b}$就不存在；虹是出现了，而且色彩斑斓，但也很快消失了。（《人生》）

例29：这个鬼联合本来$_{2}$就不该有。（《秋天的愤怒》）

例30：站在栏杆前面的人本来$_{1a}$很有秩序，看到这激动人心的情景，都拥过来，堵住他们的去路，把他们包围起来。（《上海的早晨》）

4. 表示思维活动义的动词可进入“本来$_{1a}$”、“本来$_{1b}$”句，一般不进入“本来$_{2}$”句。

例31：巧珍本来$_{1a}$想和周围的人辩解几句，大大方方开个玩笑

解脱自己，无奈嘴里说不成话。(《人生》)

例 32：我本来$_{1b}$的确因为怕闹，所以不打牌。(《围城》)

例 33：他本来$_{1a}$以为那公司是吸收些“游资”，做做公债，做做抵押借款；现在才知道不然，他上了当了。(《子夜》)

例 34：这部书是陆女士的父亲的赠品，仲昭本来$_{1a}$不以为奇，但现在却觉得很有意思，一直看到电灯放光。(《蚀》)

例 35：我本来$_{1a}$不打算看，因为四大已空，还有什么需要追求的？但是在这里时间实在太多了，整天没有事做，我终于还是看了。(《东尼》)

例 36：小坡本来$_{1a}$不喜欢抽烟，还是接过来一支。(《铁道游击队》)

例 37：本来$_{1a}$他考虑的是眼下究竟应该怎样来处理这件事，却没想到龚跃进的态度会来了这么一个 180 度的大转弯。(《十面埋伏》)

5. 必要类、可能类和愿望类能愿动词可进入“本来$_{1a}$”副词句①

5.1“本来$_2$”与必要类、可能类共现，“本来$_{1a}$”、“本来$_{1b}$”不能，如：

例 38：方佩正在梳头，她侧过脸来说：“本来$_2$你应该在第二个路口转弯，千万不要因为第一个路口热闹就迎上去，记住了吗？”(《岁月无敌》)

例 39：老人的事情，本来$_2$应当是由我，由她唯一的男孩子来承当的…… (《黑骏马》)

例 40：有些案子，你本来$_2$不应该介入的。(《十面埋伏》)

例 41：比如说厂里代办米吧，本来$_2$应该向上海粮食公司采办的，但是没有油水可捞，他就向庆丰米号采办。(《上海的早晨》)

例 42：“我本来$_2$可以说‘一定’，可是我一进来后就嗅着一点儿东西。”(《子夜》)

---

① 马庆株：《汉语动词和动词性结构》，北京语言学院出版社 1992 年版，第 52 页。

例 43：肖济东说：“你说得倒也是。可是你本来$_2$可以不止是知足，而是自得的。”(《定数》)

“本来$_2$”跟“应该”、“应当”“要”等必要类能愿动词共现，表示说话人根据事实提出明确的看法，表明一种态度。也可以跟“会”、“可以”等可能类能愿动词共现，表示某种动作行为等原本该出现或具有，而事实上并没有如此。

5.2“本来$_{1a}$”与愿望类共现，“本来$_{1b}$”、“本来$_2$”一般很少出现在它的前面，如：

例 44：我努力了，但终于忍受不了她习惯性流露的轻佻口吻以及那总是罩在我心头的淡淡迷惘，象走进一幢布局复杂的房子，本来$_{1a}$想进这间屋子，却走进了另一间屋子。(《空中小姐》)

例 45：因为他爱好文学，文化馆他有几个熟人，本来$_{1a}$想进去喝点水，但他很快就打消了这个念头——他今天怕见任何熟人。(《人生》)

例 46：本来$_{1a}$想给你打电话的，头晕就没打。(《浮出海面》)

例 47：你倒是要谢谢马慕韩，他本来$_{1a}$不肯帮忙的，抹不过我的小面子，才答应的。(《上海的早晨》)

“本来$_{1a}$”可以跟“想”、“肯”等愿望类能愿动词共现，表明说话人原来想做某事的意愿，但它没有实现。

（三）“本来”与动词体标记共现

1. 副词“本来”可以与进行体“着”共现：

例 48：过了一会儿，觉新叹了一口气，又摸出手帕把眼泪揩了，然后慢慢地继续说：“我本来$_{1a}$说着你的事，谁知道把话扯了这么远！”(《家》)

例 49：在江玫充满爱情的心灵里，本来$_{1a}$有着一个奇怪的空隙，这是任何在恋爱中的女孩子所不会感到的。(《红豆》)

例 50：这些东西本来$_{1b}$就这样摆着，从来没有人动过。

例 51：幸亏有儿子；她又能做，打柴摘茶养蚕都来得，本来$_2$还可以守着，谁知道那孩子又会给狼衔去的呢。(《祝福》)

例 48、49 是“NP 本来 VP·着 NP”结构，“本来”着眼于强调事件中动作行为的持续状况，这个句子是个非完整句，一般离开前后的小句难以自足。例 50、51 是“NP 本来 VP 着”结构，“本来”强调反映整个句子表示的行为持续情况。从事件的类型看，它们虽是个非完整句，但它相对可以自足成为一个完全句。

2. “本来$_{1a}$”可与体标记“了”、“过”共现，如例 52 的基式 a 及其变式 b，而“本来$_{1b}$”、“本来$_{2}$”不能出现在“了”、“过”的前面。

例 52：a. 爷爷，我心里难过。你先别说这了。我现在也知道，我本来$_{1a}$已经得到了金子，但像土圪塔一样扔了。(《人生》)

例 52：b. 爷爷，我心里难过。你先别说这了。我现在也知道，我本来$_{1a}$已经得到过金子，但像土圪塔一样扔了。

(四)“本来”与其他副词共现

“本来”与其他副词共现，分布上，总是处于其他副词的前面。

1. 与否定副词的共现：

“本来$_{1a}$”和“本来$_{2}$”常常与“不”、“没(有)”、“无须(乎)”、“并非”等表示否定意义的否定副词共现，“本来$_{1b}$”一般不能与之共现。例如：

例 53：这已是惯了的，冯云卿本来$_{1a}$不以为意，但此时正因公债投机失败到破产的他，却突然满肚子的不舒服了。(《子夜》)

例 54：今天他本来$_{2}$不想来的，我厂里也有事。(《上海的早晨》)

有时“本来”句所在的上下文或有互为反义的词语，或者整个句子在语义方面相反或对立。例如下面例 55 句子里的“挺自然、挺简单”和“复杂”的语义就是相反的；同样，例 56 的“气恼”与“舒服”、例 57 的“好了”和“复发”、例 58 的“从容自若”与“困惑”的语义都是相反的。

例 55：本来$_{1a}$是挺自然的、挺简单的事全变得那么复杂。

例 56：林佩姗微笑着说了这么一大段，她的语调又温柔又圆浑，因而本来$_{1a}$有点气恼的范博文听了以后似乎觉得心头很舒服。(《子夜》)

例 57：本来$_{1a}$已经好了的，吃了一碗冷饭，复发了。(语文总)

例 58：在众目睽睽下，这个本来$_{1a}$从容自若的姑娘也不禁有点困惑了。（语文总）

2. 与转折副词的共现：

例 59：我本来$_{1a}$只打算在门口站站，这样一来，出去反倒有违盛情。（《巴西狂欢节》）

例 60：我们来这儿，本来$_{1a}$是想了解别的情况的，却没想到会出了这样的事情！（《十面埋伏》）

例 61：“芝麻开门”，本来$_{1a}$是句毫无意义的咒语，却也能打开一扇沉重的石门。（《绿化树》）

例 62：华媛轻轻地擂了他一下，“这次出来玩，本来$_{1a}$就为放松心情，你反倒制造紧张空气”。（《你别无选择》）

例 63：事情迫到眉尖，本来$_{2}$应该马上决定，然而他倒迟疑起来了。（《家》）

例 64：（琴）便劝道：“……你到我这儿来耍，本来$_{1a}$是怕你在年节里容易伤感，特地请你到我家来散散心，谁知反而给你唤起更多的往事，只怪我不该引他们进来跟你见面。”（《家》）

例 65：他走到书房门口又退了回来，心想这桩丑事本来$_{1a}$没人知道，那么一闹，反而会传开去。（《上海的早晨》）

据我们考察，“本来$_{1a}$”和“本来$_{2}$”可以同转折连词和转折副词在同一语段中共现，转折语气更为强烈，其共现顺序一般是：本来（除“本来$_{1b}$”）→转折连词→转折副词。例如：

例 66：本来$_{2}$这不是什么必须要秘密的事，但传扬得这么快，却也使吴荪甫稍稍惊讶了。（《子夜》）

例 67：从对许大马棒匪伙的审讯中，本来$_{1a}$已经确定了第二步的前进方向和打击的目标，但几天来初冬的小雪，却刁难了少剑波素来的神速果断。（《林海雪原》）

例 68：阿 Q 本来$_{1a}$也是正人，我们虽然不知道他曾蒙什么名师指授过，但他对于“男女之大防”却历来非常严；也很有排斥异端——如小尼姑及假洋鬼子之类——的正气。（《阿 Q 正传》）

例 69：觉慧本来$_{1a}$注意地在听觉新谈他离家的事，然而哥哥却把话题转到了嫂嫂的死。（《家》）

也有少数例句共现顺序是：本来（除“本来$_{1b}$”）→转折副词→转折连词：

例70：他听得范博文说什么“镇长”，本来$_{1a}$倒有点诧异；虽然他是一窍不通的浑虫，可是双桥镇上并无“镇长”之流的官儿，他也还不明白。(《子夜》)

“本来$_{1a}$”、“本来$_{2}$”与转折连词或转折副词共现的意义在于：使“本来$_{1a}$”、“本来$_{2}$”所在分句在语义上带上了说话人的不容置辩的语气，增加了一种主观意味。“本来$_{1a}$”、“本来$_{2}$”可以突显强化其所在分句与后续分句的转折关系，使前后产生更大的反差或对比。

3. 与其他时间副词的共现：

3.1“本来$_{1a}$”可以与时间副词“在”、“正”和“正在”共现，也可以与“已”、“已经”、“早”、“老早”等时间副词共现，还可以与“还”、“老”等同现，如：

例71：觉慧本来$_{1a}$注意地在（正/正在）听觉新谈他离家的事，然而哥哥却把话题转到嫂嫂的死。(《家》)

例72：边惠荣本来$_{1a}$已经坐在田埂上穿上了一只鞋子，听得叫声，回头一看，大吃一惊……(《新媳妇》)

例73：我本来$_{1a}$老早就想回家去，不过我放心不下。(《家》)

例74：本来$_{1a}$还是闭着眼睛的吴老太爷被二小姐身上的香气一刺激，便睁开眼来看一下，颤着声音慢慢地说……(《子夜》)

例75：韩老六哈着腰说：“前儿队长没赏光，本来$_{1a}$早就要来拜望的。”(《暴风骤雨》)

与“本来$_{1a}$”对立的是，“本来$_{1b}$”与“本来$_{2}$”却在上述三种情况下一般不能出现。

3.2“本来$_{2}$”可以与表示短时、未然的时间副词“立刻”、“马上”等共现，表示本该立刻采取某种行动，但事实并非如此，而“本来$_{1a}$”与“本来$_{1b}$”很少能如此。例如：

例76：夜黑天里，没有看见他；他本来$_{2}$无须乎立刻这样办，可是他等不得。(《骆驼祥子》)

例77：事情迫到眉尖，本来$_{2}$应该马上决定，然而倒迟疑起来

了。(《家》)

（五）"本来"与代词共现

"本来$_{1b}$"、"本来$_{2}$"也可以与代词"如此"、"这样"等组合，形成"本来$_{1b}$（本来$_{2}$）如此"、"本来$_{1b}$（本来$_{2}$）这样"等结构，用来确认、补正或纠正某一事实。例如：

例 78：良更正直或更道德，也并非是说我比他人更警醒更具勇气，而是事实本来$_{2}$如此。(《许爷》)

例 79：本来$_{1b}$如此，高龄还在作词的人就少。(《刘微的"通行证"》)

（六）"本来"与语气词共现

"本来$_{2}$"常与语气词"嘛（么）"、"吗"等共现。这些语气词在此主要起提顿和强调作用。"本来$_{2}$ 嘛（么/吗）"常用于对话的后续句中，表示某种看法、作法显然是正确的。先看连续共现：

例 80：本来$_{2}$嘛，人的胃口不一样，眼光也不一样，一样的事儿，十样的看法。(《新媳妇》)

例 81：母亲似乎有些惭愧，但并不肯认错："本来$_{2}$ 嘛，一分钱一分货，米是好米，哪能贱卖了？出门的时候你爹不还叮嘱叫卖个好价钱？"(《卖米》，载《读者》2005 年第 2 期)

例 82："我说错了什么吗？我只是开玩笑！"本来$_{2}$嘛，打情骂俏，原是情人间的乐事，为什么这样一句话，会引起她如此激烈的反感呢？(《巴西狂欢节》)

例 83：本来$_{2}$嘛，这么小的孩子，怎么背得动那么大的书包。

例 84：本来$_{2}$ 么，京剧的唱调有西皮二黄之分。(《上海的早晨》)

例 85：本来$_{2}$ 么，要做成一件事情，可不是容易的。

再看间隔共现（语气词在所在句句尾）：

例 86：本来$_{2}$，闹洞房是多少年的老规矩嘛。(《新媳妇》)

例 87：父亲说："我本来$_{2}$ 就说不必买药的嘛，过两天就好了，花那个冤枉钱做什么！"(《卖米》，载《读者》2005 年第 2 期)

例 88："本来$_{2}$ 是嘛，逸芬，你说是不是？"(《熊掌》)

例 89："这个厂是徐义德的，本来$_{2}$ 应该由我来领导生产么。"

(《上海的早晨》)

以上十例“本来$_2$”表示对事实真实性的态度。情态上，反映了说话人对确定的客观事物的肯定评价的语气。

另外，“本来$_{1a}$+VP/AP”可充当定语，而“本来$_{1b}$”、“本来$_2$”不能。如：

例90：张帆点起一支烟抽着，本来$_{1a}$就闷热的狭小房间顿时更憋得无法忍受。(《哭泣的色彩》)

例91：于是本来$_{1a}$惴惴的心又加增老大的不自在。(语文总)

例90的“本来$_{1a}$就闷热”就是“狭小房间”的定语，例91的“本来$_{1a}$惴惴”就是“心”的定语。

三、“本来”的句类分布

(一)副词“本来”分布的句类从语气类型看主要集中在陈述句里，出现在其他的句类是有选择的。“本来$_{1a}$”和“本来$_{1b}$”能出现在疑问句里，“本来$_{1b}$”和“本来$_2$”可以分布在感叹句里。“本来”不能出现在祈使句里。如：

例1：苒青知道，安娜本来$_{1a}$在波士顿有个未婚夫，后来嫌太远，分开了，在康奈尔又找了一个。(《哭泣的色彩》)

例2：阿Q的耳朵里，本来$_{1b}$早听过革命党这一句话，今年又亲眼见过杀掉革命党。(《阿Q正传》)

例3：你本来$_2$可能还有点出息，一结婚全毁了。(《浮出水面》)

例4：全场情形，显然是有利于第二提案了；本来$_{1a}$赞成第一第三案的人们总有许多会走这条“不得已”的路罢?(《蚀》)

例5：“……先生跟辛楣的交情本来$_{1b}$不很深罢?”(《围城》)

例6：本来$_{1a}$属于我们大家的这些国家和集体的资产究竟让什么人给抢走了?(《十面埋伏》)

例7：“……中国人本来$_{1b}$是顶会享福的!”(《子夜》)

例8：“看来要想真正学会，还非下点苦功夫不可。”“本来$_2$嘛!”

例9：本来$_2$嘛！我们不打麻将能做什么?(《东尼》)

（二）从陈述句内部看，有一种倾向，副词“本来”又以肯定句为主，否定句次之。我们统计了约200万字的语料，收集到陈述句中的肯定句296例，否定句70例。

小 结

通过考察“本来”与其他词类直接或间接共现的情况，可以大致地发现“本来$_{1a}$”、“本来$_{1b}$”与“本来$_{2}$”的分布情况及其存在的不同，为了形象直观，我们把它们“不同”方面反映如表3-2：①

表3-2

副词	形容词	动词					动态助词	代词	副词			语气词
		思维义	瞬间义	持续义	可能必要	愿望	了过	这样如此那样等	否定转折	正已还老	即时未然	
本来$_{1a}$	+	+	+	+	−	+	+	−	+	+	−	−
本来$_{1b}$	+	+	−	+	−	−	−	+	−	−	−	−
本来$_{2}$	+	−	+	−	+	−	−	+	+	−	+	+

第三节 原 先

在现代汉语中，“原先”多用于书面语，有时间名词和时间副词两种用法。作时间名词的情况简单，它不在本书讨论范围之内，姑举两例，如：

（1）出乎意料的是，菊花并没有穿什么时装，普通的衣裤，也没烫头发，比原先黑瘦了些。（《爱又如何》）

① “正、已、还、老”是三小类副词的代表字。

（2）一切恢复到原先的生活轨迹之后，可馨去找了几次工作，都不尽如人意。(《爱又如何》)

一、"原先"的语法意义

（一）副词"原先"语义上泛指先前的某一时段，相当于"先前"或"起初"等，着重强调时间的"在先"性，有"原先$_1$"、"原先$_2$"两种意义。

"原先$_1$"表示先前的行为或性质状态到说话时或到某一具体时点为止已不是那样。它的后续小句表示的是与之对立或相反的意思，往往有转折连词"但是、可是、而"或时间词"现在、后来"等与之呼应，例如：

例1：原先$_1$舒适安宁的家，现在却处处危机四伏。(《送你一条红地毯》)

例2：原先$_1$拼命要当劳模和后来拼命赚钱，都具有这一层内涵。(《爱又如何》)

例3：银行发行信用卡就是为了让顾客"先享受，后付款"，通过这笔原先$_1$应付而未付的钱赚取更多的利息。(《经贸汉语听和说》，第80页)

例4：这里原先$_1$是坟地，后来才被农民开挖出来的。(《桃花灿烂》)

例5：原先$_1$他以为世上再也没有比坐办公室更无聊的事了，现在算是知道埋伏比坐办公室要无聊得多，由此他十分庆幸自己在转业时没有选择警察这行。(《埋伏》)

例6：人家原先$_1$说是下属，如今自立门户，与劲松完全不搭界。(《你别无选择》)

例7：原先$_1$收面是按人头地亩摊的，现在抢面是先下手为强。(《故乡天下黄花》)

例8：……父亲原先$_1$也是铁路工人，现在只能当个小工……(《青春之歌》)

例1~8的"原先$_1$"与后一小句的"现在"、"后来"等呼应对照，加强了它们所在分句的事件对比性。它的意思大致相当于泛时性的“以前”，但有一点主观色彩。从叙事主体（说话人）看，它倾向一种客观的叙述，主观色彩淡些。

当“原先$_1$”句表示的前后情况的变化不是转折关系而是程度加深时，“原先$_1$”常与“就”共现，用于前一分句，后一分句用“更（加）”表示情况应向更高程度发展。如：

例9：原先$_1$他就不喜欢说话，现在更不爱开口了。（《骆驼祥子》）

例10：原先$_1$灰白的头发越显灰白，原来昏暗的眼睛越发昏暗，再加失魂落魄，简直像个活鬼。（《洗澡》）

有时，表示前后情况的转变或对比也可以不用转折连词或“现在、后来”等词。“原先$_1$”所在句的前后小句之间隐含有潜在的转折或对比关系。如下例的两个小句之间就隐含着时间上的对比或转折关系：

例11：她觉得很奇怪，这些人原先$_1$跟她交情都还是不错的。（《爱又如何》）

例12：乃文原先$_1$心不在焉的心情马上消失无踪。（《红苹果之恋》）

例13：“我换了一只手。”原先$_1$那只手掌已变得同冰块一样冰。（《预约死亡》）

例14：车把式也不是生下来就会赶车的，原先$_1$全要跟一段时间车。（《绿化树》）

例15：原先$_1$喜悦的神情一扫而空，取而代之的是满脸的失望。（《红苹果之恋》）

例16：比如那个国际时装赛的头牌马艳丽原先$_1$不也是个新来乍到的外来妹吗？（《床上的月亮》）

例17：陈佐千把原先$_1$下房里的雁儿给四太太做了使唤丫环。（《妻妾成群》）

例18：我在一师，C来自五师，原先$_1$互不认识。（《梁晓声作品自选集》）

例19：胡杏回家这一年多，原先$_1$丢生了的手艺也重新拾了起来。（《苦斗》）

例 20：我回来的时候，村里开始搞土地改革了，我分到了五亩地，就是原先$_1$租龙二的那五亩。(《活着》)

(二) 表示某一行为、性状的先前情况始终如此，未曾变化。

例 21：故乡还是原先$_2$那样。

(三) “原先” 在时制上和 “原来”、“原本” 一样，在情态方面比 “原来” 弱。

二、“原先” 句的句法特征

(一) “原先” 句形容词谓语的特征

“原先$_1$”、“原先$_2$” 能直接或间接修饰性质或状态形容词。比如：

例 1：他原先$_1$也穷，往后，家有了起色。(《暴风骤雨》)

例 2：这孩子原先$_1$可好呐，就知道做活。(《苦菜花》)

例 3：虽然原先$_1$很瘦小，可是自从跟了那个军官以后，很长了些肉，个子也高了些。(《骆驼祥子》)

例 4：原先$_2$他就很健谈。

例 5：他的脸膨满起来一些，可是不象原先$_1$那么红扑扑的；脸色发黄，不显着足壮，也并不透出瘦弱。(《骆驼祥子》)。

例 6：更让人感到惊讶的是，原先$_1$平平板板的身子上竟隐隐闪现出一些迷人的线条儿。(《学驹》)

例 1 ~ 6 性质形容词短语 “也穷”、“可好”、“很瘦小”、“很健谈” 与状态形容词短语 “那么红扑扑” 和双音节状态形容词 AABB 式 “平平板板” 是受副词 “原先$_1$” 的修饰，表示它们在原先所具有的性状程度。从它对音节的选择看，单音节、双音节或多音节的形容词都能接受它的修饰。

“原先$_1$” 同 “原来$_{1a}$” 一样，也能修饰形容词的 ABAB 式，如第 52 页 5、6 两例中把 “原来$_{1a}$” 换成 “原先$_1$”，句子仍然成立。

例 7：他原先$_1$干瘦干瘦的，现在胖多了。

例 8：这面旗子原先$_1$鲜红鲜红的，现在都褪色了。

(二) “原先” 句动词谓语的特征

“原先” 动词谓语句对动词也没有音节上的限制，从进入这一句子的动词特点看主要是下面几类：

1. 表示动作义的动词可进入“原先”副词句。

例9：田平原先$_1$在科学院开大车，一早一晚接送上下班人士。(《白雾》)

例10：原先$_2$跟“三叉”家讲好的，什么时候喊，她什么时候来……(《秋天的愤怒》)

例11：白玉山是认识她的，只是她原先$_1$那两个垂到肩上的辫子不见了。(《暴风骤雨》)

例12：赵玉林说着，原先$_1$不知不觉藏在背后的捕绳，如今又不知不觉露到前面来了。(《暴风骤雨》)

例13：肖济东接过男人递上来的一个信封，看了看身份证，并数了数钱，他原先$_1$拿出的有个七块的零头，在信封里被补成了整数。(《定数》)

例14：原先$_1$跟他闹翻，她以为不过是一种手段，必会不久便言归于好，她晓得人和厂非有她不行；谁能想到老头子会撒手了车厂子呢？(《骆驼祥子》)

例15：原先$_1$里头驻的是日本军队，最近才换了高铁杆儿的一个小队伪军。(《烈火金刚》)

例16：原先$_1$女队员和秀秀在前边住着，秀秀爹娘在后边住着。(《小站的黄昏》)

2. 关系动词、有无动词可进入“原先$_1$”、“原先$_2$”句。

例17：细丝原先$_1$是直的，现在弯曲了，把爬山虎的嫩茎挖一把，使它紧贴在墙上。(语文总)

例18：武汉大学原先$_2$就是重点（大学）。

例19：粞叫陆粞，但粞原先$_1$叫的不是这个“粞”，而是喜欢的喜。(《桃花灿烂》)

例20：小刘是招聘的，原先$_1$是合川农民，当过武警，能吃苦，人也精灵。(《你别无选择》)

例21：她原先$_1$是冲床上的技工，工作时毁了一只手，后来发了坏疽，不得不截肢保命。(《师傅越来越幽默》)

例22：地头上原先$_1$有三棵老杨树，后来被砍掉，做了猪栏。

(《柏慧》)

例23：傅贵知道她问的是华媛，便说：“原先$_1$在公司任财务部长。”(《你别无选择》)

例24：原先$_1$在一家姓方的家里，主人全家大小，连仆人都在邮局有个储金折子。(《骆驼祥子》)

例25：他们住在河南我那间生草药铺的后进房子里，就是原先$_1$阿炳在那里当过几天伙计的地方。(《三家巷》)

3. 表示思维活动义、变化义的动词可进入“原先$_1$”句，“原先$_2$”不能。

例26：抱素愕然半晌，他猜不透静的意思，他觉得静的泰然很奇怪，他原先$_1$料不及此。(《蚀》)

例27：哲学家说：“原先$_1$他不知道灭顶之灾的痛苦，便想不到稳坐船上的可贵。大凡一个人总要经历过忧患才会知道安乐的价值。”(《奴隶和哲学家》，载《读者》2005年第2期)

例28：原先$_1$，他以为拉车是他最理想的事，由拉车他可以成家立业。现在他暗暗摇头了。(《骆驼祥子》)

例29：我原先$_1$以为共产党不同，想不到上海解放还不到三年，干部已经起了变化。(《上海的早晨》)

例30：原先$_1$我只觉得自己是个败家子，想不到我们队长也是个败家子。(《活着》)

例31：“谢谢你，刘云，你能这么说我真高兴。原先$_1$我还担心你看不惯这种事的……”(《比如女人》)

例32：这种树原先$_1$生长在沙漠里！(语文总)

例33：……她瘦得身上都没肉了，原先$_1$绷起的衣服变得松松垮垮，在风里荡来荡去。(《活着》)

例34：随着腰包渐鼓，他的心情越来越开朗，身体越来越好，生了锈的关节仿佛刚刚膏了油，原先$_1$几乎转不动了的眼珠子也活泛了。(《师傅越来越幽默》)

(三)“原先”与动词体标记共现

1. “原先$_1$”与“过”、“了”共现，构成表动态的完整的自足句。如：

例 35：a. 原先$_1$，他也干过那营生，吃是能吃饱，可是常要受冻，要是没人请，夜里就得住寒窑。(《我的遥远的清平湾》)

例 35：b. 阑尾刘便从他原先$_1$站立的位置向前迈动了一步，这一步使他成为主刀医生。(《阑尾刘》)

2. “原先$_1$”、“原先$_2$”能与进行体“着”共现，所在小句表示的是一个静态的非完整句——语义不自足，必须要有铺垫性小句才能成立。如：

例 36：a. 他原先$_1$低着头，不大看别人，好像这样别人就忘记他也坐在屋里了。(《上海的早晨》)

例 36：b. 这些东西原先$_2$就这样摆着，从来没有人动过。

（四）“原先”与代词共现

“原先$_1$”、“原先$_2$”都能与指示代词“那样”、“这样”搭配，如：

例 37：他原先$_1$那样，现在还那样。

例 38：他原先$_2$就这样。

由于“原先$_1$”是泛指先前的某一时期，相当于“先前”、“起初”。着重强调时间在先。所以只与远指代词“那样”搭配，“原先$_2$”表示某一行为、性状的先前情况始终如此，未曾变化。能与指代词“这样”、“那样”搭配。

（五）“原先”与其他副词共现

1.“原先$_1$”、“原先$_2$”常常与“不”等表示否定意义的否定副词共现。例如：

例 39：朋友之中若有了红白事，原先$_1$他不懂得行情，现在他也出上四十铜子的份子，或随个“公议儿”。(《骆驼祥子》)

例 40：他原先$_2$就不喜欢旅游。

例 41：李振江娘们，原先$_1$不敢出头露脸的，这会子也出来串门。(《暴风骤雨》)

例 42：颂莲反而手足无措起来，她原先$_1$并没把学箫的事当真。(《妻妾成群》)

2. “原先$_1$”可与转折副词及其他转折词语共现，而“原先$_2$”不能。

例43：原先$_1$我看人家下得挺好的，可我这一跟他们真下，还是赢了。（《棋王》）

例44：这件事可馨并没有向爱宛提及，然而不久，爱宛对可馨说，拜伦突然变了一个人，原先$_1$从不跟她提钱，现在却要很多很多的钱……（《爱又如何》）

例45：你当家的，原先$_1$不过是一个区长，现在你倒当了县长，真是妇女提高。（《风云初记》）

例46：她原先$_1$以为我有一颗不变的心，后来发觉在我们的感情生活中多出一个香雪海，她在惊慌之中便走向赵三，赵三生命中的女人太多，她反而有种安全感，什么都是注定了的。（《香雪海》）

例47：他原先$_1$以为这是个好差事，但现在可不了，看太太的样子，似乎颇有后悔之意，那可怎么办？（《红苹果之恋》）

例48：原先$_1$，这鬼子看到前面有个挑担的挡住去路，倒是按了按喇叭，但喇叭响过之后，挑菜人闪躲得不快。（《野火春风斗古城》）

3. “原先$_1$”可与时间副词共现，而“原先$_2$”不能。

例49：他同学的姐姐是该小学校的教导主任，房子原先$_1$一直用来堆放杂物，经他同学一提，校方才想到可以创收。（《牵手》）

例50：“我原先$_1$一直是希望你们重新和好的。”（《比如女人》）

例51：星子原先$_1$一直很自卑，星子的父亲是反动学术权威，可站在栖和勇志面前，星子却是最“干净”的一个了。（《桃花灿烂》）

例52：我这才如梦初醒，原先$_1$已经淡忘了的事一下子又有了记忆。（《石门夜话》）

4. “原先$_1$”可与程度副词共现，而“原先$_2$”不能。

例53：“这红袄是杜善人小儿媳妇的，原先$_1$太肥，她自己改的。”（《暴风骤雨》）

例54：谣言起来以后的第二天，原先$_1$十分热闹的李家院子的下屋，冷冷落落的，没有人来了。（《暴风骤雨》）

5. “原先$_1$”可与类同副词共现，而“原先$_2$”不能。

例55：韩长脖原先$_1$也还阔，往后才穷下来的。(《暴风骤雨》)

例56：男人是煤矿工人，原先$_1$也不懂这些，纯是那些老矿工传授的。(《羊的门》)

6. “原先$_1$”可与范围副词共现，而“原先$_2$”不能。

例57：原先$_1$只是一个冷冷清清的破摊子，设在鹅鸫子胡同“东方晒图厂”大院内东侧一溜平房里。(《洗澡》)

例58：他原先$_1$不过是个副教授，哪有不乐意的。(《洗澡》)

（六）“原先”与语气词共现

“原先$_1$”、“原先$_2$”都能与语气词“吧”、“呀”等直接组合构成一个话题性成分，如：

例59：原先$_1$吧，我跟他根本就不认识。

例60：原先$_2$呀，他就不是一个好东西。

小 结

语义上，“原先”是泛指先前的某一时段，相当于“先前”、“起初”，着重强调时间的“在先”性。但“原先$_1$”、“原先$_2$”语法意义与分布不同。“原先$_1$”侧重行为性状的变化，“原先$_2$”侧重不变性；两者的对立主要表现在表3-3：

表3-3

	思维活动、变化动词	着	了、过	转折副词（包括连词）	语气词
原先$_1$	+	+	+	+	+
原先$_2$	−	+	−	−	+

第四节 原 本

现代汉语中“原本”语义、词性上相当于“原来”、“本来”、“原先”等，在语用上，它表现出的主观性略次于“本来”，多用于书面语。如：

(1) 我们可以明白无误地看到他们的思想基础原本就是共时与历时的对立。

(2) 我说你原本就是小器鬼。(《黄金时代》)

一、"原本"的形式

"原本"形式上最主要的特征在于可以重叠为"原原本本",表示事情的全部经过或来龙去脉,而与之相关的其他副词"原来"、"本来"、"原先"不能重叠。如:

例1:接着,他就把怎样得到宝石,怎么听见一群鸟商量避难,以及为什么不能把听来的消息告诉别人,都原原本本照实说了。(语文总)

例2:静了一会儿,她终于把牛皮纸口袋,还有一切都原原本本地告诉了她。(《北方的河》)

二、"原本"的语法意义

"原本"可分为"原本$_1$"、"原本$_2$"。

(一)"原本$_1$"句的后续句常常有转折词和时间词"现在、后来"等,表示先前是某一情况或状态,后来已不是那样。即:是拿先前的情况和现在的情况对比,表示情况的前后转变,而且这一转变的偏离性大,出乎说话人的意料,有时含有不该如此。例如:

例1:他原本$_1$是学医的,后来改行搞文学。

例2:他原本$_1$也想打听一下买卖情况,但看了他们的脸,就感到什么也不必问了。(《师傅越来越幽默》)

例3:两家原本$_1$已相隔不远,却一定要租来的车绕行大半个北京城。(《紫花布幔》)

例4:原本$_1$说要关十天半月的,结果今天就给放出来了。(《十面埋伏》)

例5:我原本$_1$以为他们在一起不会超过三个月,但现在似乎证明了两个人是般配的。(《上海宝贝》)

例6:俺佟先生原本$_1$就出生佟家,婚后为了处处随和太太,把自已的饮食爱好也忘得差不多了。(《嫦娥》)

例 7：客人原本$_1$想大闹，但被珍珠的烈性子吓破了胆。（《红树林》）

例 8：她的口才向来技巧而婉转，颇具说服力，起轩原本$_1$也觉得心动，但最后还是否决了这个建议。（《鬼丈夫》）

例 9：1954 年，世界杯足球赛，德国足球队非常神奇地击败了原本$_1$夺标呼声很高的匈牙利队，夺得了冠军。（《经贸汉语——阅读与写作》，第 61 页）

以例 9 为例，如果去掉“原本$_1$”，那么它仅是客观地叙述了人们以为“匈牙利足球队能夺冠，后来却输给了德国队”这件事。但加了“原本$_1$”后，由于语境的影响，含有说话人或叙事者的看法或立场，即说话人认为匈牙利队不该“输球”，“输球”对于“夺冠”来说，偏离太大。

表示前后情况的转变也可以不用转折词或“现在”、“后来”等词。如：

例 10：自己原本$_1$是个医生，因为有话要说，才拿起笔来。（《那座山，虎啸龙吟》）

例 11：我把咖啡递给了她，她道了谢，毫不掩饰地盯着我看，“你比我预料的要好看，我原本$_1$以为你是个大个子”。（《上海宝贝》）

例 12：而如果那事能办得顺顺当当，原本$_1$也不会成为任何灾难的引爆线。（《床上的月亮》）

例 13：我一辈子好不容易办的这些企业，原本$_1$是为儿孙做马牛，给你们谋幸福，我自己并不需要。（《上海的早晨》）

例 14：“原本$_1$我添了个苏州厨子，他过不惯岛上生活，请辞，只得放他走。”（《红尘》）

例 15：他的原本$_1$高高的鼻子也平了，他的原本$_1$很大的眼睛也睁不开了。（《红树林》）

例 16：这座山寨原本$_1$是山上的一座山神庙，颇具规模。（《石门夜话》）

例 17：真没想到原本$_1$应该最可爱的一个场面，会落得如此收场。（《激情三百日》）

例 18：“算了！原本$_1$想给你讲件开心的事，被你这样子一迟到，连情绪都低落了！”(《风云变》)

“原本$_1$”与“原来$_{1a}$”、“本来$_{1a}$”、“原先$_1$”一样，也能与“就”共现，用于前一分句，后一分句往往表示递进意义。如：

例 19：原本$_1$就单薄的徐一鸣，消瘦得像衣架。(《昆仑殇》)

例 20：邹善儿说到这里，竟一时间红了脸，她原本$_1$就是个好看的女人，此刻的腼腆，更添妩媚。(《豪门惊梦》)

例 21：克的嘴唇放上去时，她只感到自己的唇仿佛被烫了一下，原本$_1$就在自燃的她便有如被加了一把干柴，一下子就有明火燃了起来。(《暗示》)

(二)“原本$_2$”表示某种行为或性状从始到终未曾变化。

例 22：正义与邪恶原本$_2$就势不两立。

例 23：“男人的心原本$_2$就是花的。”(《暗示》)

例 24：其实，这原本$_2$就是一桩做不下去的事吧，方兢只是借着尹小跳的“尖刻”“强硬”和“婆婆妈妈”，向她亮起了退却的警示灯。(《大浴女》)

例 25：一方面我急于躲开、安顿自己，另一方面我所需要的那种环境原本$_2$就不存在。(《柏慧》)

例 26：它原本$_2$怎么样，还怎么样，并不因为你浇水啦，上化肥啦，它便多长出一片叶子来。(《梁晓声作品自选集》)

例 27：科长紧张地注视着这一幕：他原本$_2$就不同意司令员带病出发，再加上这致命的一击，谁知会出什么事？(《阿里》)

例 28：“您干这件事，原本$_2$就不那么光明正大，随便找条法律就可以判您两年……”(《师傅越来越幽默》)

(三)“原本”在表时制上与前面讨论的同类的几个一样，只是在情态或叙事主体的语义方面有些差异，这一点我们将在第五节谈到。

三、“原本”句的句法特征

(一)“原本”句形容词谓语的特征

“原本”形容词谓语句对作谓语的形容词没有什么限制，

例如：

例 1：她原本$_2$就孤傲古怪。

例 2：我跑去问，告诉他是因为我碗里的粥，比别人原本$_2$就多些。(《送你一条红地毯》)

例 3：章妩烹饪的起点原本$_2$就不高。(《大浴女》)

例 4：康伟业的口才原本$_1$不差，但是被段莉娜的气势压抑住了，显得迟钝和笨拙，有时候还口吃。(《来来往往》)

例 5：他的脸原本$_1$就黑黑的，太阳一晒，就更加黑黢黢的了。

例 1～5 的“原本”是修饰性质形容词“孤傲”、“古怪”、“多”、“高”、“差”与状态形容词“黑黑的”。

(二)“原本”句动词谓语的特征

“原本”句对谓语动词也是没有音节或结构上的要求，从动词的小类看主要是下面几类：

1. 表示动作义的动词可进入“原本”副词句，比如：

例 6：……我原本$_1$想说我要回家，可话到嘴边又变了，我一遍遍叫着：连长，连长，连长——(《活着》)

例 7：看她比手划脚的雄姿，原本$_1$大约要站得更近，桑平原身上残存的气味，把她驱赶到了较远的地方。(《转》)

例 8：小红原本$_1$好好地坐在一角等候乐秋心换衣服，那店员就毫不客气地走过来说：“对不起，暂时请让位……”(《激情三百日》)

例 9：“如果你没有进来，我怎么会为了解释而丢了面棍呢？我原本$_1$可以很安安稳稳地做完的，但全是因为你，棍子才会满天飞。”(《红苹果之恋》)

例 10：“我原本$_1$兴致勃勃地跑进来要告诉你，我刚刚跟若儒吃午饭回来，人家很关切地托我问候你！”(《豪门惊梦》)

例 11：我原本$_1$要解释，昨天晚上家务直把我拖至十时多，平日如此劳累，也吃不消，到底是四十开外的人了，何况……(《风云变》)

例 12：“你想想他原本$_1$在车间里翻砂翻得好好的，怎么突然调保卫科来了？又不是他特别强，也不是我们这里缺人，你说是不

是?”(《埋伏》)

例13：推开双木柚门，触眼就是原本$_1$放置乔正天油画像的地方，改挂了我的相片。(《豪门惊梦》)

例14：我原本$_1$在晚上九时就收铺。(《风云变》)

2. 关系动词和有无动词等可进入“原本”句。

例15：他们原本$_2$就是些罪人，早就进了农场什么的。(《柏慧》)

例16：她那种气质让你觉得生活原本$_2$是一件多轻松快乐的事情。(《绝对隐私》)

例17：我们原本$_2$就不是属于这一群的。(《豪门惊梦》)

例18：她的额头光洁而明亮，全没有自己母亲那种日日夜夜为生活操劳而生出的细小破碎的皱纹，也不像日下渲染的那种女强人，眉宇间聚着原本$_2$属于男人们纵横纹理。(《送你一条红地毯》)

例19：老佛爷因不是从乾清宫大门抬进来，正位中宫的，大清律例下，她原本$_1$配不上用大红色的首饰，凡是侧室，首饰主绿。(《豪门惊梦》)

例20：肯定是后溅上去的，若是原本$_2$就有油，字便写不上了。(《赶考的女人》)

例21：如心轻轻说：“王先生，这个岛，原本$_1$叫做衣露申。”(《红尘》)

例22：一方面我急于躲开、安顿自己，另一方面我所需要的那种环境原本$_2$就不存在。(《柏慧》)

3. 思维活动义的动词可进入“原本”副词句，如

例23：心中原本$_1$苦恼，又在极强的灯光下遇见这新异的活东西，他没有了主意。(《骆驼祥子》)

例24：这话也有一定道理，可是我从队里逃来时，原本$_1$不打算找陈清扬，打算一走算了。(《黄金时代》)

例25：睡得太多了，原本$_1$计划只睡一个小时的。(《十面埋伏》)

例26：原本$_1$他还担心凭他任律师这个字号连小苹果都劝不动，岂不遭人耻笑？结果不但他的名声保住了，就连乃文的事也解

决了，这不皆大欢喜吗？(《红苹果之恋》)

例 27：今天不比平常，这是韩工程师提出来的，要选两个工人做试验，选到她，自然没有意见，偏偏对手是汤阿英，她心里原本$_1$不同意，想要余静调换一个。(《上海的早晨》)

例 28：他又玩笑地要故意逗着白茹生气，“二〇三首长原本$_1$不愿意在小分队里有女兵……”(《林海雪原》)

例 29：他原本$_1$很想加一句：“宝缘，真要谢谢你这般细心！”(《激情三百日》)

例 30：我低着头，拎着我原本$_1$想杀人没杀成的东西，赶快往家走……(《梁晓声作品自选集》)

（三）“原本”与动词体标记的共现

“原本$_1$”可以与进行体“着”、完成体标记“了”和经历体标记“过”共现。“原本$_2$”能与进行体“着”共现，不能与“了、过”共现，如：

例 31：敌人原本$_1$是打算着在机枪火力掩护下，由专人把他隐蔽着带走。(《烈火金刚》)

例 32：这些东西原本$_2$就这样摆着（＊了/＊过），从来没有人动过。

例 33：他们的制作人原本$_1$都看过擂台赛的演出，对她失声有印象……(《岁月无敌》)

例 34：外面雨仿佛也下得累了，原本$_1$铺天盖地的喧嚣变成了有气无力的“嗒嗒”声，好像一个人一通咆哮怒吼之后的喘息。(《牵手》)

（四）“原本”与转折词的共现

当“原本$_1$”所在句与其前后小句在语义上有转折关系时，这些小句有转折连词和转折副词共现。

例 35：如前所述，参加学习班，原本$_1$就是我生活的一部分，但这回和以往不同，除了让你检讨错误，还讲一些注意事项。(《未来世界》)

例 36：她原本$_1$希望，通过这柄伞，消除丈夫心里对她的一层隔阂，讨得丈夫对她的几分欢悦，没曾想反而又惹丈夫不满意。

(《梁晓声作品自选集》)

例 37：豆儿说：“原本$_1$让你作喉舌，你却这么大谈思想且还要解放，岂不显得有些奢侈。”(《白雾》)

例 38：他原本$_1$打算来劝说周炳的，后来倒是周炳反过来劝说他。(《苦斗》)

例 39：年轻的她哭所有不能成为眷属的有情人，又哭所有原本$_1$相爱却又错失时机的情侣。(《红尘》)

例 40：我的家庭原本$_2$容忍不了商人的存在，我为你提心吊胆两个月，你竟然说没有感情。(《绝对隐私》)

或不出现转折连词和转折副词，但与“原本”句有互为反义或相对的词语。例如：

例 41：原本$_1$它就是老爷货，比我快不了好多，改了以后比我还要慢得多。(《白银时代》)

例 42：不知是哪个小子往军区写信告了黑状，使金喜蹦原本$_1$被一号压下了的“反动事件”又重新提起来。(《昆仑殇》)

例 43：他亲眼目睹苏平跑向他们，一辆原本$_1$停在车库前的车子突然冲出来撞向他。(《红苹果之恋》)

例 44：没想到，现在在虎妞的床上，看到了小木匠原本$_1$清秀此刻已扭曲成极度古怪的脸。(《君子于役》)

(五)“原本”与其他副词共现

“原本”与否定、时间、程度、类同副词的共现。其总体情况也是处于优先的位置。

1. 与否定副词共现

例 45：人和人，原本$_2$不一样。(《紫花布幔》)

例 46：真不知道阑尾刘是怎样偷学到了所有的手术技巧，也许医学原本$_2$就无异匠人，耳濡目染陈陈相因。(《阑尾刘》)

例 47：“身如不系之舟，心如已灰之木。”我原本$_2$就没有寄望，也就谈不上失望。我甚至微笑着，目送他离去。(《第一支圆舞曲》，载《读者》2005 年第 12 期)

例 48：小部说：“讲老实话，这个点本来在会上研究时原本$_1$没有设置的，是杨高非要加上？”(《埋伏》)

例 49：陶杰原本$_1$没有这么快就要回港，但协和来了个传真，说在北京的楼宇要在半年后开卖，他们急于要陶杰决定是否履行。(《弄雪》)

例 50：“不知老太太怎么想，她待我母亲，原本$_2$就毋须这样刻薄。”(《流金岁月》)

2. 与其他时间副词共现

2.1 “原本$_1$”与时间副词“正”、“正在”等共现。例如：

例 51：肖济东原本$_1$正欲吞着口水咽下自己所有的不快，再设法想一些行之有效的语言来化解老婆的怨气。(《定数》)

2.2 “原本$_1$”与已然时间副词“已”、“已经”、“曾”、“老早”“一直”共现，强调原先的情况或状态。如：

例 52：交警有些愠怒感，原本$_1$已将执照递还给了肖济东，却仿佛又被肖济东的笑意惹起。(《定数》)

例 53：“原本$_1$益通老早已上轨道，多一个员工不多，少一个不少，只是他不要我再在江湖上抛头露面，侍候人家面色过日子！”(《豪门惊梦》)

例 54：它们原本$_2$就不曾存在，只不过是人们在极端孤独中的错觉。(《昆仑殇》)

例 55：叶民主原本$_1$一直怀着一种有趣感在自己漫天的幻想中埋伏的，他觉得在这样静静的夜里，藏身于草丛中，斜靠石头，腿上搭着件军大衣，手上拿着望远镜，就跟电影里面的人一样，很是刺激？(《埋伏》)

3. 与程度副词共现：

例 56：她原本$_1$很文雅和孤傲，但生活要求她亲切和贫民化。

例 57：这个世界原本$_2$就很残酷。(《跳级》)

例 58：他说，他们原本$_1$对他很友善，很照顾。(《梁晓声作品自选集》)

4. 与类同副词共现：

例 59：游星把棉衣转给芦花。见芦花穿妥帖，又补上一句：“老协原本$_2$也是打算给你的。”(《阿里》)

例 60：说什么孩子病了是件大事，原本$_2$也不想这么急着把你

催回来。(《十面埋伏》)

例 61：发表与不发表原本$_2$也是自愿的事情，而我征求意见的目的恰恰是因为深恐有违我的那些令人同情也令人敬重、深思熟虑之后才终于不再三缄其口的受访者们的意愿。(《绝对隐私》)

5. 与范围副词共现：

例 62：十九个月前，他因升职的喜事喝多两杯，跑到这里，原本$_1$只想把大好讯息与芳契共享，谁知太高兴，脚步浮浮，一头撞到客厅与饭厅之间的玻璃屏风上……(《紫薇愿》)

小　结

“原本”表示事物或情况原先就是如此，语义较重，形式可重叠。它的时间性极其虚弱，但体现的主观性很强。分布上，“原本”主要出现在谓语前。“原本”后面不能跟上语气词“吧、吗”等。为了表述的直观化，表 3-4 是“原本”组合情况总结：

表 3-4

	谓词	动态助词		副词					语气词
		了、过	着	转折	否定	正	已然	程度	
原本$_1$	+	+	+	+	+	+	+	+	−
原本$_2$	+	−	+	−	+	−	−	+	−

第五节 “原来”类副词的异同

一、相同点

(一) 语法意义

这组词都具有“追溯”特性，表示某种行为性状存在或发生的时间是“以前、先前”等，是说话人从外部对事件的时制进行刻画的词语，同时也表达不同程度的“情态”义，其时间性与后面的“从来”、“连连”类比，最为典型也最强。

1. “原来$_{1a}$”、“本来$_{1a}$”、“原先$_{1}$”、“原本$_{1}$”在表示人或事物的前后变化时，都有拿先前的情况和说话时的情况作对比的用法，表示某一情况的前后变化或转变，这时往往用些时间词语或转折词语。例如：

例 1：腊子是小织的弟弟，原来$_{1a}$在龙口电厂上班，现在跟人合伙卖鱼，有时几个星期不回家。(《秋天的愤怒》)

例 2：本来$_{1a}$不该叫我们去，可是凑不齐人数。(《黄金时代》)

例 3：原先$_{1}$总靠国家补贴，现今自己供养自己。(《白雾》)

例 4：他原本$_{1}$打算来劝说周炳的，后来倒是周炳反过来劝说他。(《苦斗》)

2. 表示这种前后的变化或转变可以不用转折连词或时间性词语，如：

例 5：他有点烦，就劈头插上一句：“你原来$_{1a}$是那个学校的?”(《北方的河》)

例 6：本来$_{1a}$他不愿意告诉我们的。(《你不是一个俗人》)

例 7：他原先$_{1}$想再去和田福贤坐坐，随之也就默自取消了这个念头。(《白鹿原》)

例 8：一个直觉隐隐约约地在告诉他，王国炎一案绝不会像自己原本$_{1}$想像的那么简单，随之而来的东西一定还会很多。(《十面埋伏》)

这四个词在例 1 ~ 8 可以换用，句子的语义基本不变。即使是“原来$_{1a}$”、“本来$_{1a}$”、“原先$_{1}$”、“原本$_{1}$”所在句与其前后小句的语义不表转折而表示程度加深时，它们还可以换用，语义基本不变。例如：

例 9：跑道原本$_{1}$（原来$_{1a}$/本来$_{1a}$/原先$_{1}$）就短得像根鞋带，现在更无端废用一截，剩下的已不够把飞机停下来。(《北飞北飞》)

3. “原来$_{1b}$”、“本来$_{1b}$”表示情况始终如此没有改变。“原先$_{2}$”、“原本$_{2}$”也能表达这个意思。四词互换，意思基本不变。

例 10：贵：这家除了老头，我谁也看不上眼，别着急，有你爸爸。再说，也许是我瞎猜，她原来$_{1b}$（本来$_{1b}$/原先$_{2}$/原本$_{2}$）就

许没有这个意思。(《雷雨》)

(二) 语用意义

“本来”、“原来”及“原本”等除了语义语法的共性外，主要的是反映说话人或叙事者对某一动作行为或性状的主观性强调、追溯、评议、态度及各种语气等，是一种语用成分。特别是人际功能方面尤为突出，如“原来”类副词可以表示广义的情态——有虚拟意味，其所在句常有与某种事实或说话人所“期待”的结果相反或相对的言外义。

例 11：a. 想到刚才的沈伟，可馨始知，男人的本质是一样的，可笑的是她原来$_{1a}$还以为沈伟比肖拜伦高尚。(《爱又如何》)

例 11：b. “原来$_{2}$袁光没有死，他是和姐姐一块儿逃走了。啊……袁光！……”小织呼叫着。李芒费力的解释她这是幻觉，她才安静下来……(《秋天的愤怒》)

例 12：柔嘉发怒道：“我本来$_{1a}$不肯在这儿结婚，这是你的主意，你要我那天打扮得像叫花子么?”(《围城》)

例 13：作家月工资才六十几元，吭吭哧哧写一两个月小说，一个三万字中篇也只能拿到五百块，而田平原先$_{1}$以为至少可以拿三千的。(《白雾》)

例 14：《父亲》原本$_{1}$确是为了《上海文学》写的，因“债台高筑”，不得不“拆东墙补西墙”。(《梁晓声作品自选集》)

例 11a 意味着“沈伟并不比肖拜伦高尚”；例 11b“原来$_{2}$”反映了“小织”对“袁光没有死”感到意外吃惊的语气。例 12 说明了“柔嘉”“不在这儿结婚”的坚决语气。总之，“原来”类副词在反映客观时间的同时，更主要的是反映说话人的主观情态、意愿和态度等。

(三) 句法功能及分布特征

1.“原来”类副词在句中主要作谓词的状语，有的还可位于句首作全句状语或话题（其实，作话题时已更多具有名词的特性)。“原本”一般只能位于句中；其余几个句首、句中都可以。

2.“原来$_{1a}$（本来$_{1a}$/原先$_{1}$/原本$_{1}$）+VP/AP”述谓结构都可充当定语；当句子纯粹强调时间时，“原来$_{1a}$（原先$_{1}$）+VP/AP”可充当定语，“原本$_1$”与“本来$_{1a}$”不能。

例 15：最重要的是，我们不要回到原来$_{1a}$（原先$_1$/＊原本$_1$/＊本来$_{1a}$）住的地方，也不要和过去取得联系……（《未来世界》）

例 16：对于本来$_{1a}$就美的人，衣着的质朴更能给人增加美感。（《人生》）

3. “原来”类副词都可以修饰动词，一般都能直接或间接修饰性质和状态形容词。它们在与否定副词、时间副词和部分程度副词共现时处于优先位置；与转折词共现比较灵活，二者可以互为先后，这与语篇衔接及语义表达都有关系。

（四）篇章功能

1. “原来$_{1a}$”、“本来$_{1a}$”、“原先$_1$”、“原本$_1$”是表先时顺序的衔接副词。它们在表先时顺序的同时，往往还兼有释因和引起转折的作用，如：

例 17：DNA 鉴定原本$_1$（原来$_{1a}$/本来$_{1a}$/（原先$_1$）主要用在器官捐赠和犯罪调查等领域。如今，越来越多的父亲也用这种技术为自己赢得孩子的抚养权，或是去证明自己的清白。（《他是不是我的亲生儿子——英国婚外情引发“亲子鉴定潮”》，摘自《青年参考》2005 年 8 月 17 日）

例 18：舅妈道，买这套房本来$_{1a}$（原来$_{1a}$/原先$_1$/原本$_1$）是想保值的，结果这几年房地产不景气，楼价不跌已经不错了，还谈什么升值？（《岁月无敌》）

例 19：他原先$_1$（原来$_{1a}$/本来$_{1a}$/原本$_1$）打算吃油条，不料见那师傅挖了鼻孔又挖耳朵，然后将手猛一插在面团里大刀阔斧地揉了起来。豆儿虽没尝过加了耳屎和鼻屎的油条是什么味儿，但也不打算品尝一二，于是便只喝了一碗馄饨。（《白雾》）

例 17～19 四词可以互换语义基本不变，它们所在句的后续小句都含有时间词“如今”或转折词语“但”呼应。

2. “原来”类副词大多作发端句，部分“原来$_2$”、“本来$_2$”、“本来$_{1a}$”可作后续句。

例 20：本来$_{1a}$以为她会穿颜色艳丽的衣服：譬如粉色、譬如蓝色、更譬如金色。看起来热闹，娇俏得很，应该合适。可是大出意外，签售会上她穿着一件银灰色的长大衣，配上同色调的裤子和黑色的尖头皮鞋，简约而不失端庄。(《张娜拉：“韩流”终于甜蜜蜜》,《武汉晚报》2005 年 1 月 29 日)

例 21：他们取火烤煮食物，大大地减轻了用嘴巴撕咬生肉时所用的力量，因而原来$_{1a}$向前突出的嘴巴向后退缩，相反，在嘴巴下面出现了向前突出的下巴。(语文总)

二、不同点

(一) 语义和语法功能的不同

1. 语义上，“原先$_1$”、“原来$_{1a}$”、“原本$_1$”、“本来$_{1a}$”都含有“以前、先前”等义，但它们的时间性强弱不同，其中“原先$_1$”的时间性最强最纯，“本来$_{1a}$”最弱，从左到右它们形成一个递降的连续体：

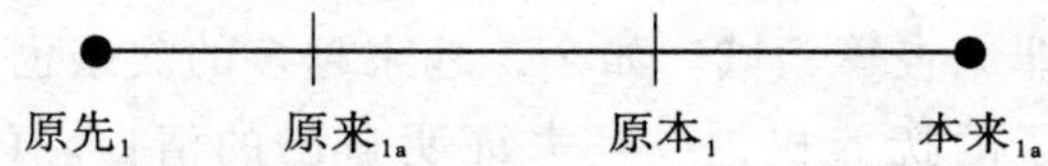

2. 它们虽然句法功能基本都是作状语，但在句首充当话题(或者说是“主位”)这一点来说是有差别的。“原本$_1$”没有这种功能(具体见“不同点”里例 4)，而“原先$_1$、原来$_{1a}$与本来$_{1a}$”则完全可以。

3. 表现在形式上，它们句法位置虽然相对灵活，可以位于句中、句首去反映语用功能的不同，但存在差异，其中“原本$_1$”的活动能力最差：

例 1：a. 原来$_{1a}$我们家乡连汽车都不通。

例 1：b. 原来$_{1a}$(呀)，我们家乡连汽车都不通。

例 1：c. 我的家乡原来$_{1a}$连汽车都不通。

例 2：a. 本来$_{1a}$他是学历史的。

例 2：b. 本来$_{1a}$(呀)，他是学历史的。

例 2：c. 他本来$_{1a}$是学历史的。

例 3：a. 原先$_1$他打算吃油条。

例3：b. 原先（呀）他打算吃油条。

例3：c. 他原先$_1$打算吃油条。

例4：＊a. 原本$_1$体裁是一个文学用语。

例4：＊b. 原本$_1$，体裁是一个文学用语。

例4： c. 体裁原本$_1$是一个文学用语。

例1～4中a式的句首副词是表示强调的，这可以通过它相应的变换式b看到，b式里的副词都是话题。以例1为例，句a、b的“原来$_{1a}$”是话题，旧信息，表达一种追溯的语气，其中b强于a；“我们家乡连汽车都不通”是说明。句c“原来$_{1a}$”是新信息里的一个焦点标，它重读，标明“连汽车都不通”是本句的焦点①。例4“原本$_1$”的活动能力差些。

“原本$_1$”虽然句法活动能力差，但重读时在音强与音高方面仅略次于“本来$_{1a}$”，比较：

例5：a. 他原本$_1$无须乎立刻这样办，可是他等不得。

例5：b. 他本来$_{1a}$无须乎立刻这样办，可是他等不得。（《骆驼祥子》）

如果基式例5a隐含着叙事主体的否定语气的话，变换式例5b简直有一种谴责或批评的意味。在口语里“本来$_{1a}$”的音强音高是超过“原本$_1$”的。反映在句法上，“本来$_{1a}$”的活动能力极强，例如：

例6：a. 本来$_{1a}$他是学历史的，后来改成文学。

例6：b. 本来$_{1a}$（呀），他是学历史的，后来改成文学。

例6：c. 他本来$_{1a}$是学历史的，后来改成文学。

例7：本来$_2$么，共产党军事上是有两下子，要不，老蒋几百万大军哪能就完蛋呢？（《上海的早晨》）

例8：原先$_1$吧，我跟他根本就不认识。

例7的“本来$_2$”表示说话人对确定的客观事物的形成事由的解释。情态上，反映了说话人对确定的客观事物的肯定评价的语

① 参见徐杰、李英哲：《焦点和两个非线性语法范畴：否定和疑问》，《中国语文》1993年第2期。

气。例 8 的“原先”反映了说话人强调跟现实相反的以前的情况。

（二）句类分布与共现成分的不同

1. “原来”类副词除了不能分布在祈使句外，其他的句类都能分布。其中每一个词由于语法语义功能的不同，内部存在着诸多差异，反映在表 3-5、3-6、3-7、3-8 里。

表 3-5 “原来”的句类分布情况

	陈述句		疑问句		感叹句	
	肯定	否定	肯定	否定	肯定	否定
原来$_{1a}$	+	+	+	+	–	+
原来$_{1b}$	+	+	–	–	–	–
原来$_{2}$	+	+	–	–	+	+

表 3-6 “本来”的句类分布情况

	陈述句		疑问句		感叹句	
	肯定	否定	肯定	否定	肯定	否定
本来$_{1a}$	+	+	+	+	–	–
本来$_{1b}$	+	+	–	–	+	+
本来$_{2}$	+	+	–	–	+	+

表 3-7 “原先”的句类分布情况

	陈述句		疑问句		感叹句	
	肯定	否定	肯定	否定	肯定	否定
原先$_{1}$	+	+	+	+	–	–
原先$_{2}$	+	+	–	–	–	–

表 3-8 “原本”的句类分布情况

	陈述句		疑问句		感叹句	
	肯定	否定	肯定	否定	肯定	否定
原本$_1$	+	+	−	−	−	−
原本$_2$	+	+	−	−	+	+

2. 与词类共现具体能力可对比前面 1～4 节的四个表。

（三）语用价值的不同

这几个词具体的语用价值不同。“原先”、“原来”、“原本”及“本来”等在反映说话人或叙事者对某一动作行为或性状的主观态度存在着差异，如在“强调、追溯、评议、态度及各种语气”等方面的不同。

1. “原来$_{1b}$”不及“本来$_{1a}$”肯定语气强烈；它们语义也不同，“原来$_{1b}$”句表达的事件在说话时并未发生变化或改变，“本来$_{1a}$”可以发生变化。

2. “原先$_1$”、“原来$_{1a}$”着眼性状或行为在“过去”的一个时段的表现，基本是客观的反映。其中“原先$_1$”基本没有主观性，“原来$_{1a}$”有。“原本$_1$”、“本来$_{1a}$”则强调或肯定行为、性状的“原初”性，即对动作行为或性状进行认同或否定，反映叙事主体或说话人的主观态度，有很强的主观性，二者都含有一定的申述、纠正等意义，但“本来$_{1a}$”强于“原本$_1$”。比较例 9a～d 例：

例 9：a. 他原先$_1$抽烟。

例 9：b. 他原来$_{1a}$抽烟。

例 9：?① c1. 他原本$_1$抽烟。

例 9：c2. 他原本$_1$就抽烟。

例 9：c3. 他原本$_1$抽烟，现在不抽了。

例 9：? d1. 他本来$_{1a}$抽烟。

① 本书中句子可接受性较差用“?”表示，句子可接受性差用“??”表示。

例 9：d2. 他<u>本来</u>$_{1a}$就抽烟。

例 9：d3. 他<u>本来</u>$_{1a}$抽烟，现在却不抽了。

这四个词分布的句法环境一样，但它们体现的主观性不同。其中 ab 是较客观地叙述了一个事件“他抽烟”，语义自足。而 c1、d1 两句却不自足，可受性不强，一般要在“抽烟”前面加一个“就”，或跟上一个后续小句对它们作进一步的补充才能成立，如 c2、d2，c3、d3。也就是说，“原先$_1$”、“原来$_{1a}$”时间性强，而“原本$_1$”、“本来$_{1a}$”除了表时外，还有说话人对“他抽烟”这一行为的强调，需要跟上补充性的后续句才能表达完整。同时，比较 c2、d2 会看到 d2 申辩等意味明显。

通过上述分析，可以看到，这四个词的主观性由弱到强也表现出一个连续状况：

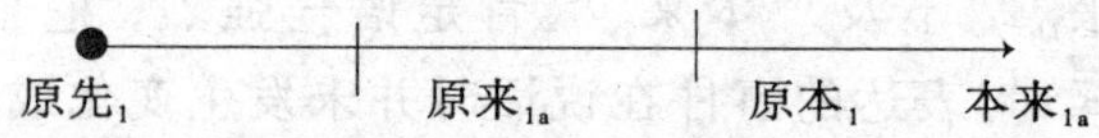

正因为如此，人们把“原来”、“原本”、“本来”列入语气副词，这一点是正确的。它们的语法意义就是通过对某一动作行为或性状的原初存在性的肯定或否定来达到强调作用。这是时间词的情态化表现之一。

（四）语体及语篇功能的差异

1. 语体上，“原先”、“原本”具有较强的书面语色彩；副词“原来”、“本来”书面、口语都较常用；在用法上，副词“原来”、“本来”、“原先”比“原本”宽。

2. “原来”类衔接副词居于主语前和居于主语后在表达效果上有或多或少的区别。例如：

例 10：父母便为她的婚事操心，父亲还在部队机关查了年轻军官的花名册，找出几个候选人，但爱宛都婉言拒绝了。<u>原来</u>$_2$她在东方红商场时认识了一个糖烟酒批发公司的供销员，两个人开始是工作交往，渐渐产生感情，后来都准备结婚了，两个人也就自然地住在一块，爱宛还给那个人刮了一个孩子。(《爱又如何》)

例 11：“爷爷，我心里难过。你先别说这了。我现在也知道，我本来$_{1a}$已经得到了金子，但像土圪塔一样扔了。我现在觉得……”(《人生》)

例 12：一个记者笑说道，原本$_{1}$师傅是个守规则的人，叫警察这么一调教，反倒懒得守规则了。(《定数》)

例 10“原来$_{2}$”若置于句中变为“她原来$_{2}$在东方红商场认识了”。虽然改动前后句义基本不变，但居主前是个话题主位，比居主后更突出“原来$_{2}$”承上（爱宛“婉言拒绝”的原因）启下（“后来”供销员即烟老板解除了与爱宛的婚约）的衔接功能。同时表达效果也不同，居前是一个侧重追述句子所体现的内容发生的“先前”性；反之，则是突出行为发生的时间是“原来”(新信息)。例 11、例 12 也可以作出同样的解释。从另一个角度看，例 11 的“本来$_{1a}$”之所以位于主语后，是因为“本来$_{1a}$”前后的几个主语“我”构成了一个话语链，前后相承，话题一致。而例 12 的“原本$_{1}$”之所以位于主语之前，除了有连接作用之外，还与作者突出强调“师傅是个守规则的人”有关。

“原来$_{2}$”、“本来$_{2}$”同为释因性衔接副词，但衔接作用不一样。如：

例 13：……这几个指标本来$_{2}$没城关公社的，因为城关以前走的人太多了。(《人生》)

例 14：“你知道王麻子的大船到县里是载的什么人?”

“是何营长的姨太太到县里回拜县长夫人。”

“——哦，原来$_{2}$如此!”(《子夜》)

例 13 是对上文的内容作出解释。例 14“原来$_{2}$”表示曾沧海从何营长口中得知王麻子的大船到县里去的原因——“是何营长的姨太太到县里回拜县长夫人。”这时“原来$_{2}$”处于后续句中，是呼应。

第四章
"从来"类副词（上）
——历时考察

"从来"、"向来"、"历来"、"素来"、"一向"、"一直"、"始终"七个双音近义时间副词，都表示从某时开始到说话人讲述时一直保持某种情况或状态。本章从历时的角度探究"从来"类副词的历时演化轨迹。

第一节　中古以前：从来　始终　一向　向来

一、从来

《说文·从部》："从，随行也。""从"原为动词，"追随"义。如："无小无大，从公于迈。"（《诗·鲁颂·泮水》）后来逐渐虚化为介词，可表示时间的起点。如："问良愿降矣，对曰：'……从四岁以来，羌无所疾苦，顾思乐内属。'"（《资治通鉴》卷三十六）

先看看"从来"时间副词用法产生以前的情况。

时间副词“从来”产生以前，“从”与“来”有两种不同的结合方式：

1.“从+来”结构

我们考察发现，先秦两汉典籍已有“从来”连用的例子。如：

例1：“五虞：一鼓走疑，二备从来，三佐车举旗，四采虞人谋，五后动捻之。”(《逸周书·大武》)

例2：太史公曰：“农工商交易之路通，而龟贝金钱刀布之币兴焉。所从来久矣，自高辛氏之前尚矣，靡得而记云。”(《史记·平准书》)

例3：及元狩元年，博望侯张骞使大夏时，见蜀布、邛竹杖，问所从来，曰：“……”(《汉书·西南夷两粤朝鲜传》)

例1中“从来”是“来路”之意；例2、例3“所从来”连用，例2“来”为动词，“所”表示“……的时间”，“所从来”指的是“自高辛氏之前的时段”，例3“所”表示“……的地方”，“所从来”表示空间范围，指的是具体的某个地方。这一格式后来消失了。

2.“从X（以/已）来”结构

时间短语“从X（以/已）来”(X表示起始年）大约见于东汉，与此同义的“自”字短语“自X（以/已）来”早见于先秦。如下：

例4：自生民以来，未有盛于孔子也。(《孟子·公孙丑上》)

例5：从始立以来，年岁甚多，则天地相去，广狭远近，不可复记。(《论衡·谈天篇》)

例4、例5用“生民”、“始立”表示时间起点，这里的“以来”是“而来”。这一格式沿用至今。用冯春田的观点来解释：当句法环境并不要求明确这个介词时间短语的时间起点（X)，而只单单表示从过去到当时一向如此，那么X就有了省缩的条件，于是“从X（以/已）来”就省缩为“从来”(连接性成分“以/已”在X消失时失去作用，自然不用)；这时“从”已不具有独立性，“从来”就成为了一个词。就我们收集到的用例，最早出现在汉代：

例6：树不复往，已散不复现，从来本法不复生。（安世高《阴持入经》卷下）

到魏晋南北朝时期，时间副词“从来”仍只有零星用例，如下例7、8。

例7：佛从来不生　声闻佛子尔(《入楞伽经·总品第十八之一》)

例8：元氏之世，在洛京时，有一才学重臣，新得《史记音》，而颇纰缪，误反‘颛顼’字，顼当为许录反，错作许缘反，遂为朝士言：“从来谬音‘专旭’，当音‘专翾’耳。”(《颜氏家训·勉学》)

二、始终

《尔雅·释诂》：“初，始也。”《说文·女部》：“始，女之初也。”许慎以妇女裁衣的开端来解释“始”。初、始互训，实指凡事的开始运作。可用作动词。如：“自今以始，岁其有。”(《诗·鲁颂·有駜》）“始”用于谓语前，表示动作的起始，义即“开始”。如：“亟其乘屋，其始播百谷。”(《诗经·豳风·七月》)

《说文·纟部》：“终，絿丝也。”引申为终结，事物的最后结局。《诗·大雅·荡》：“靡不有初，鲜克有终。”“终”字用在谓语前，即虚化为副词，表示终竟、始终。如：“夫子曰：‘由，尔责于人，终无已夫！’”(《礼记·檀弓上》)

“始终”连言出现于先秦，最早是开头和结尾的意思，是并列式名词性短语。如：

例1：生有所乎萌，死有所乎归，始终相反乎无端而莫知乎其所穷。(《庄子·田子方》)

汉代，“始终”使用渐多，例如：

例2：外国归义，封者九十有余。咸表始终，当世仁义成功之著者也。(《史记·惠景间侯者年表》)

例3：……是故无所私而无所公，靡滥振荡，与天地鸿洞，无所左而无所右，蟠委错诊，与万物始终，是谓至德。(《淮南子·原道训》)

例2“始终”是“自始至终”之意，名词；例3是“一直相伴随”之意，动词。

随着“始终”的广泛使用，其句法位置发生了变化，由主要居于句首或句末移至谓语动词前作状语，凝固虚化为时间副词，表示某种行为或状态在一定时间内没有变化，从开始到结束都一样。其时间应在东汉。例如：

例4：故宠敬日隆，始终无衰。（《后汉书·皇后纪上·明德马皇后》）

到了中古，并列式名词短语的“始终”仍见使用，如下例5；副词“始终”用例仍不多，如下例6。

例5：今当为汝说四姓本缘，天地始终，劫尽坏时。（《长阿含经·小缘经第一》）

例6：老时可修梵行，如是始终无失。（《四分律·比丘尼揵度之下》）

三、一向

“一”最初指最小的正整数，又指序数的第一位，虚化为时间副词，有“一直，始终”的意思。如《淮南子·说林训》：“信，不如随牛直诞，而况一不信者乎！”高诱注：“一，犹常也。”

“向”在先秦就已有“以前；当初”的意思，如“向吾入而吊焉，有老者哭之，如哭其子；少者哭之，如哭其母”（《庄子·养生主》）。与“一”结合以后“向”的意思占据主导地位，这种主导地位表现在即使没有“一”的帮助，“向”单独也可以表示某种动作或状态持续不变。如：“臣向蒙国恩，刻思图报。”（《三国演义》第十四回）

最初，“一向”连用是一个短语，本义是“朝着一个目标或方向”。这种用法先秦已出现，如：

例1：并敌一向，千里杀将。（《孙子·九地》）

汉代到中古继续沿用这个用法，至唐代消失。如下：

例2：今边境乂清，方内无事，畜力待时，并兵一向，而巴蜀一州之众，分张守备，难以御天下之师。（《三国志·魏书第

二十八卷》)

例3：贮出淳汁，着大盆中，以杖一向搅，勿左右回转，三百余匝。(贾思勰《齐民要术·种红兰花栀子》)

随着两词的连用，渐渐由一个短语虚化为时间副词，用作状语，表示由过去到说话时一直如此。最早用例见于东汉。如：

例4：聚合诤讼，一向行定致忍。(安世高《长阿含十报法经》卷上)

四、向来

“向”本义是“朝北的窗户”。《诗经·豳风·七月》：“塞向墐户。”又可表“以前”之义。

先秦，不见“向来”连用。到了汉代，偶见“向来”连用作时间副词，指“刚才；方才”。如：

例1：佗尝行道，见有病咽塞者，因语之曰：“向来道隅有卖饼人，蓱齑甚酸，可取三升饮之，病自当之。”(《后汉书·方术传下·华佗》)

魏晋南北朝时期，“向来”作“刚才”解，如下例2、3。

例2：上人当是逆风家，向来何以都不言？(《世说新语·文学篇》)

例3：沛国刘琎，尝与兄王瓛连栋隔壁，瓛呼之数声不应，良久方答。瓛怪问之，乃曰：“向来未着衣帽故也。”以此事兄，可以免矣。(《颜氏家训·兄弟》)

“向来”又可指“后来；以后”，如：

例4：鬼手中出一铁凿，可尺余，安着都督头，便举椎打之。都督云：“头觉微痛。”向来转剧，食顷便亡。(晋·干宝《搜神记》卷十六)

又可表“一向”、“从来”之意。如：

例5：“谙”是熟识，“谙信处”，指向来熟识得过的地方。(《齐民要术》卷第八)

例5“向来”修饰VP“熟识得过”，“向来”在句中作状语。

小　结

魏晋南北朝时期，作时间副词的“从来”、“始终”、“一向”、“向来”意义上有同有异：四词都可表示从过去到说话时为止一直保持某种情态或状态。“向来”还有“刚才；方才”和“后来；以后”两个意思。语法功能上都可以修饰V及VP，在句中作状语。

下面通过一个简表（表4-1）来总体把握中古时期“从来”类副词的使用情况。

表4-1　　　　中古“从来”类双音副词简况表

词项＼次数＼文献	抱朴子内篇	世说新语	颜氏家训	齐民要术	洛阳伽蓝记	百喻经	长阿含经	增壹阿含经	大明度经	光赞经	摩诃僧祇律	菩萨本缘经	入楞伽经	四分律	杂宝藏经
从来	0	0	1	0	0	0	0	0	0	0	0	0	1	0	0
向来	0	1	0	1	1	0	1	0	0	0	0	0	0	0	0
始终	0	0	0	0	0	0	0	0	0	0	0	0	0	1	0
一向	0	0	0	1	0	0	0	0	0	0	0	0	0	0	0

从此表可知，这一时期，副词“从来”、“始终”、“一向”、“向来”都还处于发生初期，本土文献和佛经文献中都只出现少量用例。

第二节　唐宋：从来　向来　一向　始终　一直　素来

一、从来

唐宋时期，“从来”的“向来”、“一向”义的时间副词用法已较多使用。如：

例1：或有宫人，形容端正，从来俯仰，具知羞惭。（《佛本行集经·舍宫出家品第二十一上》）

例2：可惜千金身，从来不惧罪。(《王梵志诗》卷二)

例3：师有时云：“从来事非物，方便名为佛。中下竟事非，上士始知屈。”(《祖堂集卷十八·紫胡和尚》)

例4：心头讬手细参详，世事从来不久长。(《敦煌变文集·破魔变文》)

这些“从来”句除了表示时间外，还兼表强调语气。用于肯定句时，“从来”含有绝对肯定，如上例1；用于否定句或反诘句时，则含有绝对否定，如上例2、3、4。

“从来”又产生出“从前；原来”义。如：

例5：早知今日读书是，悔作从来任侠非。(唐·李颀《杂曲歌辞·缓歌行》)

二、向来

表示“从来；一向”义的“向来”出现较多用例。如：

例1：向来尘不染，此夜月仍光。(唐·唐彦谦《玉蕊》)

例2：天河元自白，江浦向来澄。(唐·杜甫《江边星月二首》)

例1“向来”修饰VP“尘不染”，例2修饰形容词谓语“澄”。

上一时期出现的表示“刚才；方才”义（下例3、4、5）和“后来；以后”义（下例6）的“向来”继续沿用：

例3：五嫂向来戏语，少府何须漫怕！(唐·张鷟《游仙窟》)

例4：三人之中，花庭处长，道吾居末。至中夜，道吾具三衣，白二师兄曰：“向来所议，于我三人，甚适本志，然莫埋没石头宗枝也无?”(《祖堂集·华亭和尚》)

例5：向来秧底干欲裂，白水漫漫俄盈陂。(宋·陆游《夏雨》)

例6：候向来城寨修完了毕，别奏取旨。(宋·司马光《涑水记闻》卷十一)

此期“向来”新产生“立即；即刻”义。例如：

例7：迟暮堪帷幄，飘零且钓缗；向来忧国泪，寂寞洒衣巾。(唐·杜甫《谒先生庙》)

例8：歌串如珠个个匀，被花勾引笑和颦，向来惊动画梁尘。（宋·辛弃疾《浣溪沙》）

还新产生“从前；过去；原来”义。如：

例9：人民城廓依然是，只有向来须鬓非。（宋·杨万里《晚过常州》）

三、一向

这一时期，表示从过去某一时间以来，一直持续某一动作的“一向”，用例甚多。如：

例1：先生一向事虚皇，天市坛西与世忘。（《全唐诗》卷614，皮日休《怀华阳润卿博士三首》）

例2：重序寒暄问起居，志心一向怀瞻仰。（《敦煌变文集·维摩诘经讲经文》）

此期“一向”新产生“霎时；片刻”义，如：

例3：目连一向至天庭，耳里唯闻鼓乐声。（《敦煌变文集·大目乾连冥间救母变文》）

例4：前在漳州，见属官议一事，数日不决，却是有所挟。后忽然看破了，道：“这个事不可如此。”一向判一二百字，尽皆得这意思。此事因事上见这心亲切。（《朱子语类》卷十六《大学三》）

四、始终

唐宋时期，副词“始终”用例仍不多。如：

例1：颜鲁公之在蔡州，再从侄岘、家僮银鹿始终随之。（唐·李肇《唐国史补》卷上）

例2：本朝自祖宗以来，推择元勋重望始终全德之人，以配食列圣。（宋·苏轼《论周穜擅议配享自劾札子》之一）

例3：须知最有，风前月下，心事始终难得。（宋·柳永《征部乐》）

例4：十世古今，始终不离于当念。（《古尊宿语要·云峰禅师》）

例5：师云：海底如意珠，始终无不应。（《古尊宿语要·大隋禅师》）

例6：曰："恁么则始终不离于幻也。"(《五灯会元·曹山本寂禅师》)

五、一直

"直"有"一直；不转变；连续不断"的意思。早期"一直"连用是偏正短语，本义是"朝着一个目标或方向"。

时间副词"一直"的用法与"一向"相近，较早的例子见于宋代。用例颇少。如：

例1：恐是元初受得气如此，所以后来一直是如此。(《朱子语类》卷五十九《孟子九》)

例1"一直"修饰VP。

六、素来

《说文·素部》："素，白致缯也。""素"本义是没有染色的丝织物。《玉台新咏·古诗为焦仲卿妻作》："十三能织素。"因为"素"是尚未染色的丝织物，故引申为"本来"、"空"诸义。《广雅·释诂》："素，本也，空也。"

"素来"作时间副词表示"从来、一向"，最早见于唐代。我们调查了《四库全书》中"素来"的使用情况，在唐代有4例①，宋代增至72例。

---

① 唐代：《李元宾文编》(1)、《李义山诗集》(1)、《唐大诏令》(1)、《文薮》(1)。

宋代：《论语精义》(1)、《旧五代史》(2)、《续资治通鉴长编》(10)、《尽言集》(2)、《宋名臣奏议》(2)、《二程遗书》(1)、《延平答问》(1)、《经济文衡》(1)、《伤寒总病论》(1)、《妇人大全良方》(2)、《式古堂书画汇考》(1)、《脚气集》(1)、《册府元龟》(3)、《职官分记》(1)、《玉海》(1)、《咸平集》(1)、《穆参军集》(1)、《范文正集》(1)、《河南集》(1)、《元丰类藁》(2)、《潞文公集》(1)、《文忠集》(3)、《范忠宣集》(1)、《东坡全集》(2)、《梁溪集》(4)、《东牟集》(1)、《灊山集》(1)、《汉滨集》(1)、《晦庵集》(2)、《止堂集》(1)、《象山集》(1)、《舒文靖集》(1)、《浪语集》(1)、《南轩集》(2)、《西山文集》(1)、《蒙斋集》(1)、《鹤林集》(1)、《臞轩集》(2)、《可斋杂藁》(1)、《可斋杂藁续稿》(3)、《后村集》(1)、《张氏拙轩集》(1)、《本堂集》(1)、《两宋名贤小集》(1)、《四六话》(1)。

例 1：素来矜异类，此去岂亲征。（《全唐诗》卷 541，李商隐《送千牛将军赴阙五十韵》）

例 2：国家省闼吏，赏之皆与位。素来不知书，岂能精吏理。

例 3：与君诗兴素来狂，况入清秋夜景长。（《全唐诗》卷 747，李中《秋夜吟寄左偃》）

例 4：杭人素来骄奢，本以糴官米为耻。若非饥急，岂肯来糴？（宋·苏轼《论叶温叟分擘度牒不公状》）

以上四例"素来"分别修饰 VP"矜异类"、"不知书"和 A"狂"、"骄奢"。

小 结

从产生的时代看，"从来"、"始终"、"一向"产生于汉代；"向来"产生于中古；"素来"、"一直"分别产生于唐代和宋代。六个词语义大体相同，都表示持续不变。语法功能也有相同点，都可以修饰 V 及 VP，都能作状语。不同点在于："一直"、"始终"只能修饰 V 及 VP；"从来"、"一向"、"向来"和"素来"既可以修饰形容词，也可以修饰动词谓语，"一向"还可以修饰代词性的谓语，如"乐主其盈者，乐主于舒畅发越；然一向如此，必至于流荡，故以反为之"(《朱子语类》卷九十五《程子之书一》)。

通过表 4-2 可以看出唐宋时期"从来"类副词的使用情况。

表 4-2 唐宋时期"从来"类副词使用频率简况表

朝代	文献 \ 词项与次数	从来	向来	素来	一向	一直	始终
唐代	佛本行集经	3	0	0	2	0	1
	王梵志诗	1	0	0	0	0	0
	游仙窟	0	5	0	0	0	0
	全唐诗	161	53	3	27	0	4
	敦煌变文集	18	0	0	1	0	0
	祖堂集	9	1	0	2	0	6

（续表）

朝代	文献 \ 词项与次数	从来	向来	素来	一向	一直	始终
宋代	景德传灯录	18	1	0	7	0	8
	全宋词	148	40	1	10	0	3
	古尊宿语要	7	0	0	9	0	5
	五灯会元	39	0	0	28	0	10
	朱子语类	47	5	1	216	17	7

从表4-2并结合对《四库全书》的调查可知，这一时期，副词“从来”、“一向”得到了较大发展；“向来”、“始终”和“素来”（《四库全书》所收宋代文献中有75例）也出现了较多用例；“一直”则处于产生初期。

第三节　元明：从来　向来　素来　一向　始终

一、从来

元明时代，表示持续不变的时间副词“从来”大量使用，且语法功能非常丰富。如：

例1：我想公孙杵臼年纪七十，从来没儿没女，这个是那里来的？（纪君祥《怨报怨赵氏孤儿》第三折）

例2：武松道：“嫂嫂休听外人胡说。武二从来不是这等人！”（《水浒传》第二十四回）

例3：小官人从来本分，平白地赶出门庭。（徐田臣《杀狗记·安童将命》第二十出）

例4：世态从来薄，诗情自得真。（《喻世名言》第十四卷）

例5：更做道秀人们从来恁，似这般干相思的好撒吞！（王实甫《张君瑞害相思》）第三本第四折）

例6：［收尾］从来秀才每个个色胆天来大，险把我小胆儿文才唬杀。（乔吉《玉箫女两世姻缘》第三折）

以上“从来”分别修饰VP（“没儿没女”、“不是这等人”）、A（“本分”、“薄”）、Pron（“恁”。“恁”是指示代词，在宋元明时代常用，既指“那么”，也指“这么”）和S（“秀才每个个色胆天来大，险把我小胆儿……”）。

二、向来

表“从来；一向”义的“向来”用例很少：

例1：谢瑞卿向来劝子瞻信心学佛，子瞻不从，今日到是子瞻作成他落发，岂非天数，前缘注定？（《喻世名言》第三十卷）

唐宋时“向来”的多种时间副词用法，此期仍有零星反映，至清代消失。

例2：原来洪恭向来娶下个小老婆，唤做细娘，最是帮家做活，看蚕织绢，不辞辛苦，洪恭十分宠爱。（《喻世名言》第三十九卷）

例3：听了多遍，渐渐相习，也觉佛经讲得有理，不似向来水火不投的光景了。（《喻世名言》第三十卷）

例4：［单雁儿］我向来打了个稽首，你身上的是非只为我恰才多开口。（无名氏《海门张仲村乐堂》第一折）

例2、3“向来”表示“过去；从前”义。例4“向来”表示“刚才；方才”义。

三、素来

《四库全书》中，“素来”在元代的用例只有8次，明代16次。①

① 元代：《四书管窥》（3）、《宋史全文》（3）、《贞素斋集》（1）、《元音遗响》（1）。

明代：《蜀中广记》（2）、《普济方》（5）、《证治准绳》（3）、《青河书画舫》（1）、《广博物志》（1）、《静菴集》（1）、《忠肃集》（1）、《整菴存稿》（1）、《御选宋金元明四朝诗——御选明诗》（1）。

可见，这一时期“素来”的使用不是太多。请看以下几例：

例1：丙子左正言：“朱光廷奏，窃见蔡确先帝简拔，位至宰相送终，殊不尽恭，章惇素来轻易多言，不以朝廷生民为虑，韩缜内行比修，宜令解机任而善去。”(《宋史全文》卷二十下)

例2：遥对东山忆谢安，百年尘世静中看。时危宝匣神光吐，人厄金城煞气寒。傍舍田园欣有讬，过庭诗礼素来宽。(《贞素斋集》卷七)

例3：(唐僧云)素来不曾相识，如何赊与我？(杨景贤《西游记·木叉售马》第二本第七出)

例4：朝廷百辟必晓此事，但惧议者谓其失体而不敢言，臣任在西陲非当请间而言此事，诚罪人也。然臣子之心岂敢忘君亲之爱，况臣素来愚拙，唯知报国而不知其受谤矣。(《历代名臣奏议》卷一百三)

四、一向

到了元代，表示“持续不变”的“一向”用例颇多（下文的表4-3有统计数字）。如：

例1：(老旦)儿，你在此一向好么？(柯丹邱《荆钗记》第三十出)

例2：汪革道：“妻小都死于火中，只有一子名世雄，一向在外做客，并不知情。”(《喻世名言》第三十九卷)

例3：长子沉襄，本府廪膳秀才，一向留家。(《喻世名言》第四十卷)

例4：李闻氏道：“老爷在朝为官，官人一向在家，谁人不知？”(《喻世名言》第四十卷)

例5：应答道：“小人因被祝彪射了一箭，有伤左臂，一向闭门不敢出去，不知其实。”(《水浒传》第五十回)

例6：自从父亲亡故之后，时乖命蹇，一向流落江湖。(《水浒传》第五十六回)

例7：燕青道：“小人一向不在家，不得来相望。”(《水浒传》第七十二回)

例 8：主人家道：“原来是自家人！老汉一向也避在乡村，到此不上一年哩。”(《醒世恒言》第六卷)

例 1 “一向”修饰形容词谓语“好”，例 2～8 “一向”修饰动词短语“在外做客”、“留家”、“在家”、“闭门不敢出去”、“流落江湖”、“不在家”、“也避在乡村”。

五、一直

这一时期“一直”大多表示空间概念，表示时间意义的“一直”没有用例。

六、始终

“始终”在元明时期发展缓慢，只有为数不多的用例。例如：

例 1：……皆为两相留恋，故始终不能忘也。（郑光祖《梅香骗翰林风月》第二折）

例 2：“……请师父便可行程，以见始终成全大义之美。”(《水浒传》第五十三回)

例 3：今臣等与众已亡者，阴魂不散，俱聚于此，伸告陛下，诉平生衷曲，始终无异。(《水浒传》第一百二十回)

例 4：那马周恰似理之当然一般，绝无谦逊之意。这里王媪也始终不怠。(《喻世名言》第五卷)

例 5：有诗赞云：谁不贪财不爱淫？始终难染正人心。(《警世通言》第十六卷)

例 6：倘或说骗盘缠到手，又去还脂粉钱，父亲知道，将好意翻成恶意，始终只是一怪，不如辞了干净。(《警世通言》第三十二卷)

例 7：妇人道：“妾愿始终随君，未识许否?”(《警世通言》第三十四卷)

例 8：维与众将曰：“胜败乃兵家之常，今虽损兵折将，不足为忧。成败之事，在此一举，汝等始终勿改。如有言退者立斩。”(《三国演义》第一百一十五回)

例 4 “始终”修饰形容词谓语“不怠”，其余几例“始终”修饰动词短语。

小 结

表 4-3 可以大致反映“从来”类副词在元明时期的使用情况。

表 4-3　　元明时期“从来”类副词使用情况简表

朝代	文献 \ 词项与次数	从来	向来	素来	一向	始终
元代	全元曲	158	2	1	65	1
明代	水浒传	34	0	0	31	3
	喻世名言	18	5	0	17	3
	清平山堂话本	5	0	0	6	2
	二刻拍案惊奇	1	0	0	1	0
	老乞大	0	0	0	0	0
	警世通言	0	0	0	14	6

从表 4-3 可以看出，元明时期，“从来”类副词使用频率最高的仍旧是“从来”、“一向”，其次“始终”、“向来”，“素来”偶用。

第四节　清代：从来　向来　素来　历来　一向　一直　始终

一、从来

清代，时间副词“从来”的用法得到进一步发展。

“从来”可以用于转折复句的后一分句。如：

例 1：梅玖回过头来向众人道：“你众位是不知道我们学校规

矩，老友是从来不同小友序齿的；只是今日不同，还是周长兄请上。”(《儒林外史》第二回)

例2：牛浦道：“我虽则同老爹是个旧邻居，却从来不曾通过财帛。”(《儒林外史》第二十三回)

例3：到后来大少爷死了，更是冷一顿、热一顿，甚至有不能下箸的时候，少奶奶却从来没过半句怨言，甘之若素。(《二十年目睹之怪现状》第八十九回)

“从来”可以与强调句式“是……的”嵌套在一起，表示说话人主观上强调从过去到现在情况和状态一直如此，没有变化。如：

例4：那妇人道：“我们在船上住家，是从来不混账的。……”(《儒林外史》第五十一回)

例5：聘娘道：“邹师父是从来不给人赢的，今日一般也输了。”(《儒林外史》第五十三回)

例6：宝玉是从来没有经过这大风浪的，心下只知安乐，不知忧患的人，如今碰来碰去都是哭泣的事，所以他竟比傻子尤甚，见人哭他就哭。(《红楼梦》下第一百零七回)

例7：他天天来诊病，所带来的原方，从来是没有抓过药的。(《二十年目睹之怪现状》第九十六回)

已经出现“从来+没有人+代词+V+O”格式，这是现代汉语“从来+没有+这么/那么+A/$V_{心理}$+过”的雏形。如：

例8：宝玉纳闷道：“从来没有人如此荼毒我，他们如何竟这样……”(《红楼梦》第五十六回)

二、向来

清代，“向来”也可以与“是……的”嵌套，表示说话人的主观强调意味。如：

例1：他平时见老丈划稿都是一划了事；至于所划的是件什么事是向来不问的。(《官场现形记》第十九回)

例2：有的说：“他向来是唱小旦的，如今不肯唱小旦，年纪也大了，就在府里掌班。”(《红楼梦》下第九十三回)

例3：荀才道：“这不容易办呀！继翁，你是向来讲究笔墨的，

你请到他，这是一定高明的了。”(《二十年目睹之怪现状》第十二回)

例4：述农道：“广东的赌风向来是极盛的，不知你这回去住了半年，可曾赌过没有?”(《二十年目睹之怪现状》第六十一回)

“向来”表示惯常的行为，修饰其后的S。如：

例5：家里的事，向来我就不大管，都是太太操心，不用我嘱咐。(《儿女英雄传》第一回)

例6：向来传见末秩没有这种声口的，那巡捕也很以为奇，便连忙跑了出去。(《二十年目睹之怪现状》第七十二回)

“向来”可以修饰谓词性代词。如：

例7：(姑娘)只管支吾道：“此地风俗向来如此。”(《儿女英雄传》第十七回)

例8：这是官场习气，向来如此，不必提他。(《二十年目睹之怪现状》第九十一回)

已出现“向来+没+这么+O”格式，这是现代汉语“向来+没有+这么/那么+A+过”的雏形。如：

例9：玉凤姑娘在旁看，心想：“这位太太向来没这么大脾气呀，这是怎么讲呢?”(《儿女英雄传》第二十一回)

例9表示“这位太太”现在比以前任何时候脾气都大。

三、素来

“素来”的使用频率在清代高于元明时期，用法也比较多样。如：

例1：他素来有鬼神不测之机，巧夺造化之妙，和他商量，必有法子。(《二十年目睹之怪现状》第八十三回)

例2：吴举人同里头刑名师爷素来相好，连忙进去见了师爷，把这种种冤枉说了一遍。(《老残游记》第四回)

例3：那甄宝玉素来也知贾宝玉的为人，今日一见，果然不差……(《红楼梦》下第一百一十七回)

例4：……又安知不是我家素来享用稍过，福薄灾生，以致如此?(《儿女英雄传》第十三回)

例5：邢夫人想着：家产一空，丈夫年迈远出，膝下虽有琏儿，又是素来顺他二叔的，如今都靠着二叔……（《红楼梦》第一百七回）

例6：李纨是素来沉静的，除了请王夫人的安，会会宝钗，余者一步不走，只有看着贾兰攻书。（《红楼梦》下第一百一十七回）

例7：……如意山鸡卷儿，还有包过来的馄饨，都是姑娘素来爱吃的……（《儿女英雄传》第二十七回）

例8：幸亏是安太太素来那等大方，才能见怪不怪……（《儿女英雄传》第三十七回）

1～4例“素来”修饰VP“有鬼神不测之机，巧夺造化之妙”、“相好”、“也知贾宝玉的为人”、“享用稍过”，5～7例“素来”和强调句式“是……的”嵌套在一起，强调意味较浓。例8“素来”修饰AP。

四、历来

《说文·止部》：“历，过也，傅也。”《尔雅·释诂》：“历，傅也。”郝懿行《义疏》：“《小尔雅》云：‘傅，近也。’历者，过也、经也。凡所经过涉历，即为近著，故历训傅也。”“历”本义是“经过”。虚词“历”是由其本义引申而来。

“历”和“来”连用，表示时间上的历程，原为时间名词，可作定语，指“过去多年的；从来”。明代文献中有零星用例。例如：

例1：（明太祖）因令工人在大内图画的四壁，俱采《豳风·七月》之诗，及自己历来战阵艰难之事，绘图以示后世。（《英烈传》第六十三回）

清代，产生出时间副词“历来”。如下：

例2：至花心又出一花，却是罕见，历来也无其名。（《镜花缘》第五回）

例3：奶奶只一想，惟有佛家香火历来不绝，他到底是祝国裕民，有些灵验，人才信服啊。（《红楼梦》第一百一回）

例4：这“凸”“凹”二字，历来用的人最少，如今直用作轩

馆之名，更觉新鲜艳夺目，不落窠臼。(《红楼梦》第七十六回)

例5：前面所叙的，无非是他历来当的差使，如何兴利，如何除弊的一派话。(《官场现形记》第四十八回)

例6：等到回到衙门，升坐大堂排衙的时候，衙役们拿着棍子赶出赶进一阵吆喝，无论有多少冤鬼早已吓都吓散了。历来相传都是如此说法。(《官场现形记》第五十五回)

例7：此地不产丝货，向无绸缎，历来都取锦絮织而为衣，所以林兄特带绸缎来此货卖。(《镜花缘》第二十七回)

例8：卞璧道：“我那史家哥哥说：小儿惊风乃第一险症，医家最为棘手，历来小儿因此丧命的固多，那疗治讹错的也就不少。”(《镜花缘》第九十五回)

例9：就如我现在办的大关，内中我不愿意要的钱，也不知多少，然而历来相沿如此，我何犯着把他叫穿了，叫后来接手的人埋怨我……(《二十年目睹之怪现状》第十四回)

例2、3和例6~9“历来”作状语，例4、5“历来”分别和动词“用”、“当”构成状中短语作定语。

五、一向

清代“一向”仍处于发展之中，“一向”既可以修饰A，又可以修饰VP，如下例1、4和例2、3、5、6、7、8。

例1：(杜少卿)说道：“老伯，相别半载，不曾到得镇上来请老伯和老伯母的安。老伯一向好？”(《儒林外史》第三十一回)

例2：王玉辉道：“老侄，几年不见，一向在那里？”(《儒林外史》第四十八回)

例3：老祖宗一向福寿安康？(《红楼梦》第二十九回)

例4：我们府里有一个做小旦的琪官，一向好好在府里，如今竟三五日不见回去，各处去找，又摸不着他的道路，因此各处访察。(《红楼梦》第三十一回)

例5：安老爷本因告病，一向不曾出门，也不拜客辞行，择了个长行日子，便渡黄北上。(《儿女英雄传》第十五回)

例6：他有个师傅叫作邓振彪，人称他是邓九公，是个有名的

镖客，褚一官一向跟他走镖，就在他家同住。（《儿女英雄传》第十五回）

例7：原来我母亲将银子一齐都交给伯父带到上海，存放在妥当钱庄里生息去了，我一向未知。（《二十年目睹之怪现状》第二回）

例8：据他说是绍兴人，一向在绍兴居住，不曾出过门。（《二十年目睹之怪现状》第五十三回）

六、一直

时间副词“一直”发展到清代开始活跃起来，数量大增，而且用法丰富。如：

例1：太公睡不着，夜里要吐痰、吃茶，一直到四鼓更，他就读到四鼓更。（《儒林外史》第十六回）

例2：当下四五人谈心话旧，一直饮到半夜。（《儒林外史》第四十一回）

例3：那正中山门本是用砖从外面砌严了的，看了看，左右两个角门儿也关得结实，只得走到马圈门前叫门。一直叫了半日，也不听得有个人答应。（《儿女英雄传》第十一回）

例4：谁知一直服药调养到八九月间，才渐渐的起复过来，下红也渐渐止了。（《红楼梦》第五十五回）

例1~4“一直”都表示时间持续长。

有时在“一直”的前后有“从、到”等介词，表示时间的起讫点。如：

例5：……才站起身来，从家中得信起身，一直到今日到店止，照方才回太太的话……（《儿女英雄传》第十二回）

例6：“并且这‘戒赌’二字，我从太后颁恩诏那年一直听到如今了，姐姐莫生气，妹子替你看两牌。”（《镜花缘》第七十四回）

例7：（用麻袋装土）从徒阳河边一直运送到江边，上了招商趸船。（《二十年目睹之怪现状》第九十三回）

例8：“子翁从那天来了之后，一直到今天，调排一切，都是他一人之力，实在感激得很！”（《二十年目睹之怪现状》第九十

七回）

七、始终

清代，“始终”的情况与明代差不多。就我们所考察的语料发现，现代汉语里的“始终”也继续沿用其用法，既修饰 VP 又可修饰 AP。如：

例 1：施御史在旁道：“这些异路功名，弄来弄去，始终有限。”（《儒林外史》第四十九回）

例 2：迎春道：“老太太始终疼我，如今也疼不来了。”（《红楼梦》第一百九回）

例 3：贾琏轻轻的说道：“太太要说这个话，侄儿就该活活儿的打死了。没什么说的，总求太太始终疼侄儿就是了。”（《红楼梦》下第一百一十七回）

例 4：……他却又不肯另娶别人，所以始终未曾娶亲。（《二十年目睹之怪现状》第九十三回）

例 5：这话程相公始终不曾了了。（《儿女英雄传》第三十九回）

例 6：“姐姐，妹子虽则念了几年书，也知道了古往今来的几个人物，几桩公案，只是有一个故典心里始终不得明白，要请教姐姐。”（《儿女英雄传》第九回）

例 7：余如始终无端，显明情诗，回环读，仍是四言四句八首。（《镜花缘》第四十一回）

例 8：但既结拜，嗣后一同赴试，彼此都要相顾，总要始终和睦，莫因一言半语，就把素日情分冷淡，有始无终，那就不是了。（《镜花缘》第五十四回）

小　结

“从来”类副词在清代有同有异：1. 它们的语义基本相同，都可表示从过去到现在情况和状态一直如此，没有变化。都可以和“是……的”嵌套。语法功能方面：都能修饰 V 及 VP，在句中作状语。“从来、向来、素来、历来”还可修饰 A 及 AP。2. 已出现

“从来+没有+代词+V+O”格式和“向来+没+代词+O”等格式，这是现代汉语“从（向）来+没+代词+A/$V_{心理}$+过”的雏形。

由此可见，清代“从来”类副词的使用情况与现代没有太大差别。

现对清代有代表性的三部典籍中“从来”类副词出现的次数列表（表4-4）如下：

表4-4 清代“从来”类双音副词使用情况简表

词项与次数 / 文献	从来	向来	素来	历来	一向	一直	始终
儒林外史	11	0	0	0	29	9	2
红楼梦	38	23	14	2	19	0	2
儿女英雄传	37	40	8	0	30	20	16
合计	86	63	22	2	78	29	20

由表4-4可知，“从来”类副词的使用频率依次是：从来、一向、向来、一直、素来、始终、历来。

本章总结

下面，我们用一个简表（表4-5），比较一下“从来”类副词在历代的使用情况：

“从来”类时间副词清代以前历代演变情况，可总结如下：

1. 先秦典籍已有“从来”、“始终”、“一向”连用的例句。“从来”先秦连用有两种格式：一种是“从+来”；一种是“从X（以/已）来”。时间副词“从来”由后一格式省缩而来，始见于汉代。中古有零星用例。“始终”最初连言是开头和结尾的意思，是并列式名词短语，汉代渐渐凝固虚化为时间副词，表示某种行为或

表 4-5　　“从来”类副词在历代的使用频率情况

词项 \ 文献与次数 \ 朝代	中古															唐宋											元明							清		
	抱朴子内篇	世说新语	颜氏家训	齐民要术	洛阳伽蓝记	百喻经	长阿含经	增壹阿含经	大明度经	光赞经	摩诃僧祇律	菩萨本缘经	入楞伽经	四分律	杂宝藏经	佛本行集经	王梵志诗	游仙窟	全唐诗	敦煌变文集	祖堂集	景德传灯录	全宋词	古尊宿语要	五灯会元	朱子语类	全元曲	水浒传	喻世名言	清平山堂话本	二刻拍案惊奇	老乞大	警世通言	儒林外史	红楼梦	儿女英雄传
从来	0	0	1	0	0	0	0	0	0	0	1	0	1	0	0	3	1	0	161	18	9	18	148	7	39	47	158	34	18	5	1	0	0	11	38	37
向来	0	1	0	1	1	0	1	0	0	0	0	0	0	0	0	0	0	5	53	0	1	1	40	0	0	5	2	0	5	0	0	0	0	0	23	40
素来	0	0	0	0	0	0	0	0	0	0	0	0	0	0	0	0	0	0	3	0	0	0	1	0	0	1	1	0	0	0	0	0	0	0	14	8
历来	0	0	0	0	0	0	0	0	0	0	0	0	0	0	0	0	0	0	0	0	0	0	0	0	0	0	0	0	0	0	0	0	0	0	2	0
一向	0	0	0	1	0	0	0	0	0	0	0	0	0	0	0	2	0	0	27	1	2	7	10	9	28	216	65	31	17	6	1	0	14	29	18	30
一直	0	0	0	0	0	0	0	0	0	0	0	0	0	0	0	0	0	0	0	0	0	0	0	0	0	17	0	0	0	0	0	0	0	9	0	20
始终	0	0	0	0	0	0	0	0	0	0	0	0	0	1	0	1	0	0	4	0	6	8	3	5	10	7	1	3	3	2	0	0	6	2	2	16

状态在一定时间内没有变化，从开始到结束都一样。先秦已见“一向”连用，是短语，本义是朝着一个目标或方向。到汉代，产生出表示持续不变意思的时间副词“一向”。先秦不见“向来”连用，汉代偶见作时间副词，分别是“刚才；方才”义和“后来；以后”义。中古出现了与今义相同的时间副词“向来。”

2. 唐代，时间副词“从来”、“向来”、“一向”、“始终”已较多使用。“从来”副词句除了表示时间外，还兼表强调语气，含有绝对肯定或绝对否定。“从来”还产生出“从前；原来”义。“向来”的语气不如“从来”强烈。汉代“向来”产生的两个意义在唐代仍沿用，同时，“向来”又引申出多种新义：“立即；即刻”义；“从前；过去；原来”义。这一时期，“一向”新产生“霎时；片刻”义。副词“始终”出现了较多用例；时间副词“素来”刚刚产生；时间副词“一直”产生于宋代。语法功能方面，“一直”、“始终”只能修饰V及VP；“从来”、“向来”、“一向”和“素来”既可修饰A，也可以修饰V及VP。宋代“一向”还可修饰Pron。

3. 元代，副词“从来”大量使用，且语法功能非常丰富，可以修饰VP、A、Pron和S。与此同时，和“从来”语义相近的“向来”、“素来”用例很少。“一向”跟“从来”一样，在元代用例颇多。在句中可修饰VP和A。“始终”在元明时期发展缓慢，只有为数不多的用例，二词都只能修饰VP。

4. 清代，“从来”类副词的使用频率发生了一些变化，依次是：从来、一向、向来、一直、素来、始终、历来，这种状况一直沿用到现代汉语。这一时期，“从来”类副词可以与“是……的”嵌套；还产生出“从（向）来+没（有）+代词+A/$V_{心理}$+过”的雏形等。总之，清代“从来”类副词的使用情况与现代差别不大。

第五章

“从来”类副词（下）

——现代汉语时段的共时考察

第一节 从 来

一、语法意义

（一）“从来”表示某种行为、性状从形成或出现到说话时一直未变，着重强调行为或性状在时间上的“起始”性，有“从开始”的意思，这是古代“从来”义的残留①。如：

例1：从来是这样，以后也将永远是这样：这是老太爷一类人的见解。（《家》）

此例的“从来”与“以后”对举，“从来”表示“从开始”

① “从来”词汇化后，还保留以前那个结构的语义，这是“保留原则”或“滞留原则”。具体见沈家煊：《“语法化”研究综述》，《外语教学与研究》1994年第4期。

的意思。

（二）“从来”所表示的时间往往没有明确具体的起点，这个“起点”——即行为性状形成之时或某一事件的产生时间——是隐含着的。如：

例2：他从来没有对任何人讲过他的隐私。

例2有隐含的时间起点，即“他”有了隐私之后，具体的时间无从知道。但“从来”所在的句子如果有一个相对明确的表示行为性状或事件形成的时间词，那么就有一个相对明确的起点。如：

例3：四十岁以后，他遇到事情就从来没有惊慌失措过。（《秋天的愤怒》）

例3中的“从来”前有一个较为明确的时间起点“四十岁以后”。

在时间的终点上，“从来”句多数是没有的，如上文例3；但有时也会蕴含一个。

例4：我只是从来没这么近地和一个货真价实的作家脸儿对脸儿过，就是再和文学无缘也不得不受感动。（《顽主》）

这个“从来”句就蕴含着一个终点，结合后续小句知道，“我”现在是和“一个货真价实的作家脸儿对脸儿”的。

（三）表时上，副词“从来”一般表示“过去时”，同时它也能指向参照时“现在”，有时也能指向“将来”。可以指向现在时的例句如：

例5：他的一号工作服从来不系扣，又长又大，走起路来呼啦有声。（《梧桐梧桐》）

这一例表示“他工作服不系扣”这一习惯的现时性。由于“从来”历时虚化的语义滞留①，表“过去”的同时，是很难把与

① 据冯春田先生考察，时间副词“从来”是由东汉“从X（以/已）来”（X表示起始年）结构省缩而来的。当句法环境并不要求明确这个介词时间短语的时间起点（X），而只单单表示从过去到当时一向如此，那么X就有了省缩的条件，于是“从X（以/已）来”就省缩为“从来”（连接性成分“以/已”在X消失时失去作用，自然不用），“从来”就成为一个词（关于这一历史的演变见上一章）。

之具有连续性的“现在”去掉的。因而，表时上形成了既体现事件的“过去”性，也反映事件的“现时”的参照。

有时还可以指向“将来”，特别是反映客观真理或规约性认识等时：

例6：成者王侯败者贼，从来如此！

这个句子强调的是一个认识“成者王侯败者贼”。它在一个特定时间范围是恒定的，一般不以时间为转移，可以指向将来。

不论是反映“现在”还是指向“将来”，都是“从来”句的特性，“从来”就是表示“过去”的时间副词，当“从来”句有发端句或后续小句时，这些特性马上就消退了。

例7：他（以前）从来不曾梦想过它们，然而如今它们来了，朴实而有力，抓住了他的渴望活动的青年的心。(《家》)

由于“从来”句的后续小句里含有与之对照的时间词“如今”，即使把这个句子的第一小句的（以前）去掉，“从来”仍然表示过去，绝不可能表示现在或将来。可见，“从来”句表达“现在”、“将来”等时间是受“从来”本身的时间性制约的。

（四）“从来”句谓语在“体”意义上，多表示行为或性状等是曾然的。如：

例8：牟林森没见过我的严肃，从来没见过。(《让梦穿越你的心》)

例9：张帆从来没说过爱她。(《哭泣的色彩》)

例10：王国炎的案子，他们之间根本就没谈过，他也从来没给贺雄正汇报过。(《十面埋伏》)

例11：我们也从来没找罗维民谈过。(《上海的早晨》)

例12：耿莉丽长得非常漂亮，据说她从来就没有看上过王国炎……(《十面埋伏》)

例13：在中学的时候就有同学的哥哥之类写信来，她家里的人总说是这种人少惹他的好，因此她从来没回过信。(《红玫瑰与白玫瑰》)

例14：平时为了生意的需要，周同经常出入夜总会歌舞厅，虽然也有过心猿意马，却从来没有过失足的记录。(《不要我你后

悔一辈子》）

例15：辛楣不知道大哲学家从来没有娶过好太太，苏格拉底的太太就是泼妇……(《围城》)

例8～15里有“过”，“从来”与之共现，表现曾然体。

（五）“从来”不仅表时，它也能表现说话人或叙事者的主观情态。如把例5里的“从来”句提取出来，并删去“从来”一词。比较：

a. 他的一号工作服从来不系扣。

b. 他的一号工作服不系扣。

变换式b是一个纯粹叙述句，客观的叙述了“他不系扣”的习惯。而他的基式a在时间上却追加了一种主观肯定语气，从“穿一号工作服”开始一直到说话时，“不系扣”的习惯从未变化，具有明显的周遍性，全句的否定语气比它的变式强烈多了。无疑，这是“从来”给加上去的。在这种意义上，它又具有表“态”作用，表达主观（说话人）的情态。

二、“从来”句的句法特征

“从来”主要在句中做状语。从分布的句类看，它可以出现在陈述句、疑问句和感叹句里，不能进入祈使句。其中陈述句里又多用于否定句，较少用于肯定句。我们调查了约200万字的语料，收集到270个“从来”例句，其中肯定句仅22例，约占总数的8%；否定句248例，约占总数的92%。可见，否定句在实际使用中确实具有绝对的优势。

（一）“从来”句谓语的特征

1. 形容词性谓语句

1.1 在肯定句中，“从来”一般不能直接修饰光杆的性质或状态形容词。

例1：？a. 他上课从来积极。 ？b. 他下班从来晚。

例2：？a. 梨花从来是粉白的。？b. 他从来是高高兴兴的。

例1、2四例可接受性较差（用“？”表示）。要想成句，这些形容词前面必须得有选择地分布一些表遍指的范围副词，如“都”

等；或者是表示程度深的词语，如“很、极其”等；或者是指示代词“这样、如此、这么”等，如：

例3：他上课从来都（就/很/那么）认真。

例4：a. 她的皮肤从来就（都）是红通通的。

b. 他从来都（就）是高高兴兴的。

c. 他干工作从来都（就）不拖拖拉拉的。

这些词语和“从来”互相配合，反映说话人的主观看法，从而增强了说话人的主观量；而一旦拿掉与之共现的范围副词、程度副词或指示代词（如3、4两例，括号内的成分表示可以替换它们前面的成分，下同），其所在的句子可接受性就很差。特别是在肯定句里，必须要有一个表“量”的副词共现。换句话说，加上一些表“量幅”的范围副词、程度副词或指示代词，就有一个量的变化域，就能与表示“一直”义的“从来”同现。

1.2“从来”偶尔能直接修饰双音节形容词的生动形式ABAB式。如：

例5：小王从来都干瘦干瘦的，根本就没胖过。

这种句子主要在对话语体中用于答句，用来辩驳对方或别人的某种看法。如例5，当有人说“小王现在长胖了”时，你不同意对方的这种看法，就反驳说“小王从来都干瘦干瘦的，根本就没胖过”。

2. 动词性谓语句

2.1“从来”句的谓语动词，不能是光杆动词，前面必须要有附加的否定副词或范围副词等成分，否则不成句，比较例6或例7的a、b与c式：

例6：a. 他从来不抽烟。b. 他从来不抽。*c. 他从来抽。

例7：a. 他从来都抽烟。b. 他从来都抽。*c. 他从来抽。

2.2属性动词或关系动词一般不能充当“从来”句的谓语，即使它们前面有范围副词也不行。因此下面的句子是不合格的：

例8：*小江从来就（不/都）属狗。

但属性动词或关系动词在下列情况下也可以充当“从来”句的谓语。一是在“从来没________过”这个结构槽里，如：

例 9：a. 小明从来没姓过“李”。

例 9：b. 小明从来没姓过“李”，一直就姓王。

这种句子主要是用来申述说话人自己观点，它的后面常有校正别人的看法的小句作为陪衬信息。另一种情况是用“从来”修饰这类关系动词，陈述一个无可争议的公理或真理的时候，如：

例 10：a. 历史剧从来不等于历史书。

例 10：b. 自然界里从来就是弱肉强食。

2.3 “从来”句的谓语一般不能是瞬间非自主动词或不可重复的动词，如“牺牲、死、出生、逝世、失明、崩溃、诞生、去世、病逝”等：

例 11：＊a. 他从来死/＊他从来不死/＊他从来没死过

例 11：＊b. 小明从来出生/＊小明从来不出生/＊小明从来没出生过

2.4 “从来”也一般不能修饰 V 一下、V（一）V 和 V 了 V 的肯定式，但可以修饰 V 一下、V（一）V 的否定式。如：

例 12：到底为什么要做这件事，为什么要这样做，有没有更好的办法，他们从来不想一想。（《想和做》）

例 13：你为什么从来不试试这种办法？

3. “从来”句谓语也有少量的是指示代词，但只限于“如此”、“这样”、“那样”等少数几个，肯定或否定均可。例如：

例 14：a. 从来这样的，过去的时候，不谈珍惜，拥有的时候，无所谓珍惜。（《青春禁忌游戏》，载《萌芽》2005 年第 1 期）

例 14：b.……这个王八蛋从来就这样，吹牛皮不怕犯死罪，嘴里根本就没有一句实话，纯粹是招摇撞骗，自吹自擂。（《十面埋伏》）

例 14：c. 体罚不是教育的好方法，他对学生从来不那样。

值得指出的是“从来”否定句，有无指示词语出现会形成语义相反现象，例如：

例 15：a. 苒青从来没见他这么兴奋过。（《哭泣的色彩》）

例 15：b. 苒青从来没见他兴奋过。

a 句是说“苒青的兴奋”在说话时达到了历来的最高点。把

“这么”去掉，b的句意不但改变了，而且完全相反。

（二）“从来”句的谓语共现的体标记，一般是动态助词“过”，且只能出现在否定句里，如例16a和例16b的动词谓语“离开”与形容词谓语“好”后的“体”成分都是“过”，“了”是不能进入的；“从来”句与“着”① 共现有条件限制，它要求谓语是持续性的动词，肯定句和否定句都可以，如例17a和例17b。

例16：a. 他从来没有离开过（*了）武汉。

例16：b. 武汉的天气从来没有好过（*了）。

例17：a. 他从来都牵挂着$_1$你。

例17：b. 她从来不站着$_1$讲课。

（三）与其他副词的共现情况

“从来”句内与其共现的副词，基本是下述的三类，其他的副词很少进入这种句子。

1. “从来”常与否定副词共现形成“从来不X”与“从来没/未（有）X”结构，口语常常凝缩为“从不/从没（从未）”。行为或性状等如果是一个习惯、事理或道理等时，通常用“不”否定，表示“一直不做某事”，比较：

例18：a. 他从来不（从不）喝酒。

例18：b. 他从来没（从没）喝酒。

“喝酒”是一个人的习惯性行为，否定式采用a句式。b句式否定的是行为“喝酒”的曾然性，在这种意义上“从来”不仅可以表时意义，它也可以有条件的表示曾然或经历的“体”意义。

“曾然”类副词否定式“不曾”、“未曾”等能进入这种句子，一般出现在“从来”的后面；而表示过去的时段副词“原来”、“以前”、“以前”等处于它的前面：

例19：他以前从来未曾见过如此宏大的场面。

例20：“难道你以前从来没来过这里看戏？”（《玉卿嫂》）

---

① 这里的“着”是表持续义的“着”（记为“着$_1$”）。表状态义的“着”记为“着$_2$”，以下同。

例21：“我们以往从来没有谈过这些问题吧？”（《巴西狂欢节》）

例22：他起初甚至想，“这不会是她的声音，她从来不曾有过这样大的声音”。（《家》）

例23：他依然弯着腰，眼睛盯着底下，好像他的腰从来不曾直过。（《白罂粟》）

2. “从来”与“也”共现位置相对自由，可以出现在它的前后，如：

例24：a. 他从来也不上班。

例24：b. 他也从来不上班。

值得注意的是，例24里的两个“也”的意义不同，a中“也”表语气，b中的“也”表类同。

3. 表示频率的副词也有那么几个能居于“从来”之后的，如：频频、连续、接连、成天、时刻、总是等。如：

例25：酒桌上，他从来不向人频频举杯的。

例26：郭全海对自己的事从来总是随随便便的，常常觉得这个好，那个也不赖。（《暴风骤雨》）

总的看，“从来”句与其共现的副词基本是这么几类，位序上它一般总是处于除关联副词、语气副词、时间副词以外的其他副词之前。

表未然体、已然体、持续体、“异类重复体”① 等的副词基本不能进入“从来”句的。它们都是刻画构成事件的行为或性状的“体”，与“从来”句重在从外在的时间来陈述一个匀质完整的事件不易相容。

（四）“从来”的句法活动能力

时间副词“从来”相对于本组其他六个词句法位置上灵活性强些。有些“从来”只能居句中不能居句首，如例19～23。有些

① “异类重复体”性副词是指，它所刻画的行为或性状是异质的，如“吃了又喝”等里的“又”，这个概念是由张谊生提出来的（张谊生：《现代汉语副词探索》，学林出版社2004年版，第179页）。

“从来”可以居于句中，如例27a式；也可在句首，如例27b式。

例27：a. 学习，他从来都很刻苦。

例27：b. 学习，从来他都很刻苦。

不过这种分布的差异，在表达上有不同。例27a“从来”是述位上的成分，是强调“都很刻苦”的标记。当它移动到句首后，如例27b“从来”既是主位的一个“人际”性话题，又是强调“他都很刻苦”的标记。

小 结

副词“从来”是个表“时”的情态词，能同时表达时制、时体和说话人的“态”。它活动能力较强，除句法上作状语外，同时也在语用层面起着作用。从时间方面的“一直如此”的特性，强调事件的行为或性状的无例外性，反映说话人的主观评议语气等可见，目前把它视为“时间副词”的说法很狭隘，远远没有揭示出汉语这类副词的内涵性。

语义方面可以表示为：{起始性，一直如此，周遍性，主观评议}，其分布方面的主要特征可总结为表5-1①：

表5-1

居句首	句类			谓语复杂		形容词		动词			动态助词			副词
	陈述句	疑问句	感叹句	动词	形容词	AABB	ABAB	关系属性	瞬间不重复	V一下、V(一)V	了	着	过	正在
+	+	+	+	+	+	+	+	±	−	+	−	+	+	−

① “复杂”指谓语必须含有程度、指示或范围副词等的结构。句类上除祈使句外都能分布，多用于否定句，较少用于肯定句。

第二节 向 来

古代“向来”有“从来”、“刚才”、“方才”、“立即”等义项，至清代，“向来”只保留了“一向”、“从来”义，其余义项不见用例。现代汉语“向来”有时间名词和时间副词两种用法。作时间名词的“向来”如：

(1)“依照向来的习惯，他这无声的温柔的抗议，可以引出林佩姗的几句话，因而事情便往往有转圜的可能性。”(《子夜》)

(2) 这不是他向来的样子，王和甫也觉得诧异了。(《子夜》)

一、语法意义

(一) “向来”表示从过去到现在“一直如此”，特别强调“先前性”，不止目前如此。例如：

例1：她做事向来小心、谨慎。

例2：妈，这里老爷太太向来不骂底下人，两位少爷都很和气的。(《雷雨》)

例3：船又大；迅哥儿向来不乱跑；我们又都是识水性的。(语文总)

例4：三先生向来是公道的。(《子夜》)

例5：你是我见到的最软弱、最敏感的女人，而我向来喜欢软弱敏感的女人。(《哭泣的色彩》)

例6：“江大姐办事向来有经验，又有分寸。”(《上海的早晨》)

例7：“此人说话向来刻薄，一定得便宜卖乖，说是‘你们看，我当面骂他冤大头，他还是不敢不借给我’。”(《红顶商人胡雪岩》)

例8：他对贺书记吩咐下来的事情，向来是照办不误，不打折扣的。(《十面埋伏》)

例9：“你的能干，从小就看得出来的；胡大先生向来最识人，他说要请你去当家，当然看准了你挑得起这副担子。”(《红顶商人胡雪岩》)

（二）“向来”有时有隐含的时间起点，有时根本就没有起始点。例如：

例 10：我姓屠的，到厂里也两年多了，向来同你们和和气气。(《子夜》)

例 11：他知道宋生吉跟古城监狱的关系也向来不错。(《十面埋伏》)

例 12：这个人向来都这么迂。(《你是一条河》)

例 13：《水浒》的人物描写，向来就受到最高的评价。（语文总）

例 14：声色场中，向来黄金能买美人心，湘云老四想一想说道……(《红顶商人胡雪岩》)

例 15：他，向来是支配一切，没有人敢拂逆他的命令的！(《子夜》)

例 10 有隐含的时间起点“两年前”；例 11 ~ 15 无从知道时间的起点。

“向来”句有时隐含着时间终点，即到叙事者说话时为止；有时根本没有。例如：

例 16：我向来是不惮以最坏的恶意，来推测中国人的，然而我还不料，也不信竟会下劣凶残到这地步。(《纪念刘和珍君》)

例 17：吴老板向来是宽厚的。(《子夜》)

例 16 的“向来”有隐含的时间终点，是叙事者说话的时间；例 17 表示的性质“宽厚”可能还要继续下去，有无终点很难说清。

（三）表时上，“向来”像“从来”一样，表过去时制，如前述的例 1；也能表现一定的情态等，带有强调或肯定语气。

例 18：a. 这个人向来不怎么说话。

例 18：b. 这个人不怎么说话。

例 19：a. “……老子向来明人不做暗事……”(《敌后武工队》)

例 19：b. “……老子明人不做暗事……”

例 20：a. 要说真话，他向来不去怀疑自己的媳妇儿。

（《猫腻》）

例20：b. 要说真话，他不去怀疑自己的媳妇儿。

例21：a. 老天爷对我也太不公平了，我向来连小猫小狗也没得罪的女人，为什么让我受这么大罪？（《一百个人的十年》）

例21：b. 老天爷对我也太不公平了，我连小猫小狗也没得罪的女人，为什么让我受这么大罪？

例18～21中的句式a表示对惯常性行为的肯定，语气较强烈。

二、"向来"句的句法特征

副词"向来"在书面、口语都常用，倾向用于肯定句。在我们调查的语料中，"向来"用于肯定句89例，约占总数65%；否定句41例，约占总数35%强。"向来"主要用于陈述句，也能用于疑问句与感叹句，但不能进入祈使句：

例1：他们家现在做饭和今年一个冬天的引火柴，本来是已经绰绰有余，根本不需要劈柴了。就是缺少劈柴，他们向来谁又亲自动过手呢？（《人生》）

例2：从来也像你一样改造自觉尊重领导，学习认真，劳动积极，从未犯过一次错误，也从未关过一次禁闭，而且操行评定向来都是高分？（《十面埋伏》）

例3：这是反常！他向来不是见美色而颠倒的人！（《子夜》）

例4：顶不妥当的主意也比没主意好，她向来不在任何人面前服软！（《骆驼祥子》）

例5：塔拉巴特尔说得对：马！向来是蒙古民族的象征！（《雪驹》）

疑问句与感叹句从谓语类型看也限于上述两种情况，其他的谓语在构成时很受限制。

（一）"向来"句谓语的特征

1. 形容词性谓语句

1.1 "向来"可以直接修饰双音节或多音节的性质形容词。

例6：不要操心那些事罢！我总有法子对付！你的身体向来单弱。（《子夜》）

例7：她累得很，取悦于柳原是太吃力的事，他脾气向来就古怪；对于她，因为是动了真感情，他更古怪了，一来就不高兴。(《倾城之恋》)

例8：姚金凤向来是老实的，此番她领头了。(《子夜》)

例9：胡雪岩心想，“小军机徐老爷”——军机章京徐用仪，跟左宗棠的关系向来密切，左宗棠应酬京官，一直都托他经手；他要谈到左宗棠，话都是靠得住的。(《红顶商人胡雪岩》)

例10：文人墨客大概是感性太锐敏了之故罢，向来就很娇气，什么也给他说不得，见不得，听不得，想不得。(《鲁迅全集》第一卷)

例11：中国人向来有点自大。——(《鲁迅全集》第一卷)

例12：七姑奶奶说话向来爽直而深刻；因此何以不该动这个念头，在古应春与胡雪岩都要求她提出解释。(《红顶商人胡雪岩》)

例13：中国人向来好客，对朋友向来友善、热情、周到。

例6~13的“向来”修饰的形容词分别是双音节“单弱”、“古怪”、“老实”、“密切”、“娇气”、“自大”，五音节的“爽直而深刻”并列结构和六音节的“友善、热情、周到”并列结构。

单音节形容词受“向来”修饰时，前面常有程度副词“很”、指示词语“这么”、范围副词“都”等。如：

例14：脾气向来都（不）好/脾气向来这么好。

例15：陈松林说：“华为说他向来很红，去年‘六一’大逮捕时，黑名单上就有名字，差点被抓去了。”(《红岩》)

1.2 肯定句中，“向来”能修饰状态形容词，有时直接修饰有时与范围副词“都”等同现。

例16：小丽的皮肤向来都白白的。

例17：王老师向来干瘦干瘦的。

“向来”除了能修饰例17“干瘦干瘦”这样的ABAB式状态形容词，也能修饰双音节形容词的AABB重叠式。例如：

例18：这个小男孩向来神神气气的。

例19：我姓屠的，到厂里也两年多了，向来同你们和和气气。

(《子夜》)

2. 动词性谓语句

2.1 "向来"不能修饰光杆单、双音节动词，只能修饰复杂的动词性结构。

例 20：a. 因为，她对自己的命运，向来缺乏一种把握……(《哭泣的色彩》)

例 20：＊b. 因为，她对自己的命运，向来缺乏过。

但是，它所在句子前面若有光杆动词意念上支配的名词性成分，这样的句子则可以成立。如：

例 21：俄罗斯，生活用品向来缺乏。

2.2 "向来"一般能修饰属性动词或关系动词，如：

例 22："她……她向来是这个态度。"慧沉吟着说……(《蚀》)

例 23："我舅妈那种人向来是不发作则已，一发作就非要弄得泪流成河，急死全家不可啊！"(《鬼丈夫》)

例 24：对下面那些想混日子又想讨巧讨好的人，向来都是黑脸一副，信赏必罚。(《十面埋伏》)

例 25：如果他向来就是如此，又如何能够在这么短的时间里由死缓减为有期徒刑 15 年？(《十面埋伏》)

例 26：祥子听着，看着，心中感到一种向来没有过的难受。(《骆驼祥子》)

例 27：振保向来最有牺牲精神，尤其是在娱乐上。(《红玫瑰与白玫瑰》)

例 28：在这种场合，他向来不肯表态。

有时可受性差些，但只要所在句有足够的铺垫性句子——对"向来"句的内容进行否定或补充或纠正，或者申说一个客观真理等时，句子就可以成立。

例 29：?? a. 一加一向来等于二。

例 29：b. 一加一向来等于二，不会是三的。

2.3 瞬间的不能重复或反复的动词，不能进入"向来"否定句；同样也不能进入肯定句。这些动词有"出嫁、牺牲、死、出生、逝世、失明、崩溃、诞生、去世、病逝"等。这些动词的语义与“向来”的“一直”特性义发生冲突，因此下面的这些句子都不能成立。

例 30：＊a. 他向来死/＊他向来不死/＊他向来没死过

例 30：＊b. 小明向来出生/＊小明向来不出生/＊小明向来没出生过

例 30：＊c. 阿里向来结婚/＊阿里向来不结婚/＊阿里向来没结过婚

例 30：＊d. 她向来出嫁/＊她向来不出嫁/＊她向来没出过

2. 4 间歇性持续动词不能进入“向来”肯定句，但当“向来”与时间、地点等词语共现，表示一种习惯时却可以。即“向来”足句的前提是信息或语义足量，下面左右两组例子就可以说明问题。

例 31：＊a1. 他向来吃饭。

例 31：a2. 他向来在晚上七点吃晚饭。

例 31：＊b1. 中百仓储向来开门。

例 31：b2. 中百仓储向来在早上八点开门。

例 31：＊c1. 他向来出手伤人。

例 31：c2. 他向来在忍无可忍的情况下才出手伤人。

2. 5 动结式的肯定形式一般不能进入“向来”句谓语里，但否定形式可以。

例 32：a. 我向来没遇到过这种怪人。

例 32：＊b. 我向来遇到过这种怪人。

例 32a 动结式的否定形式成立，相应的肯定形式不成立。动结式表示动作的完成，而“向来”表示的是动作行为或状态的始终不变，二者在语义上矛盾。

2. 6 状态补语和“可能”动补结构能进入这种谓语里。如：

例 33：老王向来起得早早的。

例 34：她的房间向来收拾得整整齐齐的。

例 35：而她，向来看不得男人的眼泪。(《哭泣的色彩》)

2. 7“向来”常常能与“是……的”互相嵌套，构成“向来是……的”或“是向来……的”形式。

例 36：当然，让不让天才学生及格，向来是有争论的。（《未来世界》）

例 37：“过一天，算一天!”王和甫叹一口气说，他这样颓丧是向来没有的。（《子夜》）

例 38：我知道母亲的脾气，她向来是“刀子嘴，豆腐心”的，虽然也心疼我，嘴里却非要骂我几句。（《卖米》，载《读者》2005年第 2 期）

例 39：恰巧造句的部分是向来被西洋语法学家所轻视的。

例 40：说实话，贺雄正对自己向来都是极为尊重的。（《十面埋伏》）

例 41：人民政府的信用向来是可靠的。

例 42：在高家，这一类的事向来是在暗中进行的。（《家》）

例 43：这家设备舒适的高级茶园，向来是座无虚设的。（《红岩》）

例 44：他是向来主张自食其力的，常说女人可以畜牧，男人就应该种田。（《鲁迅全集》第一卷）

即使形式上没有与“是……的”嵌套，也多可转换为“向来是……的”或“是向来……的”句式。如例 45a 就可以变换为例 45b：

例 45：a. 我的话，向来说出算数。（《子夜》）

例 45：b. 我的话，向来是说出算数的。

3. “向来”可以修饰指示代词，但只限于“如此”、“这样”、“那样”等少数几个，而且用于肯定句，例如：

例 46：他说话向来如此。

例 47：她对人向来这样，你不要介意。

例 48：“七姐做事向来是这样的，我晓得。”（《红顶商人胡雪岩》）

例 49：不过王国炎向来就那样……他还说他这回减了刑，用不了多长时间他就能出去了。（《十面埋伏》）

（二）“向来”同“从来”一样，一般与动态助词“过”共现，且只能出现在否定句里，如例 50 两例；“向来”不能与完成体“了”共现，因为“了”是体现事件内部的了结状况的，与“向来”的“曾然”义不协调，因此不能与“向来”同现；“向来”能与表持续义的“着[1]”共现，条件是谓语是持续性的动词，肯定形式否定形式均可，如例51两例。

例50：a. 他向来没有轻易撒手过（*了）一个钱。(《骆驼祥子》)

例50：b. 小丽向来没清醒过（*了)。

例51：a. 刘教授向来不坐着[1]讲课。

例51：b. 小明向来躺着[1]看书。

（三）与其他副词的共现

1. 与否定副词的共现

与“向来”共现的否定副词有“没有”、“不”、“未”，其否定式有两种格式，即：“向来未/没（有）X(‘X’指谓词性成分)过”和“向来不X”。前者是对已然的行为或性状的否定，后者是一种中性否定①，可以是已然的也可以不是的。例如：

例52：但我敢断言，反改革者对于改革者的毒害，向来就并未放松过，手段的厉害也已经无以复加了。(语文总)

例53：父亲就是这样，他的话，向来不能改的。(《雷雨》)

“向来”否定句强调语气比肯定句重，特别是否定副词前有表示小量的词语时，如“一点、就、毫”等。

例54：繁：我不后悔，我向来做事没有后悔过。(《雷雨》)

例55：对于灵魂的有无，我自己是向来毫不介意的……（语文总)

例54“向来”否定句是对“我不后悔”追加性补充，用副词“向来”修饰后面的“没有后悔过”，否定的语气强烈。例52结构为“[向来[就[并未[放松过]]]]”，它整体是通过强调“小”范围“就并未放松过”来表达一种无例外，否认语气强烈。例55也是通过强调“小”量来表达周遍性的否定。

① 跟“不”有关系，它是一个中性否定词，“没”是否定已然的。

值得指出的是，“向来”否定句出现指示词“这么”、“这样”等限制，语义会出现相反乃至对立的情况，比较：

例56：a. 王师傅打人向来不这样狠。

例56：b. 王师傅打人向来不狠。

例57：a. 小丽向来没这么清醒过。

例57：b. 小丽向来没清醒过。

就是说“向来”否定句有了“这样、这么”，在语义上就变成了一个表肯定的句子；没有“这样”、“这么”，则表示对行为或性状的否定。“从来”句也有这样的特性，只不过比“向来”否定句语气强罢了。

2. “向来”与“也”共现位置相对自由，可以出现在它的前后，但是“也”的意义不同。下例58a里的“也”表语气，例58b里的表类同。如：

例58：a. 他向来也不认真。

例58：b. 他也向来不认真。

3. “曾然”类副词否定式“不曾”、“未曾”等能进入这种句子，一般出现在“向来”的后面；而表示过去的时段副词“原来”、“以前”等处于它的前面：

例59：他以前向来不曾见过这样的老师。

4. 表示频率的副词只有有限的几个能居于“向来”之后的，如：接连、成天、时刻等。

例60：他向来没成天看书的耐心。

至于诸如表未然体、已然体、持续体、异类重复体等的副词基本也不能进入“向来”句的，这与“从来”句一致。“向来”与其他副词共现的位序也通常位于谓语部分的最外层。

（四）“向来”的句法活动能力较弱，位置较固定，一般居于句中，这一点它不及“从来”。

例61：对于钱，祥子向来是不肯放松一个的。→?? 对于钱，向来祥子是不肯放松一个的。

小　结

副词“向来”的语法意义和“从来”基本一样，强调某一性状或行为“一直如此”，特别强调不止目前如此。但主观性比“从来”弱一些，可简单表述为：{先前性，一直如此，主观}，其分布及句法特征可总结为表5-2①：

表5-2

居句首	句类			谓语复杂		形容词		动词		动态助词		
	陈述句	疑问句	感叹句	动词	形容词	AABB	ABAB	关系属性	瞬间不重复	了	着	过
−	+	+	+	+	+	+	+	±	−	−	+	+

第三节　历　来

“历来”的名词用法产生于明代；作为副词，产生于清代。现代汉语中的“历来”更多是作时间副词。

一、语法意义

（一）“历来”多用于书面，只是一般的叙述某种情况一直如此，或者表示从过去到某一特定时间一直如此，着眼点是一个历时的过程性。

例1：中央开会，历来是老区的代表住好些的房子，坐会场上的前排。(《将军镇》)

例2：联绵词传统也称“联绵字”，但历来对联绵词的界定有

① 陈述句里，肯定句占优势；“谓语复杂”指不能是光杆动词或光杆形容词。

不同看法。

例3：“老马你是明白人，孙李两家，历来有仇，这是栽赃陷害呀！”（《故乡天下黄花》）

例4：她历来不喜欢教师这个职业，她想去出版社……（《大浴女》）

例5：如果我们历来早晨不吃稀粥咸菜而吃黄油面包，1840年的鸦片战争，英国能够得胜吗？（《坚硬的稀粥》）

例6：历来有许多宗教战争，中国人指为天主教的污点，不知其中原有许多政治作用，不是天主教本身的罪恶。（《棘心》）

例7：在军统局特务机关内部，历来就采用“公”“秘”单位双线工作的制度，相互配合，相互监视，以加强特务活动。（《红岩》）

例8：中国人民历来勤劳、勇敢、有智慧和善于创造。

例9：中国家庭，历来是外国人最感兴趣的话题之一。

（二）“历来”与“从来”、“向来”一样，时间的起点模糊，有时根本就没有起始点，如：

例10：快够一年，她才从四婶手里支取了历来积存的工钱。（语文总）

例11：我说不会一样嘛，明水历来都是慷慨大方的。（《顽主》）

例12：这次失事的“挑战者”号已进行了十次飞行，是历来技术故障最少的一架航天飞机。（语文总）

例13：关于现代汉语的“了”，历来有“分”“合”之争。

例14：中国传统思想历来有分割两界的习惯性功能。（《西湖梦》）

例10“历来”句有隐含的时间起点“快够一年”；例11、13、14“历来”句没有起始点。例12中有隐含的时间终点，即到说话时为止。

（三）“历来”也可以表现时体、时制与情态。如例15～17句从时体上说是经历体；时制方面比较复杂，主要是表过去时，但也和参照时间“现在”有关。同时“历来”也有一定强调意味，比较 a、b：

例 15：a. 中国人民历来有尊老爱幼的传统。

例 15：b. 中国人民有尊老爱幼的传统。

例 16：a. 汉字历来是外国人学习汉语的重要难点之一。

例 16：b. 汉字是外国人学习汉语的重要难点之一。

例 17：a. 你和胡宗南打交道也不少嘛！他历来是我军手下的败将。(《保卫延安》)

例 17：b. 你和胡宗南打交道也不少嘛！他是我军手下的败将。

可见，“历来”反映说话人的主观强调情态，不是由所在句意带上去的，而是它自身固有的。如果例 15～17 中 a 拿掉“历来”后就是一个客观的叙事句；加上它，反映了说话人从时间上的“从始到终”对“中国人民有尊老爱幼的传统”、“汉字是外国人学习汉语的重要难点之一”、“他是我军手下的败将”这些事实的强调。

二、“历来”句的句法特征

副词“历来”在句中主要作状语，表示某一行为或性状从形成到说话这一过程一直不变，一般用于书面语。《现代汉语八百词》① 认为“历来”不用于否定句，否定句用“从来”。《现代汉语虚词例释》② 认为“历来”后多跟肯定式，很少跟否定式。我们认为后者的解释较为合理。我们调查的语料发现，有 15% 强的“历来”句都用否定式，肯定式约占 85%。就其分布的句类看，可以出现在陈述句、疑问句和感叹句，其中又以陈述句为主。用于疑问句和感叹句很受限制，和“从来”、“向来”基本相似。

例 1：我们党不是历来都很强调阶级感情、同志间的感情吗？(《梦中的河》)

例 2：白萌堂停住脚步：“官官相护，刑部历来黑暗！”(郭保昌

---

① 吕叔湘：《现代汉语八百词》，商务印书馆 1996 年版，第 110 页。

② 北京大学中文系 1955/1957 级语言班编：《现代汉语虚词例释》，商务印书馆 1996 年版，第 132 页。

《大宅门》）

（一）“历来”句谓语的特征

1. 形容词性谓语句

1.1 在肯定句中，“历来”能直接修饰光杆单、双音节的形容词，例如：

例 3：他办事历来认真。

例 4：农民历来穷，是事实。

例 5：这个人历来忠厚老实，完全可以信赖。

例 6：静一点也好，从柳宗元开始，这里历来宁静。（《文化苦旅》）

1.2 “历来”常与“很”、“这么”与“都、就”等构成“历来很 AP”、“历来都 AP”或“历来都很 AP”等，如：

例 7：历来都认真；历来很晚；历来就认真；历来这么晚。

1.3 “历来”可以进入“是 AP 的”格式。如：

例 8：他们历来是客气而光明正大的。（《昆仑殇》）

例 9：我们党历来是有理想，有志气，不怕“鬼”的。

例 10：他历来是按照不同的时间、地点、条件讲问题的。

例 11：得到这个消息匡老头什么也不顾匆匆化妆下山，钱褡里装满了金条，历来命是有价钱的，如同我们黑道上绑票一样，大命要大钱，小命要小钱。（《石门夜话》）

例 12：毛主席曾经指出，我们党历来是重视战略的，部队的战士、伙夫都关心战略，只要把战略形势讲清楚，问题就好办了。

例 13：在这一点上，中国历来对“大节”、“小节”的划分常常是颠倒的。（《文明的碎片》）

例 14：马克思主义历来认为历史是人民创造的。

2. 动词性谓语句

2.1 “历来”动词句的谓语动词至少是双音节的。

例 15：单位的大会小会，他历来参加。

例 16：书目历来受到人们的重视。（语文总）

例 17：泰山极顶看日出，历来被描绘成十分壮观的奇景。（杨朔《泰山极顶》）

例18：我们历来主张在法律面前人人平等。

例19：在中国古代，文化名人的成批被杀历来引不起太大的社会波澜，连后代史册写到这些事情时的笔调也平静得如古井静水。（《遥远的绝响》）

例20：夜航船，历来是中国南方水乡苦途长旅的象征。（《文化苦旅》）

例21：当时江南地区好几次重大的抗清事件，都起之于“削发”之争，即汉人历来束发而清人强令削发，甚至到了“留头不留发，留发不留头”的地步。（《文明的碎片》）

例22：“姑换嫂虽是历来都有的事儿，可是一对是表兄妹，两对还是表兄妹，人们不笑话怎的！”（《三家巷》）

2.2 当动词带有附加成分时，肯定与否定形式都可以用“历来”修饰，如：

例23：国人历来以吃为生活中心，见面第一句话即是“吃了吗？”（《读者》第58页，2005年第13期）

例24：早在十三世纪，卢沟桥就闻名世界。……在国内，这座桥也是历来为人们所称赞的。（《中国的石拱桥》）

例25：毛泽东同志历来坚持要用马列主义的立场、观点、方法来提出问题，分析问题，解决问题。（语文总）

例26：历来住持莫高窟的僧侣都不富裕，从这里也可找见证明。（《文化苦旅》）

例27：承德的避暑山庄是清代皇家园林，又称热河行宫、承德离宫，虽然闻名史册，但久为禁苑，又地处塞外，历来光顾的人不多，直到这几年才被旅游者搅得有点热闹。（《文明的碎片》）

例28：他历来就怕提“整党”，更怕一连整好几天。（《三里湾》）

例29：老贾一来，赖和尚和李葫芦就分别找老贾谈，向他汇报情况，说黄瓜嘴历来对毛主席、共产党、“文化大革命”不满，恶毒攻击是肯定的；但光抓一个黄瓜嘴还不行，黄瓜嘴烙字，是赵刺猬在背后指使的。（《故乡天下黄花》）

例30：“我做生意历来主张要看得远些，目前赚不赚，那倒无

所谓。”（《梦中的河》）

从例15~30可以看出，“历来”对于句中的动词性成分有限制——多选用表示主张、观点、态度等抽象性动词或“有”“是”等动词，一般不选用非常具体的动作性动词。

3.“历来”也能修饰代词谓语，但只限于“如此”、“这样”等少数几个。

例31：牛：一有钱就全变，历来如此。（《编辑部的故事》）

例32：“这有什么稀奇？历来如此！只有你才爱为这抱不平。”（《人啊，人》）

例33：他历来如此，现在仍然这样。

（二）“历来”与体标记的共现情况

“历来”不与进行体“着”或表完成的“了”共现，但能与经历体“过”共现，一般是限于否定句，肯定句是不能的，如：

例34：母亲对我说，那样麻烦的养兔法，伊历来连听也未曾听到过，恐怕是可以收入《无双谱》的。（《鲁迅全集》第四卷）

（三）与其他副词的共现

1.“历来”较少与否定副词共现，例如：

例35：但是慈悲在狼群历来就不存在。（《野狼出没的山谷》）

例36：走走，快赶个门去吧，我们历来不打发要饭的！（《烟壶》）

例37：……宫里的事，历来反复无常……（郭保昌《大宅门》）

例38：……内容无非是昆仑部队历来无女兵编制，请求首长收回成命，将女兵们调下山。（《补天石》）

2.“历来”常与程度副词“很”、“非常”、范围副词“都”等共现。

例39：这老兄的文章历来很八股，新闻五要素向来清清楚楚。（《突出重围》）

例40：阿Q本来也是正人，我们虽然不知道他曾蒙什么名师指授过，但他对于“男女之大防”却历来非常严。（《阿Q正传》）

例41：我们党不是历来都很强调阶级感情、同志间的感情吗？

(《梦中的河》)

3. 表示曾然类的副词能和“历来”句相容，如例34的“未曾”等。至于表未然、已然、持续、异类重复等的副词基本也不能进入“历来”句的，这与“从来”句等一致。

“历来”与其他副词共现时位序也通常位于谓语部分的最外层，不怎么出现在主谓句的句首，如例42a；当它位于句首时已经成为一个名词了，如例42b和例42c。

例42：a. 他办事历来很认真。/？历来他办事很认真。

例42：b. 历来人们都把图书馆看成读书、治学的场所。

例42：c. 历来对第二语言教育有许多看法，人们关心的是教什么和学什么，是怎样教和怎样学。

小　结

语义上，“历来”常适用于反映一个较长时段内的行为或性状的整体过程、惯常情况，它的主观性语气弱于“从来”又强于“向来”。大致可以表现为{历时的过程性、一直如此，长时段，主观}。其分布上的主要特征可总结为表5-3①：

表5-3

居句首	句类			谓语光杆		形容词		动词		动态助词		
	陈述句	疑问句	感叹句	动词	形容词	AABB	ABAB	关系属性	瞬间不重复 V一下、V（一）V	了	着	过
+?	+	+	+	+	+	−	−	±	−	−	−	+

① “历来”置于句首的能力差，我们用“+?”表示；“历来”陈述句以肯定为主。

第四节 素 来

一、语法意义

（一）时间副词“素来”语法意义为：与人物的习性有关的某种性状行为长时保持不变。如：

例1：他这人表面上看是个粗人，可是素来心细。(《保卫延安》)

例2：方先生，你的品行，素来有目共睹，谣言到你身上，不会有人相信。(《蚀》)

例3：尤其使他不安的，是身边还有一个黄奋，素来惯放“大炮”。(《子夜》)

例4：丁元善用他那素来是亲切恳挚的声音，向对方平缓地说。(《红日》)

例5：这个身强力壮的战士，素来抵抗痛苦是有特殊本领的。(《林海雪原》)

例6：政府签批公文的速度，素来慢得惊人。(《九重恩怨》)

例7：保安队素来知道震南新村的农场工人厉害，听说缴枪两个字，已经吓得魂不附体……(《苦斗》)

例8：李敬原以他素来有的毫不容情的态度说道：“这种人当面一套，背后一套，批评毫无用处，大敌当前，只能断然处置。”(《红岩》)

（二）“素来”的时间起点模糊或没有时间起始点，如例9与例10无起始点。

例9：我和她不过是同学，素来是你恭我敬的，她为什么恼着我。(《蚀》)

例10：你脸上没有血色，人也瘦多了，你身体素来弱……(《家》)

有时它有个外在的时间终点——叙事主体说话这个参照时，但多数是没有的。

例11：自己素来不大爱说话，可是今天似乎有千言万语在心中憋闷着，非说说不痛快。(《骆驼祥子》)

例12：里面的字画和陈设，他素来就不注意，只略略望了望……(《家》)

例13：慧素来不谈她自己家里的事。我也不喜欢打听。(《蚀》)

例11有个时间终点“今天”；例12、13表示的“不注意”与“不谈她自己家里的事”还要继续下去，没有终点。

（三）表“时”方面，“素来”基本和前面讨论的“从来”等差不多，情况也是比较复杂，以例13为例，“素来”表示与“现在”(参照时间）有密切联系的“过去”时意义的同时，也表示“不谈”的“体”。此外，它也能体现说话人的肯定性态度或语气，若把这个句子的“素来”去掉，会看到它的否定语气比基式降低了，成为一个客观的叙事句了。

二、“素来”句的句法特征

“素来”多用于书面语，口语用得不普遍。它活动能力差，一般不能进入句首。句类分布上，主要集中在陈述句，疑问句和感叹句中很少出现。陈述句里表肯定的居多，我们收集到的93例“素来”句，有63例肯定句，约占总数的67%；否定句30例，约占总数的33%。

(一)“素来”句谓语的特征

1. 形容词性谓语句。

1.1“素来”能直接修饰光杆的形容词，肯定式否定式均可，其否定式与否定副词“不”共现。如“素来”直接修饰下列各句的性质形容词“大”、“胆小”、“机警”、“谨慎”、“刻板”、“老实忠厚”、“平易近人”。

例1：这迷汤好比酒，被灌者的量各各不同；豚翁的迷汤量素来不大，给他灌得酒醉的忘其所以。(《围城》)

例2：周时达素来胆小，怕事非，未必肯担当。(《蚀》)

例3：“阿贵姐，你素来机警，这回却上了那两只老豺狼的

当！”(《苦斗》)

例 4：郑克昌说，“不过表哥素来谨慎，他只给我看过几次。”(《红岩》)

例 5：而素来刻板的莫天良却露出少有的笑容。(《月色狰狞》)

例 6：她心里暗自惊奇，怎么这素来老实忠厚、平易近人的戆汉，今天就这般气势汹汹，出口伤人！她想回他两句，竟找不出适当的话来。(《三家巷》)

1.2“素来”也可修饰状态形容词或性质形容词的变式 AA 或 AABB，但不能修饰 ABAB。

例 7：她的脸素来就粉扑扑的。

例 8：空气素来就干干的。

例 9：a. 她素来干干净净的。

例 9：* b. 她素来干净干净的。

这是因为双音节性质形容词构成的 ABAB 式，表义上是反映某种状态发生某种变化等，与“素来”表示的稳定的习性义上不相吻合，很少能发生共现情况。

2. 动词性谓语句

2.1“素来”不能修饰光杆单音节动词，但能修饰光杆双音节动词或动词结构，如下例 10 的“耍赖”是双音节动词，例 11、12、13 的“游手好闲”、“缺水”与“是一个很有用心的人”都是动词性结构。

例 10：他这人素来耍赖。

例 11：嬉皮素来游手好闲，朝不保夕，他们却有能力来吃馆子，小费又给得特别多。(《巴西狂欢节》)

例 12：咱这儿素来缺水，不要说浇地，就连人吃的水也没保证。

例 13：星子深知栖素来是一个很有用心的人。(《桃花灿烂》)

2.2 就动词的语义类别言，“素来”能修饰除瞬间动词外的所有动词（不包括光杆单音节动词）。如：

例 14：三弟素来害怕人说他坐轿子，他是一个人道主义

者……(《家》)

例 15：这孩子的脾气儿，素来就愿意干这些事。(《烈火金刚》)

例 16：因为她素来知道这个小首长什么时间好发脾气。(《林海雪原》)

例 17：胶东的昆仑山一带，素来是个不安宁的地方。(《林海雪原》)

例 18：这几句话引起了马英的沉思，他素来知道王二虎说话虽然粗气，可是一针见血，便进一步问道：“你这话有什么根据?”(《平原枪声》)

例 19：孙明霞知道，江姐素来爱好整洁，即使在集中营里，也一贯不变。(《红岩》)

例 20：我对这小姑子，素来有相当的疼爱。(《豪门惊梦》)

例 21：本道自幼脱离凡尘，素来是正身修心，一心向善，讲道德，重礼义，敬神仙，爱生灵。(《林海雪原》)

2.3“素来”可修饰一般的动词重叠式“V（一）V”、“V一下”等，但只限于否定句。如：

例 22：家里的事，他素来也不看看。

3.“素来”可与“是……（的）”嵌套，构成“素来是……（的）”或“是素来……（的）”等结构，如：

例 23：曹志方的热心肯干，他是素来佩服的，但曹志方的莫名其妙的瞎上劲，也是他素来佩服的。(《蚀》)

例 24：我的母亲是素来很不以我的虐待猫为然的……(《鲁迅全集》第一卷)

例 25：人情是素来凉薄的，没有人会记得你把血汗钱拿出来又兴家又创业，只会以为你闲坐着享受全靠裙带尊荣。(《激情三百日》)

例 26：以杨先生的海式咒骂的毒辣，以杨太太的天津口音的雄壮，以二太太的苏州调的流利，他们素来是所向无敌的。(《骆驼祥子》)

没有与之嵌套，也多可转换为“素来是……的”或“是素来……的”等句式。如：

例27：a. 我自己的性格素来倔强，这一次把我磨练够了。

例27：b. 我自己的性格是素来倔强的，这一次把我磨练够了。

例27：c. 我自己的性格素来是倔强的，这一次把我磨练够了。（《沫若文集》第八卷）

（二）“素来”不与体标记“了”共现，但可以与“着”、“过”共现。

例28：a. 饭后，他素来在床上躺着。

b. 这孩子看到生人素来未曾是红过脸。

（三）“素来”与其他副词的共现，总的特征也是“素来”处于优先的位置。

1. 与否定副词的共现。“素来”句只能与否定副词“不”共现，其否定形式是“素来不X”（X指谓词性成分），表示对某种习惯性的性状或行为的否定。如：

例29：章秋柳摇头，但又接着说：“跟么？我素来不喜欢跟人的。”（《蚀》）

例30：然而她的思想素来不很敏捷……（《子夜》）

例31：他素来就同王唯一不和，这些乡亲们也都是知道的，他王柬芝是和王唯一走的两条路。（《苦菜花》）

例32：陈家的老的、小的，只是个一退六二五，说他们做买卖的人素来不结交官府，推得干干净净！（《三家巷》）

2. 与程度副词“很”和“极”、范围副词“都”、表肯定的副词“就”、频率副词“总”等同现：

例33：这个“理性人”素来说话极有分寸，也不是强不知以为知的那类妄人，他的话是值得研究的。（《蚀》）

例34：穷光蛋出身的他，由买办起家，素来就是一个空架子……（《子夜》）

例35：文坛本应是块“净土”，但素来总与名利藕断丝连。（《梁晓声作品自选集》）

例36：素来和媳妇总还和和睦睦的老通宝，在这件事情上可就吵了架。（《春蚕》）

像“从来”句等一样，表未然、已然、持续、异类重复等的副词（包括其他性质的词类）基本也不能进入“素来”句。

小　结

语义上，“素来”表示某种性状或行为一直保持不变，多与人物的习性有关，可表示为｛性状或行为，保持不变，习性，主观｝；其分布及功能方面的主要特征可总结为表 5-4①：

表 5-4

居句首	句类			谓语复杂		形容词		动词			动态助词		
	陈述句	疑问句	感叹句	动词	形容词	AABB（AA）	ABAB	关系属性	瞬间不重复	V一下、V（一）V	了	着	过
−	+	−	−	±	±	+	−	+	−	+	−	+	+

第五节　一　向

一、语法意义

（一）“一向”表示行为、性状一直如此，以“说话”这一参照“时间”为界，某一行为性状可能发生变化，也可能并不变化：

例 1：“你们都别这么刻薄了吧。”一向厚道的上海姑娘小晴说。（《哭泣的色彩》）

例 2：我一向听从我这位老朋友的话，只好应允合作。（《写在

① “±”表示“可以共现”和“不能或较少共现”两种情况，“素来”除不能修饰光杆单音节动词外，所有动词都能修饰；同时“素来”也极少用于疑问句、感叹句。

人生边上》)

例 3：一向爱掉泪的妈，这时却一滴泪也没有，静默地任我大放悲声。(《世界上最疼我的人去了》)

例 4：一向极少用警笛的代英，此时警笛警灯一并使用，让汽车在大街上各种机动车的缝隙里，甚至人行道上穿来穿去。(《十面埋伏》)

例 5：一向为我节俭的妈，有一次甚至让我到外汇商店给它买一个进口的猫食罐头尝尝。(《世界上最疼我的人去了》)

例 6：赵中和一向分管五中队，罗维民你只是临时代替，人家现在已经回来了，你自然而然地就得让开。(《十面埋伏》)

例 7：我怕她生气，就认真地对她说："你不是不知道，我一向不接受别人的介绍。"(《人啊，人》)

例 8：一向说一不二的省委书记居然受到了痛斥。(《将军镇》)

例 1 的“一向”表示叙事者说话时分之前“小晴厚道”，在叙事者说话之刻“小晴”已经不再“厚道”了，例 3、4、5、8 也表示行为性状发生了变化；例 2 的“一向”表示叙事者说话之前与之后，“我”一直“听从老朋友的话”这一行为未变，例6、7 也表示行为不变。

（二）“一向”反映的行为与性状是在一个不定的长时段的情况，如例 9 就反映了“中朝两国人民友好往来”的时间历时之长，例 10～17 也如此。

例 9：中朝两国人民一向友好往来。

例 10：在众所周知的领导干部里面，张卫革一向同地委分管政法、工商的副书记贺雄正过从甚密。(《十面埋伏》)

例 11：加上我一向羞于表示温情，几乎没有对她说过什么温馨的话。(《世界上最疼我的人去了》)

例 12：中国人一向喜欢在名实问题上做文章，翻花样，而且重名轻实。(《人啊，人》)

例 13：他在县城里一向春风得意，喜欢他以至很明白地追他的女孩子很多。(《将军镇》)

例 14：于伟一向能在我情绪低落的时候送来安慰，“总比你坐在城里的窗口画建筑物有激情吧”。(《原野上的羊》)

例 15：冬儿一向与艳春不太融洽。(《你是一条河》)

例 16：我这个人一向不大知道要脸。(《蚀》)

例 17：您一向是每一分每一秒都给自己安排得特充实的人。(《你不是一个俗人》)

(三) 由于“一向”所修饰的动词或形容词表示的性状是静态的长时的，因此“一向”句都具有恒常性、一贯性。当它的谓语动词表示行为反复发生或出现时，语义大致相当“每每、往往、总是”等，表示的是一种频率，如：

例 18：他一向两天洗一次澡。

例 19：小明一向一个月理两次发。

例 18、19 用“一向”分别表示的是“他洗澡”、“小明理发”两种情况的习惯的规律性。

(四)“一向”表时也比较复杂。时制上也既反映过去又着眼现在，表示的是“恒时”；相应的，它的体意义是反复或持续等。同时也像“从来”等一样，反映说话人的肯定、申述等语气，这只要把含有“一向”的句子与去掉它的变式比较就会看到，在此例子从略了。

二、“一向”句的句法特征

副词“一向”主要用于肯定式，少用于否定式。我们收集到的 115 例“一向”句中，肯定句有 96 例，约占总数的 83% 强；否定句 19 例，约占总数的 17%。陈述句里表肯定的居多，另外它也偶尔可以用在疑问句、感叹句里。如：

例 1：“你一向都如此多疑？”(《香雪海》)

例 2：那不是他们心爱的、一向沉静而庄重的晓燕吗？(《青春之歌》)

(一)“一向”句谓语的特征

1. 形容词性谓语句

1.1 “一向”句一般不单独修饰单音节性质形容词，前面要有个表强调、程度、范围等义的附加成分。如果把例 3a 里的“就”去掉，对应的 b 式可受性就不强了。如：

例 3：a. 二强子的脾气一向就暴。

b. 二强子的脾气一向暴。

例 4：贺雄正同古城监狱的政委施占峰、监狱长程敏远关系都不错，跟辜幸文的关系也一向很好。(《十面埋伏》)

例 5：这个人小资情调一向很浓。(《人啊，人》)

例 6：我这个人很难适应新的环境，一向很难。(《空中小姐》)

例 7：我对他一向极好。(《烈火金钢》)

1.2 状态形容词及双音节的性质形容词及其重叠式 AABB，都可以充当“一向”句的谓语（表动态的 ABAB 式不能）。如：

例 8：她的肤色一向白白的。

例 9：小明一向稀里糊涂的。

例 10：我对军官一向严厉，他们都怕我，当然也是因为我指挥打仗确实厉害。(《你不是一个俗人》)

例 11：首长就是这样火爆的性格，工作作风一向泼辣，这在全国都是很有名的。(《将军镇》)

例 12：“我知道林小姐办事一向认真，造纸厂又是很容易污染的企业，她是很不放心的，我不能让林小姐担心呀！”(《梦中的河》)

例 13：他一向镇定，就是十年前首次上课堂讲书的时节，他的手也没有发颤。(语文总)

例 14：“大姐的话一向中听。”(《紫薇愿》)

例 15：女性的第六感一向可靠，就在这一刹那，祖斐对他又增一分好感。(《异乡人》)

例 16：（他）为人一向拘谨、腼腆，由于身上多余的脂肪太多，特别是胸部和腹部，颤颤巍巍颇似女人，于是他心理障碍重重，至今没有娶到女人。(《无处告别》)

例 17：他做官一向清清正正。

例 18：她认为中国人做事情，一向拖拖拉拉，体现在外交方

面，也果断不到哪儿去。(《梁晓声作品自选集》)

“白白的”、“稀里糊涂的”是状态形容词，“严厉”、“泼辣”、“认真”、“镇定”、“中听”、“可靠”、“拘谨”、“腼腆”是双音节的性质形容词，“清清正正”、“拖拖拉拉”是性质形容词“清正”、“拖拉”的重叠式。其他复杂的多音节形容词结构都可以充当“一向”句的谓语，如例19“干燥得很”就是由补充结构充当谓语的。

例19：地窖里一向干燥得很，水究竟是从哪里来的？（语文总）

1.3“一向”常与强调格式“是…… （的）”或“(是)……的”嵌套在一起，强调过去总是如此，没有改变。如：

例20：你要知道：孙舞阳的报告一向是极正确的。(《蚀》)

例21：丹丹一向是这么说话的，略带嘲讽，仿佛说别人的事情。(《绝对隐私》)

例22：“我一向都是严肃认真地对待一切政治斗争的。”(《人啊，人》)

例23：过大夫对这老妹妹的主张，一向是言听计从的。(《那五》)

例24：大太太与二太太一向是不和的，可是在家政上，二位的政见倒一致。(《骆驼祥子》)

例25：我这人一向是实事求是的。(《你不是一个俗人》)

例26：但他有一种不知从哪里来的意见，以为革命党便是造反，造反便是与他为难，所以一向是“深恶痛绝之”的。(《阿Q正传》)

例27：我怕老爷念经吃素，不喜欢我们伺候他，听说老爷一向是讨厌女人家的。(《雷雨》)

例28：我当然知道你服务态度一向是很好的，待客如亲人。(《顽主》)

例29：马越一向是自信达观的，即便在那样的场合，他依然表现出无所顾忌的乐天派性格……(《流浪的蒲公英》，载《萌芽》2005年第1期)

2. 动词性谓语句

2.1"一向"句里，行为或动作动词直接作谓语受音节限制，至少是双音节的动词或动词性结构才行。

例30：早晨他一向洗澡。

例31：走路，他一向低着头。

例32：她方才想起父亲屡次叮嘱过要她看机会打听的那件事，却一向忘得干干净净了。(《子夜》)

这三例的"洗澡"是动词，"低着头"是三音节的动宾结构，"忘得干干净净"是个六音节的动补结构。

2.2"一向"不能与瞬间的不可重复的非自主动词谓语配合，如"牺牲、死、出生、逝世、失明、崩溃、诞生、去世、病逝"等。

2.3"一向"句即使有动作性较强的动词，但由于它的附加成分的作用，特别是由于"一向"的语义浸染，它的动作性会减弱乃至消失，转化为静态性的一种行为。这是"一向"与它同类的副词句的一个共性。

例33：泰森一向咬人。

例34：小明一向打小同学。

"咬"动作性强，但在例33里，由于"一向"的语法意义影响，表达了一种习惯性的行为或事件，而并不指一个具体的动作。反映在句法上"一向"动词句一般也不与动态助词或其他时间副词类共现，具体分析看下面的（三）和（四）。

3."一向"可以直接放在代词"如此"、"这样"等前面，构成"一向这样/一向如此"类似于凝固的结构。如：

例35：他一向如此，当导师当惯了。(《梁晓声作品自选集》)

例36：（英嘉成）淡淡然以平日的语音说："当然，我们一向如此。"(《激情三百日》)

例37：母亲一向如此，家里来个生人就当客人，客人肯留下吃饭就高兴无比。(《梁晓声作品自选集》)

例38：母亲一向这样，很爱护女儿。

例39："看样子她成绩会比你好。""一向如此。"(《流金岁月》)

（二）“一向”较少与时间名词共现。如果与明确的时点词共现时，一般都表示动作行为规律性发生或出现。同时，它也很少与时段词共现。如果与时段词共现，也是表示习性或规律性，即表示在某一时段里动作行为的量或发生的频度。① 如：

例 40：这个小姑娘一向七点起床。

例 41：他一向两天洗一次澡。

例 42：小明一向一个月理两次发。

例 40 时间点“七点”本来是与“一向”的语义相冲突的。但这个时间点“起床”是可以不断循环出现的，且具有恒常性规律性。例 41、42 两例也是如此。

（三）与体标记的共现情况

1. 谓语核心成分动词（或形容词）如果包含了动态助词“了”，“一向”是不能与之共现的。“一向”一般也不与“过”或“着”② 共现，有时能共现是有条件的。

例 43：* a. 泰森一向咬着人。

例 43：* b. 泰森一向咬了人。

例 43：* c. 泰森一向咬过人。

三个句子都不成立，这是因为“了”具有动态性，表示完成或实现，与“一向”的恒常性相排斥，句子 b 故不成立。a 加了“着”是表示“咬”的持续不断，显然是与例 33 表达的“泰森咬人”习惯不一样。这似乎与例 44 的事实不一致：

例 44：走路，他一向低着$_2$头。

仔细观察就会发现，这个句子是谓语核心“走路”移位形成的，它是个连动句，“低着头”表方式，“着”是表状态的而不是表持续。也就是说，“一向”能与表状态义的“着$_2$”共现，但不能与表持续义的“着$_1$”共现。再举两例与表状态义的“着$_2$”共

① 周小兵：《对外汉语教学中的副词研究》，中国社会科学出版社 2002 年版。

② 这是指在“着”的持续义上面而言的，而不是状态义。状态义可以，如“他睡觉一向打着呼噜”。

现的例句：

例45：冬儿一向过着$_2$朴素的生活，从没有奢侈过。（语文总）

例46：最使我吃惊的，后边几排一向空着$_2$的板凳上坐着好些镇上的人，他们也跟我们一样肃静。（语文总）

而“一向”与“过”共现常常出现在否定句里。如：

例47：他一向没遇到过象曹先生这样的人，所以他把这个人看成圣贤。（《骆驼祥子》）

例48：他一向不曾为自己考虑过什么。

2. 准时态助词“下去”、“起来”等也不能与“一向”共现，如：

例49：* 东北虎少了，华南虎也是一向在减少下去。（语文总）

（四）与其他副词的共现情况

1. 与时间副词的共现。如果句子谓语核心成分动词（或形容词）包含了其他的时间副词如“正、在”等，是不能与“一向”共现的。不过，时间词“从前”、“以前”、“以后”偶尔可与“一向”共现，“一向”居前。如例53。

2. 与否定副词“不”、“没（有）”、“无”共现时，“一向”都位于否定词之前。例如：

例50：因为一向不爱听人家发牢骚，料想人家也未必爱听自己的牢骚。（《围城》）

例51：两人忙问她身体好了没有，又说一向没敢来拜访，赏饭免了罢。（《围城》）

例52：西湖大姐一向没有正当职业，女儿还在读书。（《将军镇》）

例53：奇怪，从前一向无睡午觉的习惯，是岛上醉人花香使她巴不得去寻个好梦。（《红尘》）

3.“一向”句常常与程度副词“太、很、最、相当、特别”、范围副词“都”、表肯定的副词“就”等共现，表示说话人对某性状或行为的肯定，强调它们在时间上的周遍性，语气较强烈，带有说话人的主观意向。如：

例54：我一向太自私，没顾到耽误了你的事业。（《猫》）

例 55：这也是芳契一向最顾忌的一点，人人都说，差五岁，算什么呢，不是一回事嘛！(《紫薇愿》)

例 56：芳契举起手，“我知道这次得费一番唇舌，永实，你的胸襟一向相当广阔，你一定要接受，我的确就是吕芳契。”(《紫薇愿》)

例 57：对于这一类问题，我一向特别敏感，容不得别人当我面说一句假话。(《烈火金钢》)

例 58：星期六晚上，我一向都不早睡觉。

例 59：我们公司的财务一向都很混乱，业务活动费的报销从来都是很宽松的，有时候为了一个项目要请客户吃饭、给客户送礼，小到几百、大到几千，就凭一张发票。(《绝对隐私》)

例 60：其实憨包六子读书成绩一向都在上等，只是大家都只认定了他的憨，没有留意就是。(《将军镇》)

例 61：徐太太对于他的家事一向就很熟悉，认为绝对可靠。(《倾城之恋》)

例 62：张老师对学生一向很热情。

例 63：迈克一向都很用功，但考试成绩却不太好。

“一向”分布上是优先于范围、程度等副词的，但是不能先于关联副词。

小　结

语义上，“一向”表示行为或性状的一贯性或先前性，可简单表示为｛一贯性或先前性，主观｝。“一向”的分布情况大致可总结为表 5-5：

表 5-5

居句首	句类			谓语复杂		形容词		动词		动态助词		
	陈述句	疑问句	感叹句	动词	形容词	AABB	ABAB	关系属性	瞬间不重复 V一下、V(一)V	了	着	过
-	+	-	-	±	±	+	-	+	-	-	+	+

第六节 一 直

一、语法意义

（一）副词“一直”时概念强，反映某一过程中的性状或行为的持续不断性。如：

例1：后来啊，女儿就一直盯着我。（《黑骏马》）

例2：办公室在系里的计算机房隔壁，“吱吱”的打印机声一直不断。（《哭泣的色彩》）

例3：唐非说，你们，您和我妈一直瞒着我这件事，可是我有权利知道，我现在这个样子更有权利知道，到底谁应该对我负责任？（《大浴女》）

例4：我们一直就那么玩着，她偶尔似是而非地说句什么，或怪怪地哼吟一声。（《私人生活》）

例5：林涵，我一直都在等你，我听见自己对他说。（《蓝色星》）

例6：她不识字，他却一直读书。（《人啊，人》）

例7：小织一直躺在玉德爷爷的怀里。（《秋天的愤怒》）

例8：几年来，我一直对真正的专业学习向往不已。（《黑骏马》）

例9：在整个晚饭过程中他一直别别扭扭不能尽兴。（《让梦穿越你的心》）

（二）“一直”表示的行为、动作或状态可以是长时的，也可以是短时的。如例10、11、12、13里的“一直”分别关涉长时的“多少年”、“千百年”、“几十年”、“很多年”；例14、15、16、17里的“一直”关涉短时的“刚才”。

例10：多少年来，她一直想这样喊，可从来没喊过。（《哭泣的色彩》）

例11：千百年来，人们一直怀恨他们，憎恶他们，咒骂他们。

（语文总）

例12：几十年来，他就一直受着这折磨。（《将军镇》）

例13：很多年来，我一直在老师的阴影下生活。（《白银时代》）

例14：“你刚才一直在车里画我和羊？”（《原野上的羊》）

例15：“刚才老许说我一直是一个理想主义者，这话可不确。”（《人啊，人》）

例16：刚才，他一直站在人群的外边，事情的经过看得清清楚楚。（《新媳妇》）

例17：说完他便松了口气，闭上了眼睛，把刚才一直强撑着的精神软了下去。（《定数》）

（三）“一直”强调的“持续不间断”是着眼行为或性状的“整体过程”，如：

例18：整整写了一天稿子，头脑一直昏昏沉沉的。（《人生》）

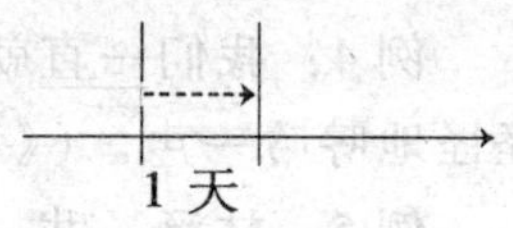

例19：我一直爱着她。

例20：爸爸在旁边一直沉默。（《蓝色星》）

例21：父亲当然早已察觉这一点，但一直容忍着它，等待时机。（《私人生活》）

例22：段莉娜的手一直猫在康伟业的手掌心里，两人都有很踏实的感觉。（《来来往往》）

例23：就这样，她们默默无言的相抱着，一直坐了很久。（语文总）

例24：王一生倒很入戏，脸上时阴时晴，嘴一直张着，全没有在棋盘前的镇定。（《棋王》）

例25：她说过一两天就来看我，可是一直没来。（《黄金时代》）

例26：门一直敞开着，却再没有第二个人出来。（《将军镇》）

如果从行为或性状的内部看，“一直”也可以表示间断性的持续。如：

例 27：李芒一直吸烟，三天来的大半时间他就这样坐在灶间的一个草墩上。(《秋天的愤怒》)

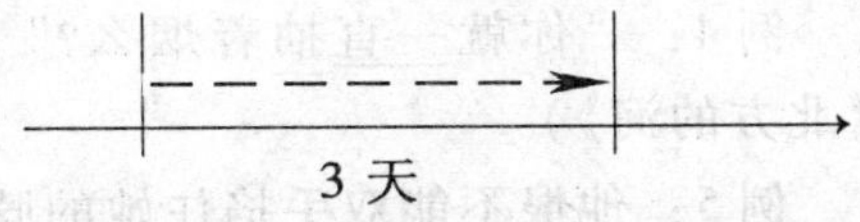

“吸烟”这一具体的动作不可能持续三天不间断，这里所指的是“吸烟”这种行为在“三天”中持续地反复地出现。如果中间停过一天、两天，就不能说“一直”。又如：

例 28：他是独生子，三十一岁，相貌也不错，然而却一直没有找到合适的女人。(《私人生活》)

例 29：我们连忙上车，于伟发动着了车，孩子一直哭个不休，我忙得满头大汗，不知所措，也跟着哭了起来。(《原野上的羊》)

例 30：每到星期天，从中午一点到七点他一直都有客人来。(语文总)

例 31：父母、老师和电视电影一直喋喋不休地告诉你说这是丑的那是美的，这是甜的那是苦的……(《让梦穿越你的心》)

例 32：“这些天我一直在写，写了好几个开头，可是写得乱七八糟。”他自语般地说道……(《北方的河》)

例 33：哈巴癞痢也一直安然地笑着，带着一种憨憨的新奇看着众人。(《将军镇》)

例 34：觉民虽然和觉慧同住在一个房间里面，但是这几天他一直忙着自己的事情。(《家》)

二、“一直”句的句法特征

“一直”是个很常用的时间副词，在句中作状语。多用于肯定句；较少用于否定句。我们调查的语料中，有“一直”句 501 例，其中肯定句 476 例，约占总数的 95%，否定句仅 25 例，约占总数的 5%。“一直”主要用于陈述句，它也可以用在疑问句和感叹句里。

例 1：他一直在工作吗？

例2：林，告诉我，在本性里，我是不是一直就是个坏女人？(《哭泣的色彩》)

例3：“那你为什么要说，她是一直爱我的？”(《空中小姐》)

例4：“你就一直抽着烟么？”她问，“那烟，真能解困吗？”(《北方的河》)

例5：他恨不能双手掐住她的脖子，掐！掐！掐！一直到她翻了白眼！(《骆驼祥子》)

例6：“怎么，你忘啦？索米娅姐姐的大女儿嘛！已经上二年级啦！一直是我的学生！”(《黑骏马》)

例7：她现在才清楚，她实际上一直是爱他的！他也是她真正爱的人！(《人生》)

(一)“一直”句谓语的特征

1. 形容词性谓语句

1.1 “一直”一般不单独修饰单音节性质形容词，只有在它的前后增加某些成分，指明特定的状态或结果才行；双音节的不受限制。例如：

例8：他到县里后一直很忙，还没见巧珍的面。(《人生》)

例9：张帆的脸色一直很阴，几乎不说话。(《哭泣的色彩》)

例10：棉被使尹小跳的睡眠一直挺好，她的不愉快大都是半夜醒来袭上心头的。(《大浴女》)

例11：无论从心理距离还是从地理距离，北京离她都是那么近，一直那么近。(《大浴女》)

例12：妻子在丈夫的鼓励下拿起了剪子，剪的时候手一直有点抖。(《奇怪的包裹》，载《武汉晚报》2005年1月29日)

例13：她的生活态度一直严肃。

例14：沃克告辞后，我的情绪一直忧郁。(《梁晓声作品自选集》)

例15：a. 这几年来她手头一直紧。

例15：? b. 路一直宽。

例8～12的单音节性质形容词“忙”、“阴”、“好”、“近”、抖”前面分别有程度副词“很”、“挺”、指示代词“那么”和表量少的"有点"修饰，例 13、14 的"严肃"、"忧郁"是双音节性质形容词。例 15 里的"紧"和"宽"接受"一直"限定，例 15a 可说，但例 15b 句的可接受性差些。

1.2 "一直"可以直接修饰状态形容词及短语，表示状态的长久持续。如：

例 16：刚才在状元楼的酒席上，朱凤一句话也没说，眼皮盖一直红红的……（《金大班的最后一夜》）

例 17：整整写了一天稿子，头脑一直昏昏沉沉的。（《人生》）

例 18：在车上的五个小时，她一直昏昏沉沉。（《哭泣的色彩》）

例 19：监测仪一直安安静静，自从监测仪来到这最北端的小屋以后，它一直是安安静静的。（《夏季台风》）

例 20：乃文的举动充分显示出如果伦平再一直拖拖拉拉，他会亲自越过桌上，再亲手掐死这个说话温吞吞的喉咙。（《红苹果之恋》）

例 21：本以为偷三回车不得判几年，没想到人家没动他一指头，好吃好喝一直跟他和和气气的。（《挠攘》）

例 22：我想灵虹的裙子一直漂漂亮亮的，怎么突然一下子就这样脏了呢？（《井中男孩》）

例 23："这辈子一直就这么窝窝囊囊，原来也出息过也骑过人。"（《玩的就是心跳》）

1.3 "一直"可以与强调结构"是……（的）"或"（是）……的"互相嵌套，表示状态的长久持续，始终不发生改变，反映说话人一定的主观态度。如：

例 24：路一直是宽整的，只有探出身子的时候，才知道自己站在深不可测的山沟边……（语文总）

例 25：她上楼一直是这样的。（《人啊，人》）

例 26：眼下，这样的问题一直就是公众最关心的。（《人生》）

例 27：领导说我刚从部队下来，又一直是做政治工作的，就让我担任了这个职务。（《人生》）

例 28：……我一直是要谢你的，这里还专门为你准备了五千

块钱。(《定数》)

例 29：张欣再三说：“她是一直爱着你的。”(《空中小姐》)

例 30：“芳契，你一直都是寂寞的，我早看出来。”(《紫薇愿》)

例 31：从昨天上午战斗结束以后，他一直是快乐的。(《红日》)

例 32：我对于您的医学思想与医学著作一直是认真拜读的，我想就此作一些更深入的论述，更想就今后与您的合作筹计一下……(《名医梁有志传奇》)

2. 动词性谓语句

2.1“一直”句的谓语多是双音节动词或动词性结构，一般不能是单音节的。

例 33：? a. 他一直笑

例 33：b. 他一直在笑

例 33：c. 他一直在笑自己

显然，例 33a 可接受性差些，例 33b、例 33c 和“一直”共现的是动词性短语，所以，例 33b、例 33c 能成立。

如果和“一直”共现的是单音节动词，所在句有足够的铺垫性句子，句子也可以成立。如：

例 34：起先龙二一直输，他看上去还满不在乎，倒是他带来的两个人沉不住气，一个骂骂咧咧，一个唉声叹气。(《活着》)

例 35：沈先生一直赢，可脸上一点赢的意思都没有，沈先生皱着眉头，像是输了很多似的。(《活着》)

例 36：这样过一生岂不美妙，阴差阳错地一直等，好像已经发生了，最终却什么都没有发生过，到头来，疑惑地问自己：到底有没有发生？(《紫薇愿》)

例 37：芳契怀着万分矛盾的心情回到家中。电话一直响。是华光的同事找：“吕小姐，刚才你有没有到本世纪末医院探过高敏。”(《紫薇愿》)

2.2 瞬间的非自主的不可重复的动词如“出生、逝世、失明、崩溃、诞生、去世、病逝”等一般不与“一直”搭配使用，其他的动词或动词性结构都能。

2.3 “一直”动词句，基本上呈现出静态特性，如例38～45。例46的“闹肚子”虽然是一个行为，由于“一直都”的作用，也没有动态性了。

例38：“我一直就是这样，并没有这会儿和那会儿的区别。”（《过把瘾就死》）

例39：不过，这件事情后来却对我很有用处，它一直保留在我的记忆里。（语文总）

例40：后来就干脆咬紧牙齿骨，一直到死都不开口。（《将军镇》）

例41：我好奇心强，就一直盯着他背影看，希望他能转过头来。（《将军镇》）

例42：耳里的异物使这名女子心神不定，她却一直假装着不动声色。（《大浴女》）

例43：在过了许多许多年之后，我才知道她一直就等待着我长大。（《私人生活》）

例44：我总觉得，要是没有那种吃奶的孩子，我就没法活下去……我一直打算着抱养一个。（《黑骏马》）

例45：我妈妈留给我的那副无字棋，我一直性命一样存着。（《棋王》）

例46：小孙呢，他这几天一直都闹肚子，是不是呀？（《第九个售货亭》）

3. “一直”可以直接放在代词“如此”、“这样”、“那样”等前面，构成“一直这样/一直如此/一直那样”类似于凝固的结构。

例47：多少年来，妈妈一直这样，不管爸爸工作到多晚，她都把夜宵准备好，静静地在客厅里织毛衣或看闲书，等待着和爸爸一同入睡。（《父亲的“外遇”》，载《读者》2005年第18期）

例48：他一直那样！

例49：难为她还一直向自己解释：“小时候便一直如此，发育时期怕羞，恐怕别人看到胸脯，才弯着腰走路。”（《紫薇愿》）

例50：自从小儿子方力出生，证明是先天的低能儿之后，方

亨的心情一直不怎么样。(《金融大风暴》)

(二)“一直”句里的体标记

1. “一直”动词谓语(包括形容词谓语)可与动态助词“着、了、过”共现。

例 51：加木措一直紧紧地围绕着我，生怕我出什么意外。(《让梦穿越你的心》)

例 52：荒荒一直在原地呆站着。(《秋天的愤怒》)

例 53：他摸出烟，但手一直厉害地抖着，怎么也不能把烟点着。(《将军镇》)

例 54：他却不说，一直卖着关子，只说些没要紧的话，到了队里以后才说，晚上你来听会吧，会上我会宣布的。(《黄金时代》)

例 55：一直到了四月半，她才有了个伴。(《骆驼祥子》)

例 56：原来她一直哭了这许久！(《家》)

例 57：一直到了正午，他还觉不出饿来。(《骆驼祥子》)

例 58：我一直等飞机消失了踪影才离开，脑袋空空地回了家，便一头栽到了床上。(《蓝色星》)

例 59：别人花钱租行头、赁场子也没有让他过瘾的道理，所以一直没上过台。(《那五》)

例 60：从那以后，我们就一直没见过面。

例 61：在以后的那些年里，她一直没有放弃过对汰渍牌洗衣粉的使用……(《大浴女》)

2. “一直”也可以跟准时态助词“下去”、“下来”等共现。如：

例 62：东北虎少了，华南虎也是一直在减少下去。(语文总)

例 63：吴荪甫慢慢地说，一点游移的神气也没有，仍旧那么尖利地看着刘玉英，可是他又不一直说下去，好像在考虑……(《子夜》)

例 64：楼下的无线电里有个男子侃侃发言，一直说下去，没有完。(《红玫瑰与白玫瑰》)

例 65：他说：“这个女孩想笑的时候可以笑得不管不顾，想说

话的时候会一直说下去……”我马上问是不是个“小姐”，他否认。(《绝对隐私》)

例66：用于祈使的“不用”，从唐代一直运用了下来。(《语法研究和探索》十二)

例67：语气范畴是汉语中比较有系统的表态手段，从古代汉语到现代汉语，语气手段一直延续下来。(《语法研究和探索》十二)

(三)“一直”既可与时点名词又可与时段名词共现，但排斥短时段时间名词。

例68：？他一直等了她三秒。

例69：*我一直等了他一会儿。

“三秒”是极短的时间词，“一会儿”也是表示绝对短的时间小量，它们是与“一直”的长时性不符的，不能出现在“一直”修饰的动词后。

(四)“一直”与其他副词共现

1. 与时间副词共现

1.1“在、正”、“曾”等可以进入“一直”副词句时，处于“一直”之后。

例70：虽然因为一件莫名其妙的小事去领结婚证的来回路上他们一直在吵，以至于苒青气得那天中午饭都没吃……(《哭泣的色彩》)

例71：我觉得你来做《洗衣歌》的领舞肯定合适，我一直在注意你。(《大浴女》)

例72：我脑袋里面有个地方一直在隐隐作痛。(《白银时代》)

例73：毕业后，他们一直未曾相见。

而时间词“从前”、“以前”、“以后”与“一直”共现时，“一直”居前居后都可以。如：

例74：艾许太太笑道：“你也好呀！一直从前我就说：‘你母亲有你真是值得骄傲的！’”(《红玫瑰与白玫瑰》)

例75：……从前我一直为您抬轿，也算是您的“驯服工具”吧？(《名医梁有志传奇》)

例76：从内心上说，亚萍以前一直就是他理想中的爱人。(《人生》)

例77：“我……”她根本不敢看那张可怕的脸孔，他凶的时候真的好可怕，为什么她以前一直都没注意到呢？(《红苹果之恋》)

例78：他记起在他小时候老人们受的苦，又想起他以后一直没有在他们身边，也不由得失声痛哭起来。(《人生》)

1.2“一直”与表示持续义的时间副词“还”共现时，处于它的前后都可以。

例79：时间虽然过去很久了，可那幅画还一直挂在那边的墙上。

例80：我哄了哄，哄不过来，在梦里还一直纳闷。(《空中小姐》)

例81：而母亲一直还把我当成孩子，看不到我的长大。(《私人生活》)

例82：同时，我们一直还坚持开展日讲评、周总评的活动……（语文总）

这是因为“一直”可以只表示某个时间段里的动作行为或状态的持续不变，与持续义的“还”共现时语义相容。

1.3“一直”与范围副词“都”、“只”共现时，处于它的前后都可以。如：

例83：马青挤上前来，脸贴着纱网眉开眼笑地说：“一直都特仰慕您，又怕您忙，不好意思打扰，今儿是实在忍不住了，特来登门拜望。”(《你不是一个俗人》)

例84：他起先也是慕西湖大姐的名，寻上了，才晓得竟是桑叶，喜出望外，只一直瞒着殷道严。(《将军镇》)

例85：其实他数的，是其他那些人抛的石头的数量，他一直只是个观察员。(《将军镇》)

1.4“一直”与程度副词“很”、“挺”、“非常”共现时，处于它的前面。

例86：“我一直很器重你，你别让我失望。”(《你不是一个俗人》)

例87：“倪拗拗，其实我一直很关心你，对你很好，你为什么总是和我别扭呢?”(《私人生活》)

例88：“伯母，我这人，一直挺怕医生的。”(《梦中的河》)

例89：我们朱护士长对我一直挺不错。(《梧桐梧桐》)

例90：赶集那天以后，他一直非常后悔他对巧珍做出的冲动行为。(《人生》)

例91：她父亲一直非常非常内疚，觉得对不住花花，对不住孩子们，也对不住他北影的朋友和我。(《梁晓声作品自选集》)

1.5 “一直”与“也”共现位置相对自由，可以出现在它的前后。如：

例92：他很小就死了爹娘，是我爷爷带回家来的，以后也一直没娶女人。(《活着》)

例93：那天之后她没再找过我，我也一直没找她。(《绝对隐私》)

例94：我自己一直也是非常喜欢你的，但我现在才深切感到，从感情上来说，我实际上更爱巧珍，尽管她连一个字也不识。(《人生》)

当然，两例中的“也”意义不一样，例91、92的“也”表类同，而例93的“也”表语气。

2. “一直”可以与“居然、竟然、偏偏、果然、幸亏、刚巧”等表示意外、侥幸、契合的语气副词共现①，处于它们的后面。

例95：我的感觉没错，他果然一直对我很好。

例96：于是这个老奸巨猾的骗子，1000年来居然一直被传说为“神仙”。

3. 因为“一直”可以用于过去、现在和将来，因此可以和所有否定副词共现，且位置灵活，可根据表达的需要，位于否定副词前或后。如：

例97：可我从小就有个理想，一直没实现。(《你不是一个

① 周小兵：《对外汉语教学中的副词研究》，中国社会科学出版社2004年版，第75页。

俗人》)

例 98：副镇长是本镇人，从读书到工作，一直没有离开镇子。(《将军镇》)

例 99：别一直站着呀，快坐！

例 100：“你别一直问她，你叫她从何答起。”(《红苹果之恋》)

例 101：几天来少剑波的内心在对这种情况发怒，行动一直未决。(《林海雪原》)

例 102：有一天李芒从县城回来，脸色就沉下来，一直不愿说话。(《秋天的愤怒》)

例 103：这几天，他打牌的手气一直不好。(《将军镇》)

例 104：她真希望他的注意力不要一直放在她身上，弄得她好尴尬，她又不是愿意自己掉下床的，那么生气做什么！(《红苹果之恋》)

至于其他表未然、已然、持续、异类重复等的副词基本也能进入“一直”句的，这与“从来”句是不一致的。

(五)“一直”句法位置一般位于谓语部分里，不能移到句首作状语（双问号表示可受性很差)。

例 105：她一直化妆。

??一直她化妆。

但“一直”能与语气词“吧、啊”等组合，放在句首：

例 106：一直啊，我这心里就不踏实，总觉得要出事。（转引自方梅《汉语功能语法研究》)

这其实是通过“啊”将它“话题化”了，它是言谈的起点也是说话人强调的部分，在篇章里是它与“我”一起构成了“主位”。

小 结

“一直”反映行为活动与性状存在的整体过程在某时段持续不断，表述为{行为性状，整个过程，持续不断，主观}。其分布情况可总结为表 5-6：

表 5-6

居句首	句类			谓语大多含两个音节		形容词		动词			动态助词		
	陈述句	疑问句	感叹句	动词	形容词	AABB	ABAB	关系属性	瞬间非自主不可重复	V一下、V（一）V	了	着	过
–	+	+	–	+	+	+	–	+	–	–	+	+	+

第七节 始　终

一、语法意义

（一）副词“始终”反映某行为或性状在某一整体过程的持续不变，如例 1～4，有时侧重在开始与结束，如例 5～9。

例 1：她（千姿）的目光始终追逐着男孩的身影。（《岁月无敌》）

例 2：于伟看着那个始终沉默着的眼泪汪汪的小女孩……（《原野上的羊》）

例 3：在行为上，我始终是你的忠实的妻子。（《人啊，人》）

例 4：从那一次和以后多次的交谈中，鲁迅先生给我的印象始终是：平易近人。（语文总）

例 5：阿婆静静地躺在病床上，中风三天了，始终昏迷着。（语文总）

例 6：整整一天我在等郑君的电话，但是他始终都没打来。（《绝对隐私》）

例 7：他从头到尾，始终避免称她为“老太太”。（《东尼》）

例 8：有一件事，我始终搞不明白，到底是什么使这些人端坐在这里写这些无趣的东西，并且不停地呷着白开水。(《未来世界》)

例 9：又一星期多了，天健始终没来过。(《纪念》)

（二）“始终”句从整体上呈现出的是“静态”特性，反映行为动作或性状的整体过程的特征，如：

例 10：她的目光始终盯在王京健的脸上。(《梧桐梧桐》)

例 11：a. 小姚阿姨的手始终掐着我的脖子。(《未来世界》)

例 11：b. 小姚阿姨的手掐着我的脖子。

例 12：a. ……她却发现，他（阁子）修长的影子始终跟随着她，她竟然无法摆脱。(《流浪的蒲公英》，载《萌芽》2005 年第 1 期）

例 12：b. ……她却发现，他（阁子）修长的影子跟随着她，她竟然无法摆脱。

例 10 并不突出“盯”这个动作，而是通过“始终”的“从始到终”语义作用强调了这一行为的整个过程的特点“不间断”，是个静态事件句。例 11b 是个不完全的动态句，但若加上“始终”后它就具有一个完整的过程，不再体现“掐”这一动作本身的体意义，整个句子呈现出静态性，反映“掐着”的整个过程。可见，“体”是受时制的制约的；例 12 的分析同例 11。

（三）“始终”表时和同类的“从来”等比较，是比较简单的。时制上表示“现在”，时体上是持续或反复，但在“情态”上相对淡薄。

二、“始终”句的句法特征

副词“始终”在句中作状语，表示从开始到结束一直如此。《现代汉语八百词》认为“始终”常用于否定式。我们在调查语料时发现，“始终”用于肯定句的比例也相当大，约占 48.3%（我们收集到 145 例“始终”句，有肯定句 70 例；否定句 75 例，否定句的比例约占 51.7%）。因此我们只能说“始终”用于否定句略多于肯定句。在句类分布上“始终”主要出现在陈述句，感叹句和疑问句较少。

（一）“始终”句谓语的特征

1. 形容词性谓语句

1.1“始终”不单独修饰单音节性质形容词，只有在它的前面增加某些成分，指明特定的程度或结果才行。双音节性质形容词虽不受此限，但可受性有点差。如：

例1：这件毛衣洗了好几水，颜色始终很红。

例2：打牌，他始终很积极。

例2：？打牌，他始终积极。

1.2“始终”从其意义来说，它是强调某种性状“量”大的，因此句中倾向加些反映“程度”的附加成分，反映说话人在叙述客观情况时的一种主观看法，如：

例3：生病期间，他始终很乐观。

例4：老董对艾许的献媚始终很厌恶。（《将军镇》）

例5：但是我始终很明白，他心里是怎么想的。

例6：所以第五局最后比分咬得很紧时，我没有手软，关键时刻，虽然也不是百发百中，但我始终很自信，最后还是顶住了。（语文总）

例7：媳妇始终很高兴，她觉得和这命运相关、情感接连的人在一块，是很幸福的，她的要求并不多。（《风云初记》）

例8：她俩始终很理智很平静，各自做着些具体要做的事。（《桃花灿烂》）

例9：这真能道出猫的神情，它始终这么神秘，这么阴谋着……（《猫狗》）

例10：在飞机上我得了晕动症，吐个没完，她们给我盖上毛毯，始终那么殷勤，都使我不好意思起来。（《空中小姐》）

这八例的“乐观”、“厌恶”、“明白”、“自信”、“高兴”、“理智”、“平静”与“神秘”、“殷勤”前面分别有程度副词“很”与指示代词“这么”、“那么”修饰，增加了这些形容词的性质“量”。

1.3“始终”能修饰状态形容词及短语，表示某一状态的持续。例如：

例 11：她的房间始终干干净净、整整齐齐。

例 12：课堂上，孩子们始终规规矩矩。

2. 动词性谓语句

2.1 进入“始终”句的谓语动词必须至少是双音节的动词性结构，一般说来双音节动词也难以直接充当谓语，必须有附加成分。

例 13：晚会上，他始终笑着，没有说过一句话。

例 14：岂不知辣辣的三女儿冬儿是个极有心窍的女孩子，她始终暗中注视着母亲的行动。(《你是一条河》)

例 15：不管天气怎样炎热，从不解开风纪扣；尽管跛了一条腿，但脚步始终保持着均匀的节奏。(《将军镇》)

例 16：与同性朋友的情感是一种极端危险的力量，黛二小姐始终这样认为。(《无处告别》)

例 17：他始终保持着沉默。(《绝对隐私》)

例 18：可是吴春，却始终抱着膀子充满敌意地看着我。(《人啊，人》)

例19：大科学家爱因斯坦一生对读书始终兴趣十足，其中重要的原因就是他总是带着疑问读书。(语文总)

例 20：她对被称作破鞋一事，始终耿耿于怀。(《黄金时代》)

例 21：尽管辣辣始终都最偏爱社员。(《你是一条河》)

2.2 瞬间的非自主的不可重复的动词“出生、逝世、失明、崩溃、诞生、去世、病逝”等是不能与“始终”共现的，其他类别的动词都可以充当“始终”句的谓语。

2.3 “始终”动词句（包括形容词句等），常和“是……的”互相嵌套，反映说话人对行为或性状的强调，如：

例 22：在现代化的同时，国土的总体整治始终是十分重要的。(语文总)

例 23：原以为蒲公英是始终趴在地上的，没想到移到土壤松软的菜园之后……（语文总）

例 24：可是我在心里始终是看成一家子的……(《愤怒的秋天》)

例 25：明白人始终是明白的，而不明白的一群，对他们说破了嘴也不管用。（《香雪海》）

例 26：她的声音始终是平和喜悦的。（《九重恩怨》）

例 27：他说，我睡了，我就这样睡了，我就睡在你的身体里边，我真睡了……谢丽娟却始终都是清醒的。（《羊的门》）

例 28：监测仪始终是很正常的。

（二）与动词体标记共现时，“始终”句的中心谓语后可以分布动态助词或准时体词语，如例 29～34 六例里的“了”、“过”、“着”，例 35 的“下去”。

例 29：我们日夜商店 17 年如一日，始终坚持了昼夜服务。（语文总）

例 30：他始终记住了自己是谁的儿子——牢记了作为儿子的使命。（《柏慧》）

例 31：贵子从瞎子进门到踏上渡船始终没有说过一句话。（《你是一条河》）

例 32：这些天来，专案组的行动始终没有中止过……（《十面埋伏》）

例 33：它始终保持着我和它中间的距离。（《狗》）

例 34：我最痛苦的时候，我始终都在想着你。（《十面埋伏》）

例 35：布鲁诺，他的光辉的名字，始终活下去。（语文总）

（三）与其他副词共现

1. 可与时间副词（包括其他性质的词语，如例 41、42 的“要”、“肯”等）、持续类、曾然类及未然类等配合使用，如：

例 36：作为一个中国人，他没有忘本，在海外也始终在说家乡话。

例 37：婆婆始终也不相信沈伟和可馨的话。（《爱又如何》）

例 38：可能是一种变态心理，认为自己的父亲一辈子让人瞧不起，始终也没活得像个人样。（《十面埋伏》）

例 39：鬼神之类的东西，他始终不曾相信。

例 40：他果然早觉到两个人中间的隔阂决不能消灭到无影无踪，然而他始终不曾想起离婚，现在也还是没有这个意

思。(《蚀》)

例 41：国家的安全要始终放在第一位。

例 42：然而两方面都是精刮的人算盘打得太仔细了，始终不肯冒失。(《倾城之恋》)

2. “始终”可以与所有否定词共现，否定词一般位于“始终”后。如：

例 43：王荣晶对于“如何处置劣绅”一问题始终未得要领……(《蚀》)

例 44：后来何根云调升两江，王雪公自然跟到江苏；云南的两万银子始终未动，存在昆明钱庄是生息。(《红顶商人胡雪岩》)

例 45：为什么他屡次极温柔地追询，而始终毫无反应？(《蚀》)

例 46：电话摇了又摇，始终无法接通。(《红岩》)

例 47：他对她始终没有一句扎实的话。(《倾城之恋》)

例 48：难怪传呼了单昆那么多遍，都始终没给他回电话。(《十面埋伏》)

例 49：我始终不能相信这个人这么快就没有了。(《绝对隐私》)

例 50：多少年啊，多少年的岁月流逝，我始终不能忘记那个虞美人花开似火的暮春的夜晚……(《第一支圆舞曲》，载《读者》2005 年第 12 期)

3. 表示异类重复的副词，如例 51 的“又”也能进入“始终”句的，这与“一直”句是相同的。

例 51：汇演时他始终又跳又唱，出尽了风头。

小　结

语义上，“始终”反映某一时间范围内，某行为或性状在整体过程里的不间断性，表示为{行为性状，过程的开始与终结，持续，主观}。其分布情况及主要句成分的特征可总结为表 5-7：

表 5-7

分布句首	句类			谓语大多含两个音节		形容词		动词			动态助词		
	陈述句	疑问句	感叹句	动词	形容词	AABB	ABAB	关系属性	瞬间非自主不可重复	V一下、V（一）V	了	着	过
−	+	−	+	+	+	+	−	+	−	+	+	+	+

第八节 “从来”类副词的异同

一、相同点

（一）语法意义方面

“从来”类副词都是强调某一性状或行为动作一直如此，其意义在于，言说主体从时间方面对性状或行为进行强调，基本都是反映说话人的主观评议态度和语气，所在句子基本呈现出静态特性，是完整的事件句。表时上不仅可以表达时制，同时在不同程度上可以表示时体与情态。相比较而言，“原来”类副词和“连连”类没有这么复杂。

（二）“从来”类副词句的特征

1. 谓语特征及其他方面

这七个词所在句谓语形式特征基本是一个复杂的多音节结构，常含有表范围、程度、强调等义的副词与指示词语等。如：

例 1：她脸部的皮肤很细腻，李芒对这点儿从来就很自豪。（《秋天的愤怒》）

例 2：她的肤色向来就白白的。

例 3：小王下班历来都这么晚。

例 4：“张小姐，你是知道的，梅丽素来很温柔，我还是今天

第一次看见她生气。”(《蚀》)

例5：她的身体一向就不好。

例6：他到县里后一直很忙，还没见巧珍一面。(《人生》)

例7：整整一天我在等郑君的电话，但是他始终都没打来。(《绝对隐私》)

2. “从来”类副词的分布特征

“从来”类副词的分布特征，它们主要集中在陈述句里，如上例1~7，其中陈述句里，“从来”又多用于否定句，较少用于肯定句；“历来”与之相反，多用于肯定句，较少用于否定句；“向来”、“素来”、“一向”和“一直”肯定否定都常用。这七个词也基本能以有限的形式（与代词共现）出现在感叹句里。至于其他方面的详细情况，可以参见1~7节里的总结表。

二、不同点

（一）语义方面

1. 时间性方面，“始终”相对最淡，“一向”、“一直”次之，它们跨着表频率副词这个小类①，其他的几个是较为典型的时间词，这和“原来”类副词不同。

2. 语义方面它们各自略又有所侧重

“从来”表示某一性状或行为动作一直如此，强调其无例外性周遍性。“向来”和“从来”基本一样，特别强调不止目前如此。“历来”常用于反映一个较长时段内的行为或性状的一贯常态。“素来”强调与人物的习性有关的性状或行为保持不变。“一向”表示行为或性状的一贯性及先前性。“一直”侧重行为活动与性状存在的整体过程的持续性。“始终”侧重反映行为或性状在某一整体过程的持续状态。

3. 这七个词语语义上的差别，反映在语用义（即“语态”）方面存在有个级次——“从来、向来、历来、素来、一向、一直、

① 张谊生：《现代汉语副词探索》，学林出版社2004年版，第176~178页。

始终"，越靠前表意的主观性就越强。比较：

例1：请问历史上曾有过我们这样的长征么？没有，从来没有的。

例2：他这个人向来不喜欢喝酒。

例3：毛泽东同志和党中央的许多领导同志，历来都强调谦虚谨慎。

例4：钟会对嵇康素来景仰，一度曾到敬畏的地步。（《遥远的绝响》）

例5：连李月娥也想不明白，自己一向天不怕、地不怕，为什么偏偏怕了这个洪艺兵。（《将军镇》）

例6："我们是中学同学，一直就是很好，太熟悉，所以从未谈婚论嫁。"（《蓝色星》）

例7：他从不搭架子，始终保持乡村干部的朴实本色。（《将军镇》）

（二）语法、语用方面

1. 句类分布、谓语特征等方面的主要不同可以具体参见1~7节里的总结表及补充说明。

2. 语体分布上，"素来、历来"具有较强的书面语色彩，其余五个词口语、书面语都较常用。

3. 功能上，这七个词也存在着一定的不同：

3.1 "从来"可以有选择的出现在句首或句中，而"向来"、"历来"、"素来"、"一向"、"一直"与"始终"却一般只能位于句中。同是语用成分，它们作用的范围有别。就是说时间副词"从来"可以作用于全句所表达的事件，码化为：S［从来（NP·VP）］，也可以刻画谓语的情态S［NP·从来VP］；后六个词相对而言主要的功能就是体现行为性状的特征，即S［NP向来/历来/素来/一向/一直/始终VP］。如：

例8：a. 他从来不跳舞。

b. 从来他不跳舞。

句a的"从来"是侧重刻画"不跳舞"这一行为的无例外性的；b句的"从来"相对说是强调"他不跳舞"的时间性；或者

说是突出“从来”的。这仅是从整体上说的，其实每一组内部还是存在一些细小的差异的，具体可参考每章每节的内容。

3.2 语篇里的衔接功能差异，表现在它们在句中的活动能力的不同，这些差异有句法因素，但表达上的语篇要求也是极为重要的。

第六章

“连连”类副词（上）

——历时考察

“连连”类“连连”、“一连”、“接连”、“连续”、“陆续”这五个表示频率的副词出现时代较晚，用法上比“原来”类、“从来”类副词单纯，使用频率也不及后两者高。本章根据这五个词出现的先后，追溯其历史来源及其虚化过程。

第一节　唐宋：连连　一连　陆续　连续

唐宋以前，“连连”、“一连”、“接连”、“连续”、“陆续”都没有产生副词用法，到唐宋，“连连”、“一连”、“陆续”、“连续”已见用例。

一、连连

《说文·辶部》：“连，负车也。”“连”是动词，本义指连接。如“夙沙卫连大车以塞隧而殿”（《左传·襄公十八年》）。引申为连续不停止。汉代，引申作虚词的“连”可用作副词，表示动作行为是连续多次发生的。可译为"连续"、"连连"等。如：

例1：匈奴复连发大兵侵击乌孙，取车延、恶师地，收人民去。(《汉书·西域传下》)

"连"与"连"连用先秦已见，指接连不断。如：

例2：则仁义又奚连连如胶漆墨索，而游乎道德之间为哉？使天下惑也！(《庄子·骈拇》)

例3：于是吴王穆然，俯而深惟，仰而泣下交颐，曰："嗟乎！余国之不亡也，绵绵连连，殆哉，世之不绝也！"(《汉书·东方朔传》)

例4：长城何连连，连连三千里。(汉·陈琳《饮马长城窟行》)

例2句后有成玄英疏："连连，犹接续也。"例3、4"连连"都作谓语。例4后一个"连连"与数量短语共现。

到了唐代，表频率副词"连连"已见用例。《全唐诗》5次，《全宋词》出现了1次。"连连"表示动作行为或某种情况多次发生或连续发生。如：

例5：惨惨八月暮，连连三日霖。(白居易《秋霖中过尹纵之仙游山居》)

例6：忆昨阴霖天，连连三四旬。(白居易《郊陶潜体诗十六首》)

例7：一掷梭心一缕丝，连连织就九张机。(《全宋词·九张机》)

例5"连连"表示"霖"(下雨)连续发生，例6"连连"表示"阴霖(阴雨)天连续发生的时间之长"，例7的"连连"表示"织"的动作连续进行。

关于表频率副词"连连"的来源，存在两种可能：(1)由动词"连"重叠成并列式动词短语演化而成；(2)由单音副词"连"的重叠连用而构成"连连"。

我们倾向于后者。根据Leonard Bloomfield(1955)的观点，重叠可以看做一种变化，也可以看做一种语缀，可以说重叠就是整个的词或者词中语素的重复。朱德熙先生(1982)也认为副词是有重叠形式的，基式就是单音节副词，重叠式是AA，他举了“常常、稍稍、恰恰、刚刚、白白”等例子。我们认为他们的观点是正确的。另外，副词“连”始见于汉代，表频率副词“连连”出现于唐代。从时间的先后来看是可信的。重叠式“连连”表示对动作行为频度的强调。

二、一连

“一连”连用不会晚于汉代。据《汉语大词典》①，“一连”在古代有两个义项。

义项一：古以二百家为一连。例如：

例1：臣又闻古之制边县以备敌也，使五家为伍，伍有长；十长一里，里有假士；四里一连，连有假五百；十连一邑，邑有假侯。(《汉书·晁错传》)

义项二：接连，连续不断。如：

例2：今若内兵淮、泗，据有下邳，荆、阳二州闻声响应，臣从河北席卷而南，形势一连，根牙永固。(《三国志·吴书十七》)

例1、2“一连”作谓语。表频率副词“一连”由义项二演化而来。

表频率副词“一连”大致产生于宋代。如：

例3：诸县之旱嵊为最，而上虞次之，余姚又次之。然上虞余姚，去年尤得薄收，独嵊县一连三年遭此极重之灾。(朱熹《晦庵集》卷十七)

三、陆续

《说文·阝部》：“陆，高平地。”“陆”本义指高平之地。引申为道路、物体运行的轨道等。《说文·纟部》：“续，连也。”“续”也是动词，本义指连接。如“续衽钩边，要缝半下。”(《礼记·深衣》)“陆”、“续”二词连用最初可能是主谓短语。后来凝固成词，

① 汉语大词典编写组：《汉语大词典》，汉语大词典出版社，四川辞书出版社1998年版，第26页。

语义扩大，泛指接续不断。例如：

例1：百尺清泉声陆续。映潇洒、碧梧翠竹。（《全宋词·雨中花令（夏词）》）

例2：记得君家流庆远，几件祥开陆续。（《全宋词·念奴娇（侄庆叔·五月十七）》）

例3：云錾飞泉，蒲根下，悬流陆续。（《全宋词·满江红（风泉峡观泉）》）

以上三例“陆续”作谓语。

由于句法位置的前移，“陆续”慢慢虚化为一个表频率副词，表示动作有先有后，接连不断。虚化为副词的时间大约在初唐，不过唐代只有零星用例。到宋代，我们在《全宋词》中发现有3例“陆续”。如下：

例4：勃叨生季世，获奉真谭，维陆续而以叙金言，在飘零而不逢玉相。（唐·王勃《释迦如来成道记》）

例5：匼匝是、文公开九帙。陆续看、武公逾九十。（魏了翁《全宋词·千秋岁引（刘左史光祖生日）》）

例6：陆续鸣鸠呼晓晴，霏微残雾湿春城。（《全宋词·琴调相思引》）

例7：烟霞竹石松梅，更无数幽花陆续开。（《全宋词·沁园春·用定轩雨余有感韵写山中之趣》）

四、连续

“连续”是两个动词的同义连用，有二义。一仍指“连接”。例如：

例1：坐有顷，坐人见舌则如故，不知其实断否。其续断，取绢布，与人各执一头，对剪，中断之；已而取两断视，视绢布还连续，无异故体。（干宝《搜神记》卷二）

例2：及当北渡，使李乐具船。天子步行趋河岸，岸高不得下，董承等谋欲以马羁相续以系帝腰。时中宫仆伏德扶中宫，一手持十匹绢，乃取德绢连续为辇。（《三国志·魏书六·董元袁列传第六》）

“连续”的另一义是指一个接一个，一次接一次。始见于汉代，如：

例3：“属，续也，恩相连续也。”(《释名·释亲属》)

例4：冲表谏曰：“秦州险阨，地接羌夷，自西师出后，饷援连续，加胡叛逆，所在奔命，运粮擐甲，迄今未已。”(魏收《魏书》卷五十三)

随着动词义“连续”的较多使用，它发生了移位，由作谓语移至谓语前作状语，同时语义虚化，表示同一动作行为或情况的重复出现和动作行为或情况的持续发生。唐代，我们所调查的语料(包括《四库全书》)中不见使用表频率副词“连续”，宋代可见：

例5：大哉！圣人之道也。其践履实处只在礼仪三百，威仪三千之间，此文王所以陟降，在帝左右者也。自尊德性以后，皆连续用功，终之于崇礼，则礼者终身之所践履也。(卫湜《礼记集说》卷一百三十四)

例6：八年，诏：“耆长、壮丁役期已足，不许连续为之。”盖知其利于赇请，不愿更罢故也。(《宋史》卷一百七十八)

例7：浙西总管李宝申十月二十七日将一行官兵海船到密州胶西县地名唐岛，逢见金军海船六百余只，乘载金人、渤海二万余人、大海军一万人、水手一万人，于唐岛以来。应诸浦口。至胶西县水路二百余里，连续使风，入大洋，向南定日克期以取杭州。(《三朝北盟会编》卷二百三十七)

例8：右每酒一盏，独活剉三钱，煎七分温服，又连续进剂以瘥为度。(《仁斋直指卷三》)

小 结

这一时期，副词“连连”、“陆续”语义上有同有异：相同的是都可以表示动作行为或某种情况的多次出现。不同的是：“连连”表示的动作或状态可以是持续不断的；而“陆续”表示的动作则一定是时断时续、有先有后的。语法功能上，二词都是在动词谓语前作状语。

表6-1是唐宋时期一些重要文献“连连”类表频率副词的使用

情况：

表 6-1

朝代 / 文献与次数 / 词项	唐						宋				
	佛本行集经	王梵志诗	游仙窟	全唐诗	敦煌变文	祖堂集	景德传灯录	全宋词	古尊宿语要	五灯会元	朱子语类
连连	0	0	0	5	0	0	0	1	0	0	0
一连	0	0	0	0	0	0	0	0	0	0	0
接连	0	0	0	0	0	0	0	0	0	0	0
陆续	0	0	0	0	0	0	0	3	0	0	0
连续	0	0	0	0	0	0	0	0	0	0	0

结合上面的分析和表 6-1 可知，唐宋时期，"连连"、"陆续"、"一连"、"连续"处于萌芽阶段，"接连"没有出现副词用例。这可能是由于这组词动态性强，虚化程度弱，因而在实际使用时频率低。

第二节　元明：一连　连连　接连　陆续　连续

一、一连

元代，《全元曲》中有两例"一连"，与数量成分共现。明代用例大增。如：

例 1：（押宴官云）你众人每都散罢。令人将马来，我回圣人的话去也。（下）（李圭云）大人，俺回去了。（出云）羞杀人！我为副将军，一连三箭无一箭中的，将锦袍玉带都着四丞相赢将去了，怎么去得过。（王实甫《四丞相高会丽春堂》第一折）

例 2：他道：“那个御酒是朝廷赐的黄封御酒。”一连劝老汉吃了三钟。（无名氏《朱太守风雪渔樵记》第三折）

例 3：那阮三郎到晚回家，仍集昨夜子弟，一连吹唱了三夜。（《清平山堂话本·戒指儿记》）

例 4：沈襄领命，径往保安。一连寻访两日，并无踪迹。（《喻世名言》第四十卷）

例 5：巫娘子取一块来吃，又软又甜，况是饥饿头上，不觉一连吃了几块。（《初刻拍案惊奇》卷六）

例 6：女娘觑着丈夫道：“一连三日不发市，你理会得么？必有人冲撞我。”（《警世通言》第三十九卷）

例 7：和氏道：“你一连做了这几时，今晚且将息一晚，明日做罢。”（《醒世恒言》第十九卷）

例 8：店家被他发话不过，一连又筛了三碗。（《水浒传》第一回）

例 9：四个水军总管，见一连射死王勣、晁中，不敢向前，因此花荣抵敌得住。（《水浒传》第一百一十七回）

例 1~8 例“一连”与数量成分共现。例 9 虽无数量成分，但“王勣、晁中”指“一连射死的两个人”，故该句仍含有潜在的数量成分。以上九例在陈述客观量的同时，含有说话者的主观感情，强调数量之多。

二、连连

“连连”在《全元曲》中只一例。列举如下：

例 1：（正末唱）连连的使脚撞，（李老云）我耳根拳打这狗弟孩儿。（高文绣《好酒赵元遇上皇》第一折）

明代，“连连”用例颇多。《水浒传》中有“连连”11 次，7 次与数量成分共现；6 次为约量，一次为确量。《喻世明言》有“连连”7 次，2 次与约量成分共现。《警世通言》有“连连”三次，不与数量成分共现。例如：

例 2：花荣道：“前次连连奉书去，拜问兄长，不见回音。”（《水浒传》第一回）

例3：宋江问时，都道：“他已着小郎连连分付去了，不许安着你们三个。”(《水浒传》第一回)

例4：众上户都来与武松作贺庆喜，连连吃了三五日酒。(《水浒传》第一回)

例5：“……自从渡江以来，如此不利，连连损折了我八个弟兄!”(《水浒传》第一百一十三回)

例6：王兴连连叩头禀道：“小人的妻子，去年在岳庙烧香……”(《警世通言》第十三卷)

例7：且说赵春儿久不见可成来家，心中思念。……连连来请，只得含羞而往。(《警世通言》第三十一卷)

例8：十娘指月朗道：“前日路资，是此位姐姐所贷，郎君可致谢。”李甲连连作揖。(《警世通言》第三十二卷)

例9：李万得了广捕文书，犹如捧了一道赦书，连连磕了几个头，出得府门，一道烟走了。(《喻世名言》第四十卷)

三、接连

《说文·手部》：“接，交也。”“接”是会合、交接的意思。如《礼记·表记》：“君子之接如水，小人之接如醴。”孔颖达疏：“君子相接不用虚言，如两水相交，寻合而已。”“接连”是两个动词“接”与“连”的同义连用，意为连续不断，连在一起，如：

例1：十曰阵车，谓接连前矛，马冒其目也。(《尉缭子·兵教下》)

例2：今宾昏酒食，接连相因，析酲什半，弃事相随，虑无之日。(《盐铁论·散不足》第二十九)

随着“接连”移至状语位置，渐渐虚化为表频率副词，表示同一动作行为或情况的重复出现和动作行为或情况的持续发生。就我们所调查的范围，副词“接连”在唐宋及元代的《全元曲》中都没有用例。明代，用例渐多。如下：

例3：次后没半个更次，流星探马，接连报来，吓得魂不附体，慌忙快叫备马。(《水浒传》第六十八回)

例4：……三大王方貌正在府中计议，听得火炮接连响，吓得

魂不附体。(《水浒传》第一百一十三回)

例5：汪秀才听罢，越加高兴，接连百来巨觥，引满不辞，自日中起，直饮至半夜，方才告别下船。(《二刻拍案》卷二十七)

四、陆续

元明时期，“陆续”已出现较多用例。例如：

例1：……二则因妾孝道，半年中抄化了一千贯。陆续纳入宫，前后二千贯，尚有一千贯未完，夫主未能脱禁。(关汉卿《山神庙裴度还带》第二折)

例2：才死得一月，林氏与这八个人陆陆续续尽得暴病而死。(《二刻拍案》卷十六)

例3：滕爷又问道：“你做手艺的人，那里来这七八两银子?”八汉道：“是陆续凑与他的。”(《喻世名言》第一卷)

例4：有愿去的，一同便往。前四起陆续去了，已自行动。(《水浒传》第四十一回)

例5：张招讨，童枢密，都督刘光世，从、耿二参谋，大将王禀、赵谭，中军人马，陆续先回京师去了。(《水浒传》第一百一十九回)

例6：女儿答道：“自爹赴京后，二哥出外嫖赌，日费不赀，私下将田庄陆续写与万俟总管府中，止收半价。”(《警世通言》第25卷)

例7：就取一把钥匙，开了箱笼，陆续搬出许多级、细、缨络之类。(《喻世名言》第一卷)

例8：促翔在任一年，陆续差人到蛮洞购求年少美女，共有十人。(《喻世名言》第八卷)

例1～8“陆续”作状语，其中，例1～6“陆续”的语义分别指向前面的“一千贯”、“林氏与这八个人”、“七八两银子”、“前四起”、“张招讨，童枢密，都督刘光世，从、耿二参谋，大将王禀、赵谭，中军人马”、“田庄”，主语为复数，另外例2是“陆续”的重叠式。例7“陆续”的语义指向后面的宾语“许多级、细、缨络之类”，例 8 “陆续”的语义指向后面的兼语“人”（“人”为复数）。

五、连续

元代，不见副词“连续”用例，明代，我们在《四库全书》中找到几例，例如：

例 1：右用黑豆炒焦，好酒淋之，取清汁酒一盏，独活剉三钱，煎七分温服，又连续进剂以瘥为度。（明·朱棣《普济方》卷九十六）

例 2：妇人病伤寒十五日，不更衣，腹胀、脉沉弱，乃以当归九钱、枳壳桃仁加酒大黄五六分一服，胀稍减。一日夜，连续进四帖，再以蜜枣导之，黑粪块三四十枚而愈。（明·江瓘《名医类案》卷一）

小　结

就作表频率的副词而言，五个词的相同点是：语法功能上，五词都在句中作状语。都可与数量成分共现（“一连”是必须共现）。语义上，都表示动作行为或状态多次反复出现。不同的是表义的侧重点不同：“一连”表示动作行为或性状在某个量幅内发生或存在的“度或量”的大或多；“连连”表示的是在短时间内同一动作、行为有频率有节奏的反复；“接连”侧重动作行为或性状地发生或出现的“渐次相接和紧接”性；“陆续”主要是指不同的动作行为主体有序地逐次地进行同一行为动作或同一主体以同样的动作跟不同的对象发生关系；“连续”主要表示某种动作行为或性状的整体延续不断的状况。

表 6-2 反映了“连连”类表频率副词在元明时的使用情况。

从下表可以看出，元明时期，“连连”类表频率副词使用最多的是“一连”，其次是“陆续”和“连连”，副词“接连”偶用，“连续”在同期其他文献中有。

表 6-2 元明时期“连连”类表频率副词使用情况简表

词项 \ 文献与次数 \ 朝代	元	明						
	全元曲	喻世名言	清平山堂话本	二刻拍案惊奇	老乞大	警世通言	水浒传	二刻拍案
连连	1	7	0	0	0	3	11	0
一连	2	31	3	0	0	16	53	10
接连	0	0	0	0	0	0	2	1
陆续	3	6	1	0	0	2	20	3
连续	0	0	0	0	0	0	0	0

第三节 清代：连连 一连 接连 陆续

一、连连

“连连”主要与V及VP共现，少数用例有数量成分，偶尔带有动量补语。下面主要举一些与现代汉语有差异的用例进行分析：

例1：次日，鲍廷玺将自己盘缠，又买了一副牲醴、纸钱，去上了哥哥坟回来。连连在饭店里住了几天，盘缠也用尽了。(《儒林外史》第二十八回)

例2：宝玉连连答应了几个“是”。(《红楼梦》第二十三回)

例3：吓得李贵忙双膝跪下，摘了帽子碰头，连连答应“是”……(《红楼梦》第九回)

例4：外面听了，连连的又拍了两下。(《儿女英雄传》第七回)

例5：说道，便连连的拜叩个不住。(《儿女英雄传》第三十五回)

例6：他连连的摆手，说道：“……”(《儿女英雄传》第九回)

例7：安太太听了，忍不住又笑起来，直笑得皱着个眉，握着胸口，连连摆着一只手说：“……”(《儿女英雄传》第三十三回)

例1的“连连”现代汉语一般会用“一连”，其后的时量成分作宾语。例2、3出自同一部作品，例2有数量成分“几个”作定语，例3“连连”不与数量成分共现。例4、5带有补语，例4是定量的动量补语“两下”，例5是不定量的补语“不住”。例6、7意思差不多，不同的是，例7有数量词“一只”。

由于重叠式“连连”的语义本身已含有数量，且“连连”主要强调频率快，至于有“数量”还是无“数量”并不重要。这也符合语言经济原则。所以发展到现代汉语“连连”句与数量成分较少共现。

二、一连

清代的“一连”与明代相同，必须与数量成分共现。如：

例1：马二先生喜出望外，一连倾了六七罐，倒出六七锭大纹银。(《儒林外史》第十五回)

例2：不想一日，牛布衣病倒了，请医生来，一连吃了几十帖药，总不见效。(《儒林外史》第二十回)

例3：那木耐欢喜，一连留郭孝子住了两日。(《儒林外史》第三十八回)

例4：只见史湘云走来，将第四第五《对菊》《供菊》一连两个都勾了，也赘上一个“湘”字。(《红楼梦》第三十八回)

例5：王夫人与凤姐是天天忙着请人吃年酒，那边厅上院内皆是戏酒，亲友络绎不绝，一连忙了七八日才完了。(《红楼梦》第五十三回)

例6：从三月下雨起，接接连连直到八月，竟没有一连晴过五日。(《红楼梦》第五十三回)

例7：这安老爷一连忙了数日，不曾得闲……(《儿女英雄传》第一回)

例8：当下大家一连劳碌了几日，晚饭已罢，便也分头安置。(《儿女英雄传》第二十三回)

例9：可怜映芝白天去办公事，晚上到这里来挨骂，如此一连八九天。(《二十年目睹之怪现状》第六十九回)

三、接连

“接连”也一样，与明代同。例如：

例1：命运不好，接连失了几回火，把院子里的几万担柴尽行烧了。（《儒林外史》第五十五回）

例2：田地又接连几年都被水淹，要赔种赔粮，就有那些混账人来劝他变卖。（《儒林外史》第五十五回）

例3：谁知接连输了几盘，就有些着急。（《红楼梦》第二十回）

例4：翠缕道：“他们那边有棵石榴，接连四五枝，真是楼子上起楼子，这也难为他长。”（《红楼梦》第三十一回）

例5：贾珍方好，贾容等相继而病。如此接连数月，闹得两府俱怕。（《红楼梦》第九十五回）

例6：“……后来他家里接连打发三起人接他，他才去了。”（《二十年目睹之怪现状》第四十四回）

例7：等总办说完了，他便接连答应“是，是，是”。（《二十年目睹之怪现状》第一百回）

例8：那知他于那极高的地方，尚能回环转折。几啭之后，又高一层，接连有三四叠，节节高起。（《老残游记》第二回）

例9：“吴举人接连作了几个揖，重托了出去。”（《老残游记》第四回）

四、陆续

“陆续”与“一连”、“接连”也一样，与明代同。例如：

例1：当下，陆陆续续到了几十位客。（《儒林外史》第二十九回）

例2：我这银子，你拿去倒了他家货来，我也不要你的大利钱，你只每月给我一个二分行息，多的利钱都是你的，将来陆续还我。（《儒林外史》第五十二回）

例3：此时众婆子媳妇见无事，都陆续散了自去歇息……（《红楼梦》第一十五回）

例4：门上小厮陆续回了几件事。（《红楼梦》下第八十八回）

例 5：那一个人听了，说：“咱们今日躲一天，叫咱们大哥借钱置办些买卖行头，明儿亮钟时候陆续出关。你们在关外二十里坡等我。”(《红楼梦》下第一百二十二回)

例 6：这也不是我花钱买来的，都是这些年南来北往那些字号行里见我保得他全镖无事，他们送我的，可倒都是地道实在货儿，你留着陆续作件衣裳。(《儿女英雄传》第二十七回)

例 7：接连又来了几辆小车，渐渐的打尖的客陆续都到店里，老董前后招呼，不暇来说闲话。(《老残游记》第五回)

例 8：国舅家人已将三辆飞车陆续搭放院中，都向西方按次摆了。(《镜花缘》第九十四回)

例 9：恰好三月初三日，三路约有二十万人马陆续到齐，离关五里，放了三声大炮，安营下寨。(《镜花缘》第九十六回)

小 结

清代，作为表频率副词的“连连”、“一连”、“接连”、“陆续”，与现代使用情况基本一样。我们的语料没发现“连续”作副词的用例。

至此，我们将清代有代表性的三部典籍中“连连”类表频率副词出现的次数列表 6-3 如下：

表 6-3　**清代“连连”类表频率副词使用情况简表**

文献 \ 词项与次数	连连	一连	接连	陆续
儒林外史	1	23	2	2
红楼梦	12	17	6	4
儿女英雄传	34	15	5	1

表中可见，清代，这五个表频率副词的使用频率高低次序依次为“一连”、“连连”、“接连”、“陆续”和“连续”。

本章总结

我们把“连连”类表频率副词在历代的使用情况总结为表 6-4：

表 6-4 “连连”类表频率副词在历代的使用情况简表

词项 \ 朝代 / 文献与次数	中古															唐宋											元明								清		
	抱朴子内篇	世说新语	颜氏家训	齐民要术	洛阳伽蓝记	百喻经	长阿含经	增壹阿含经	大明度经	光赞经	摩诃僧祇经	菩萨本缘经	入楞伽经	四分律	杂宝藏经	佛本行集经	王梵志诗	游仙窟	全唐诗	敦煌变文集	祖堂集	景德传灯录	全宋词	古尊宿语要	五灯会元	朱子语类	全元曲	水浒传	喻世名言	清平山堂话本	二刻拍案惊奇	老乞大	警世通言	二刻拍案	儒林外史	红楼梦	儿女英雄传
连连	0	0	0	0	0	0	0	0	0	0	0	0	0	0	0	0	0	0	5	0	0	0	1	0	0	0	1	11	7	0	0	0	3	0	1	12	34
一连	0	0	0	0	0	0	1	0	0	0	0	0	0	0	0	0	0	0	0	0	0	0	0	0	0	0	2	53	31	3	0	0	16	10	23	17	15
接连	0	0	0	0	0	0	0	0	0	0	0	0	0	0	0	0	0	0	0	0	0	0	0	0	0	0	0	2	0	0	0	0	0	1	2	4	5
陆续	0	0	0	0	0	0	0	0	0	0	0	0	0	0	0	0	0	0	0	0	0	0	3	0	0	0	3	20	6	1	0	0	2	3	2	2	1
连续	0	0	0	0	0	0	0	0	0	0	0	0	0	0	0	0	0	0	0	0	0	0	0	0	0	0	0	0	0	0	0	0	0	0	0	0	0

对“连连”类表频率副词，综合起来，可概括为以下几点：

第一，中古以前，表频率副词“连连”、“一连”、“接连”、“陆续”、“连续”都未产生。“连连”连用，先秦已见，指接连不断。是动词短语，在句中作谓语。表频率副词“连连”由副词“连”重叠而成，唐代已见用例，表示动作行为或某种状态多次反复出现或持续时间之长（直到宋元明清都有用例）。可以与数量成分共现。陆续”可能产生于初唐，《全宋词》中发现有六例“陆续”。有三例“陆续”可能是主谓短语，指事物的接续不断。另有三例为表频率副词，表示动作有先有后，接连不断。这一时期，“连连”、“陆续”语义上同中有异。同：都可以表示动作行为或某种情况的多次出现。异：“连连”表示的动作或状态可以是持续不断的；而“陆续”表示的动作则是时断时续，有先有后。“一连”连用不晚于宋代，最初有两个义项：A. 古以二百家为一连；B. 接连，继续不断。表频率副词“一连”由义项二演化而来，宋代可见，与数量成分共现。副词“连续”也偶见于宋代。

第二，“接连”也是两个动词的同义连用，是并列式动词短语，在句中作谓语。有连续不断的意思，“接连”大约在中古凝固成一个动词，在句中作谓语。一部分动词“接连”移至谓语前作状语，虚化为表频率副词。唐宋及元代，我们所调查的语料没发现“接连”的副词用法。到了明代，已出现“接连”的副词用法。元明时期，表频率的副词“一连”数量增多，在用法上必须与数量成分共现。明代，“连连”、“接连”、“陆续”、“连续”都可以与数量成分共现，定量、不定量均可。

第三，清代，“一连”与明代相同，都是必须与数量成分同现。“陆续”、“接连”也一样，与明代相同。少数“连连”句仍可与数量成分同现，可与定量、不定量的补语同现。可以说，现代汉语中少数“连连”句与不定量的动量成分共现，是古汉语的遗留。

第七章

“连连”类副词（下）

——现代汉语时段的共时考察

第一节　连　连

一、语法意义

（一）现代汉语中“连连”的语法意义是表示同一动作行为短时内无间断地多次重复，强调它的频率和节奏。它本身虽也含有某种数量义，但这个数量义只局限在不确定的“次数”或“遍数”上，而且“连连”表示的动作行为的所指一定内容相同。

（二）语义指向方面，“连连”可以指向动词，也可以指向数量词，也可以同时指向动词和数量词。

例1：热得他连连擦汗。

例2：小常和王工作员，听了他这几句话，更非常佩服他的真诚，连连称赞。(《李家庄的变迁》)

例3：你看，战争之后我们家全面溃退、连连遭难，而他们家

却享受了一个胜利者所能获取的全部好处：汽车、房子、沙发，还有那棵冤枉的老橡树……(《柏慧》)

例4：他吃了一口辣子鸡连连赞赏着，“鸿宾，嫂夫人烧的菜我是非常欣赏的！非常欣赏的！”(《青春之歌》)

例5：丽琳说她会找，向姚太太连连道歉，匆匆告辞，独自找到墙洞门口。(《洗澡》)

例6：老寿连连应着，走出门去，伸手就在屋檐上，使劲拽了两把屋草，进来就填进灶膛里，点着了火。(《剪辑错了的故事》)

例7:连连几脚,那个球员泄气了。

例8:他连连说了几声对不起。

例9:萧队长的眼睛落在他的分头上,他火了,哗啦一声把大红帖子撕成了两截,接着连连撕几下。(《暴风骤雨》)

例1~6“连连”分别指向动词“擦汗”、“称赞”、“遭难”、“赞赏”、“道歉”、“应”，例7“连连”指向数量“几脚”，例8里的“连连”同时指向动词“说”和“几声”，例9里的“连连”同时指向“撕”和“几下”。

二、“连连”句的句法特征

(一)“连连”句谓语的特征

1. 形容词性谓语句

“连连”句的谓语在性质上是动词性结构，形容词不能充当这类句子的谓语，一旦进入这一结构，便要动态化。如：

例1：他伸出两个胖手掌，抓起那两条没有知觉的瘦胳膊，来回弯曲折弄。之后，又抓起那两条瘦筋筋的小腿，连连弯曲不已。(转引自侯学超《现代汉语虚词词典》，北京大学出版社1998年版，第398页)

句里的“弯曲”已不是一个典型的形容词了，而是变成了一个动词，或称之为动态形容词。

2. 动词性谓语句

2.1“连连”句动词的特点。由于“连连”表示的是同一动作行为有频率有节奏的反复，若是某一行为动作没有这种情状的特性，一般不受“连连”的修饰。

例 2：连连说/连连点头/连连摇手/＊连连下棋

“连连下棋”不能说，就是由于“下棋”这一行为重复的内容不同并缺乏节奏性——“一盘与一盘”不同，而且它也没有一定的频率与节奏。

“连连”是高频、短时副词，它表示的动作频率最高，从开始到结束的时间长度最短，修饰的一般是短时内快速接连发生的动作行为，不能长时间反复。

例 3：连连打嗝/连连作揖/连连招手

例 4：我连连干呕，发出乌鸦一般的怪叫。(《预约死亡》)

例 5：于观连连咳嗽中，咳得弯下腰。(《你是一条河》)

例 6：小王笑得连忙擦泪水。刘胜笑得连连晃脑瓜，差点把眼镜子晃落。(《暴风骤雨》)

例 7：场子四周响起清脆的掌声，连连叫道，“好球！好球!”(《上海的早晨》)

例 8：他的一只手抓住矮墙的泥土，竭力地撑持着身体，一只手举起枪来，食指在枪机上连连抖动，朝着杨军射击。(《红日》)

例 9：她已求得好几份庚帖，连连来信催促儿子回家挑选一个，因为庚帖不兴得留过年，得在除夕以前退还人家。(《洗澡》)

例 10：刘洪、王强、彭亮三人，都连连点头说：“就这样办!”(《铁道游击队》)

例 11：桌子连连地震响起来了。(《青春之歌》)

例 12：＊连连生了几个孩子/＊连连找了两份工作。

由于“连连”是高频、短时副词，因此不能在短时间内快速连续反复的“生孩子”与“找工作”不能受“连连”的修饰。

2.2 当“连连”修饰“VP·数量”结构时，数量成分性质上倾向是不定量或约量。比较下列用例：

例 13：a. 青枝突然连连摇晃了几下。

例 13：? b. 青枝突然连连摇晃了两下。

例 14：a. 连连叫喊几声。

例 14：? b. 连连叫喊三声。

例 15：a. 一路上，他这样连连抽了几鞭，都被我挡了回去，我被这种可笑的局面激怒了。(《绿化树》)

例 15：? b. 一路上，他这样连连抽了四鞭，都被我挡了回去，我被这种可笑的局面激怒了。

例 16：a. （刘胜）手掌托在腮上，手指头连连地在脑袋上弹了几下。(《红日》)

例 16：? b. 手掌托在腮上，手指头连连地在脑袋上弹了四下。

上述四例的 b 式可受性都不太强，就是由于“两下”、“三声”与“四鞭”是确量，而对应的 a 式的宾语“几下”、“几声”、“几鞭”却是些不定量。

2.3 王黎①把能受“连连”修饰的动词概括为三小类，它们是：

A. 跟头、手、脚等某些身体部位相关的动作动词。常见的如：点头、摇头、叩头、招手、摆手、挥手、搓手、跺脚、哈腰、鞠躬、扭、后退……

B. 表示传递信息的言语动词。常见的如：说、说道、嘱咐、表示、称赞、应诺、道歉……

C. 跟嘴、鼻相关的某些自然生理活动的动词。常见的如：咳嗽、打嗝、叹气、打呵欠、笑……

从“连连”与动词共现的频次看，常与它共现的确为这三类动词，但实际上，基本所有的动词都可以受它修饰，只不过这三类动词使用率、共现率高罢了。如：

例 17：连连传来几声响雷

例 18：连连被罚了几次款

前一例根本没有一个施事，后一个是被动式。这两个例子里的“传来”、“被罚款”显然跟上述所说的情况并不相符。基于这种情况，我们把与“连连”共现的动词按频次分为两大类，第一类就是高频率共现词，包括 A、B、C 三个小类；另一类就是普通动词，它们出现率低，但完全可以与之共现。

2.4 “连连”修饰动词性短语基本不受音节限制，单双音节乃

---

① 王黎：《“连”和“连连”》，《汉语学习》2003 年第 2 期。

至多音节均可。

例 19：连连说；连连作揖；连连跺了几脚。

例 20：王强把老周来的情况，谈了谈，老洪连连点头：“这太好了！”(《铁道游击队》)

例 21：李桂荣连连哈腰，满脸堆笑回答道：“对，对，那还用说？”(《暴风骤雨》)

例 22：他连连称是，挂了电话，在办公室又踱了一阵方步，打开办公桌的抽屉，拿了两张航空纸，很有把握地咳嗽了一声，带着勇复基下楼，向工会办公室走去。(《上海的早晨》)

例 23：他摊开双手，连连问“郭蹁子”。(《灵与肉》)

例 24：如今队长被这群城里来的孩子折腾得腰都弯下去了，他连连求饶，我们都说不出口的话他也说了。(《活着》)

例 25：“你也知道为什么我会连连出意外，那显然是熟人做的。”(《红苹果之恋》)

例 26：(刘胜) 脸上现出悲伤难受的神情，连连地向医生用低沉的颤声问道：“要紧吧？”(《红日》)

例 27：我爹拿着地契和房契连连咳嗽着走出来，他把房地契递过去，向那人哈哈腰说：“辛苦啦。”(《活着》)

2.5 从性质上说，“连连”所修饰的动宾短语，不仅有典型的“动词·宾语”结构，也包括准动宾短语——“动词·数量”①，如：

例 28：姑娘连连点头，“越说越像了。”(《一点正经没有》)

例 29：日本妇女连连哈腰。

例 30：郭全海连连晃脑袋：“那不行，他不是恶霸地主。”(《暴风骤雨》)

---

① 《现代汉语八百词》没收“连连”一词，《现代汉语虚词例释》(北京大学中文系 1955/1957 级语言班编，商务印书馆 1996 年版，第 320 页) 及许多词典都收有“连连”。但这些词典都认为“连连”后边不带数量词。只有侯学超《现代汉语虚词词典》在谈“连连”时提到“动词后跟数量词的较少”，并有例句：“横过枪，当胸一推，对方连连倒退十多步，仰面摔倒在地上。”

例 31：看着家珍哭，我只能连连叹气。（《活着》）

例 32：他悲愤得再也说不下去了，只是用手连连地指着西山。（《林海雪原》）

例 33：鬼子中队长马上退让到旁边，向王强打着敬礼，连连赔礼：“对不起！对不起！”（《铁道游击队》）

例 34：小毛看了一眼，浑身哆嗦，连连磕头道：“县长！我我我上吊！我跳崖！”（《李家庄的变迁》）

例 35：他摇晃着西瓜亮头，连连敲着桌子激忿地喊道，“朋友们，国亡无日啦！国亡无日啦！……”（《青春之歌》）

例 36：她慌忙拿起毛线，连连答道没有想什么，我晓得她在扯谎，可是我也懒得盘问她了……（《玉卿嫂》）

“连连”修饰的“点头”、“哈腰”、“晃脑袋”、“叹气”、“指着西山”、“赔礼”、“磕头”、“敲着桌子”、“答道没有想什么”是典型的动宾结构。它也能修饰准动宾结构，如“连连看了几眼、连连很踢了几脚、连连骂了几句、眼睛连连眨巴了几分钟”等。但这种结构里的“数量”多是一个不确定的动量，如下例 37a 和 38a，不能是确定的量，如例 37b 和 38b。

例 37：a. 他搔着头发连连打了几个大喷嚏，吓得他又赶快关上了窗户。（《青春之歌》）

例 37：*b. 他搔着头发连连打了两个大喷嚏，吓得他又赶快关上了窗户。

例 38：a. 这个战士好象被敌人射中，连连地打了几滚，躺倒在地堡旁边。（《红日》）

例 38：*b. 这个战士好象被敌人射中，连连地打了三滚，躺倒在地堡旁边。

再如下面例 39a 的变换式 b 里的“收到几份”是准动宾结构，所表为不确定的量。

例 39：a. 因为论文的发表，有关专业的一些行家显然对他有了点印象，肖济东便连连收到几份通知。（《定数》）

例 39：b. 肖济东因为论文的发表，有关专业的一些行家显然对他有了点印象，通知，便连连收到几份。

2.6 "连连" 一般紧贴谓语动词之前，若句中有表示方向的介词结构时，"连连" 既可位于介词结构之前，如下例 40a，也可位于介词结构之后，如下例 40b。

例 40：a. 我站起来抽烟，把烟向窗外连连喷去。(《空中小姐》)

例 40：b. 我站起来抽烟，把烟连连向窗外喷去。

(二) "连连" 与动词体标记的共现

"连连" 可与动态助词共现，但仅限于 "了、着"，表示对过去已然情况的陈述①及对现在和当前情况的描述。

例 41：早上起来，连连地对肖济东发着火。(《定数》)

例 42：a. 他连连摇着头说："不，不!"(《秋天的愤怒》)

例 42：b. 他连连摇了摇头说："不，不!"

例 41 里，"连连" 所修饰的 "发着火" 就是反映过去持续发生的短暂行为。例 42 从叙事者的即时特点看，是反映了 "摇头" 发生的当前状况。但 a 式与 b 式存在一定的差别，前者强调行为的持续性，后者侧重 "摇头" 动作的间隔性或节奏性。

小　结

"连连" 是反映动作行为发生的短时高频率副词，表示动作行为或情况的反复。语义可以指向数量短语，也可以指向动词谓语，或同时指向两个方面。其语义特征可描述为：{频率，反复，持续，间隔，短时}。

分布上，"连连" 不受动词音节的限制，可修饰动宾短语。修饰准动宾短语时，数量短语一般倾向是个约量。

第二节　一　连

一、语法意义

(一) "一连" 表示同一动作行为或某种性状的重复或持续出

---

① 王黎：《"连" 和 "连连"》，《汉语学习》2003 年第 2 期。

现。重复与持续的差异在于：“重复”是指某种动作行为或性状接连反复出现，一次与一次之间有短暂的间歇，也就是“客观连续义”① 的第二种意思：指同样性质的动作或情况一个接一个地接连发生，如例1～5。“持续”是指某种动作行为或情况一直延续，其间无间歇，也就是“客观连续义”中的第一种意思：指一个动作或现象本身从开始到结束（或到说话时为止）中间没有间隔，如例6～9。

例1：……所以我就带她到楼下的小铺吃炒饼，她一连吃了六份。(《未来世界》)

例2：王安福一连跑了两天路，一连两夜又都没有睡好。(《李家庄的变迁》)

例3：一连找了几个工作，都是因为我是延年的妻子，人家就摇头了。(《上海的早晨》)

例4：芳契躺在长沙发上，渐渐疲倦，眼皮沉重，一连打好几个呵欠，慢慢睡着。(《紫薇愿》)

例5：在高波雄壮的喊声中，一连十五枚手榴弹，落向匪徒群中，顿时一阵剧烈的连续爆炸，掀起了一团浓浓的黑烟。(《林海雪原》)

例6：那以后一连好几个月我没有看见过她。(《白罂粟》)

例7：正常情况通常是一连几天都难得开张，但却没有人为明日担忧。(《东尼》)

例8：老人咧嘴一笑，“我还是在二十年前到过那里，我一连在石姑娘的像前住了十五天”。(《林海雪原》)

例9：他有时一连好几天不沾家，母亲急了就出去找。(《柏慧》)

（二）“一连”在语义指向上一般是指向所在句子的数量成分，表示量的“多或大”，同时也指向谓语，反映它的情状，如：

例10：记得一连有那么几天，窗外天天有燕子飞过。

例11：啪，啪，啪，一个嘴巴，两个嘴巴，一连几个嘴巴也

① 王黎：《说“一连”》，《世界汉语教学》2003年第2期。

重重地打到道静苍白的脸颊上。(《青春之歌》)

例 12：班长秦守本下了两次水，肚子痛，一连吃了两包"人丹"还没有止住。(《红日》)

例 13：但老太太的生活却安顿下来，一连举行好几次家庭礼拜。(《流金岁月》)

例 14：我左右开弓一连扇了自己好几个嘴巴子，促进血液循环吧，让我的脸鼓峰起来红润起来。(《大浴女》)

例 15：一连值了好几个夜班，查房时都见他睡得十分安稳，呼吸均匀。(《梧桐梧桐》)

例 16：有一回，俄国的远东地区一连下了两个月的雨。(语文总)

例 17：可是谁刚向前一探头，李永光叭地一枪，江华接着又一枪——一连打倒两个之后，就谁也不敢向前了。(《青春之歌》)

例 10～17 第一个小句中的"一连"分别后指"几天"、"几个"、"两包"、"好几次"、"好几个"、"好几个"、"两个月"、"两个"，表示时间之长，也分别指动词"有"、"打"、"吃"、"举行"、"扇"、"值夜班"、"下雨"、"打倒"，表示"存在"状态的延续。

(三)"一连"除了表达在句中它的句法意义外，同时也可以反映出叙事主体或说话人的主观意向。具体说就是它含有对"量"进行一定的夸张和强调等感情色彩或意味，偏重于往大或多说。"量"如果是个确量，那么它的主要作用在于强调突显；若是约量，就有一定的夸饰性。

例 18：但是这些签字说明她确实是爱我的——就是这些签字里包含的好意支持着这个故事，使我可以一遍遍地写着，一连写了十一次。(《白银时代》)

例 19：我一连出了四回劳工，头趟还没回来，二趟就又派上了。(《暴风骤雨》)

例 20：从门口那儿起，地上一连摆了两个小瓦盆和三个菜碗，里面装着浑泥汤汤。(《上海的早晨》)

例 21："我是给他们的'良知'在晚上反省的，一连反省七

天!”(《东尼》)

例 22：一连两天，都是玩着这个“捉迷藏”。(《林海雪原》)

例 23：高温天气一连持续了几天。

例 24：字迹如此模糊又如此之小，借助于一个放大镜，趴在桌子上，一连看一两个小时，连头也不抬。(《十面埋伏》)

例 25：我病得时间好长，一连十几天没有上班。(《柏慧》)

例 18～22 里的“十一次”、“四回”、“两个和三个”、“七天”、“两天”本身是客观确量，本身无所谓多少，但由于“一连”的作用，便在它的基础上带有说话者的主观倾向，即量大。同样，约量“几天”、“一两个小时”、“十几天”分别与“一连”共现后，例 23～25 就意味着说话人嫌“高温天气”、“看书”、“没有上班”历时长，有一点往大里说的主观意。

二、“一连”句的句法特征

(一)“一连”句谓语的特征

1. 形容词性谓语句

动态形容词谓语结构的“一连”句，其中形容词只能是性质形容词，而且也以单音节居多，表示某种性质的连续反复的出现。如：

例 1：一连热了几天/一连亮了几下/一连苦闷了几天（几次）

例 2：后来听见大姊说：母亲每次接着我的信便要失望流泪，一连难受几日。(《棘心》)

“热”、“亮”是单音节的，“苦闷”、“难受”是双音节的。值得指出的是状态形容词不能进入这种谓语里。如：

例 3：*一连干干净净几日（几回）/*一连亮闪闪了几下

至于“一连”句动态形容词谓语结构其他的特征，可以从下面动词谓语句类推出来，兹不赘。

2. 动词性谓语句

2.1“一连”是表示行为动作或性状出现或发生频次的时间长，它修饰的动词结构绝不能是快速接连发生的行为，如“一连弯腰、一连咳嗽”等是不能说的。

2.2 动词谓语句必须含有“数量”结构，不能缺乏“数量”，否则不成句或句子可受性不强。比较下列例子：

例4：a. 他一连演了三天的戏。(《家》)

例4：*b. 他一连演了戏。

例5：a. 他一连在北京逗留了十八天。(语文总)

例5：*b. 他一连在北京逗留了。

例6：a. 他一连喊了三四声，还是没人回答。(《林海雪原》)

例6：*b. 他一连喊了，还是没人回答。

例7：a. 小毛把金丹棒子往斗上粘一个，李如珍吸一个，一连吸了七八个以后，小毛把斗里烟灰挖出，重新再往上粘。(《李家庄的变迁》)

例7：*b. 小毛把金丹棒子往斗上粘一个，李如珍吸一个，一连吸了，小毛把斗里烟灰挖出，重新再往上粘。

例8：a. 鲁汉爬到窗下把手榴弹弦拉断，"去你奶奶的！"一连塞进去两个。(《铁道游击队》)

例8：*b. 鲁汉爬到窗下把手榴弹弦拉断，"去你奶奶的！"一连塞进去。

例9：a. "粟司令是从来不急不忙的人，也发急啦！……一连好几个'无论如何'！"(《红日》)

例9：*b. "粟司令是从来不急不忙的人，也发急啦！……一连'无论如何'！"

例10：a. 尹白一连拨几次电话到台北都不通，足见台青真是个小滑头，好话先说尽了再讲。(《七姐妹》)

例10：*b. 尹白一连拨电话到台北都不通，足见台青真是个小滑头，好话先说尽了再讲。

例11：a. "好，好，好！"余校长一连答应了几个好，便在前领路，把道静领到学校去。(《青春之歌》)

例11：*b. "好，好，好！"余校长一连答应了，便在前领路，把道静领到学校去。

上述句子例4~11中句式b不成立，就是因为与"一连"共现的动词结构"演了戏"、"在北京逗留"、"喊人"、"吸烟"、"塞手榴弹"、"说话"、"拨电话"、"答应了"没有数量去"完形"，而对应的a式则含有数量“三天”、“十八天”、“三四声”、“七八个”、“两个”、“好几个”、“几次”、“几个”。这种结构上的特征反映在音节上，谓语就是一个多音节结构。如下面例12~19里的“讲了三个半小时”、“扎了七针”、“就是三枪”、“休息了几天”、“练习了好几遍”、“问了几句”、“刺伤八人”、“呆了好几天”就是多音节序列。

例12：吴吉昌一连讲了三个半小时。

例13：一个农村婆婆学打针，不用说有多艰难，一连扎了七针……（语文总）

例14：只见老洪把短枪朝他右边的司机座上一举，彭亮马上一低头，耳边听到“当！当！当！”一连就是三枪，机车忽然震动一下。(《铁道游击队》)

例15：一连休息了几天，好像误了什么事？(《十面埋伏》)

例16：妈不但松了一口气，更是难得地喜形于色，主动地让我一连地扶着她练习了好几遍。(《世界上最疼我的人去了》)

例17：我不得不压抑着心中的气愤，一连问了几句。(《柏慧》)

例18：你看他十九岁那年在北京，为报国仇家恨，手持一把铁锥，见到魏忠贤余孽就朝他们脸上刺过去，一连刺伤八人，把整个京城都轰动了，这难道就是素称儒雅的江南文士吗？(《文明的碎片》)

例19：我在莫高窟一连呆了好几天。(《文化苦旅》)

“一连”句里的数量可以是动量成分、时量成分，甚至可以是物量成分，它们主要功能是作定语、状语与补语。

例20：使我可以一遍遍地写着，一连写了十一次。(《白银时代》)

例21：每道题都做得很认真，而且一连几次都得了100分。(语文总)

例22：一连在北京逗留了十八天。(语文总)

例23：一连下了一个月的雨。(《红玫瑰与白玫瑰》)

例24：那以后，一连好几个月我没有看见过她。(《白罂粟》)

例25：他一连吸了三支烟。(《未来世界》)

例26：但另一方面，她却比任何一个女子幸运，也比任何一个男子幸运，她一连得了两次头奖。(《上海的早晨》)

例27：一连戴上六块手表，一块紧接一块，把左边小胳臂都戴满了，没有地方可戴了，他卷起府绸衬衫的袖子，想往大胳臂上戴，可是他的大胳臂又肥又粗，手表带子没有那么长，带不上。(《上海的早晨》)

例20、21里的“十一次”与“几次”分别是动量补语、状语，例22、23和24中的“十八天”、“一个月”和“好几个月”分别是时量宾语、定语与状语，例25、26、27的“三支”、“两次”、“六块”是物量定语。其中，例20、21、22、25、26、27里的“一连”是间接修饰或间接与数量发生语义关系的。而例21、24的“一连”是直接修饰一个数量成分的，同样的例子再如例28、29、30、31的时量“三年”、“几天”、“一星期”、“几个钟头”，例32动量“几次”，例33、34、35定语“三个”、“五天五夜”、“几个”。

例28：一连三年没见他的背影了！(语文总)

例29：沪江厂的“五反”工作热烈展开，杨健一连几天抽不出时间回家。(《上海的早晨》)

例30：这样的，农会上人来人往，一连闹了一星期。(《暴风骤雨》)

例31：那道山影化为一首奇特的歌儿震响在耳畔，我可以一连几个钟头遥望着、谛听着。(《柏慧》)

例32：芝麻大的事儿，一连几次的说！

例33：快中午了，朱延年才从马丽琳的家里赶回福佑药房，走到经理室的办公桌面前坐下来，一连打了三个哈欠。(《上海的早晨》)

例34：上一次五中队的指导员一连关了他五天五夜的禁闭，那家伙还是不肯认错。(《十面埋伏》)

例35：平时只要十分钟时间便可抵达，今日尹白一连冲几个红灯，抱着撤销驾驶执照，大不了以后都不开车的原则，飞向车

站。(《七姐妹》)

(二)“一连”与动词体标记的共现

一连”句可以出现动态助词“了”、“过”，但不能出现“着”。例如：

例 36：a. 这事，他一连提过四五回。

例 36：b. 这事，他一连提了四五回。

例 36：* c. 这事，他一连提着四五回。

例 37：一连讨论过蒋子金等三家地主，大家都一致同意扫地出门。(《迎春花》)

例 38：芳契已经许久没有做这个动作，也不大有可能做得到，今日的骨骼肌肉都较为灵活，芳契大为振奋，一连做了四五十下。(《紫薇愿》)

例 39：刘胜踱了一阵，一连猛口地喝了两碗茶。(《红日》)

例 40：萧队长一下跳到旁边一棵大柳树后面，掏出匣枪来冲着枪响的方向，喀巴喀巴地一连打了一梭子子弹。(《暴风骤雨》)

小　结

“一连”表示同一动作行为或性质的重复出现或持续，主要强调突出“量”的多或大等，带有说话人一定的主观情态。其语义在指向数量成分的同时，也指向动词或形容词。它的语义特征可表述为：{反复，持续，量多或大，主观}。

结构特征上，“一连”修饰的 VP 必须是个多音节的含有数量结构的复杂短语，这些数量成分可作状语、定语、宾语和补语。从性质类型看，“一连”句的谓语以动词居多，也有性质形容词充当的，这个形容词一般是单音节的。

第三节　接　　连

一、语法意义

(一)“接连”表示同一动作行为或性质一个接着一个发生或

出现，时间间隔相对可长可短。如：

例1：接连抽了两支烟，他才感到他完全醒了。(《人生》)

例2：她接连写了几封信去慰问。(《棘心》)

例3：随着她的话音，在大堤转角地方，发出一声剧烈的爆炸，接连又是几声。(《风云初记》)

例4：抗日战争头几年，她指望子孙后代摆脱长期苦难的生活，接连把两个女儿送给了革命。(《迎春花》)

例5：接连便是难懂的话，什么“君子固穷”，什么“者乎”之类，引得众人都哄笑起来：店内外充满了快活的空气。(《鲁迅全集》第一卷)

例6：她接连好几天没来上课了。

例7：这里接连发生了三起交通事故。

例8：他接连问了我好几个问题。

例9：灯接连红了两下，又暗了下去。

例1是说“抽烟”这一行为短，连续出现两次，不强调其时间间隔的长短；例2~8也如此。例9是强调“红”这一性质的连续出现，也不显示时间的长短。

(二)“接连”强调行为或性质发生或出现的邻接性或相接性。

例10：a. 外面的笑声接连地传到他的耳边，好象在讥笑他。(《家》)

例10：b. 外面接连的笑声传到他的耳边，好象在讥笑他。

例10a“接连”在句中就是强调“笑声”的特点是随着时间一声接一声延续的，这可以从基式例10a的语义指向及变换形式例10b得到一致的证明。

(三)“接连”在表达上有一点儿说话者的主观描述性，例如：

例11：明天你要起个绝早，又要接连坐几天木船，你应该好好地休息。(《家》)

例12：她连忙用手蒙住脸，她的思想渐渐地模糊起来，眼前是一片白茫茫的水，接连地，接连地滚着，真是无边无际。(《家》)

“接连”在例11里强调“坐木船”这一行为本身及时间“几

天”之长的。例12里的“接连”重叠作“滚着”的状语，突出反映这一行为发生的情状。

（四）“接连”在语义指向上是多指的，可以指向数量成分和谓语中心，且主要指向数量成分。

例13：（他）接连跳过了几个土塄坎……（《人生》）

例14：只有觉民、觉慧两弟兄端着不放，接连吃了两碗饭。（《家》）

例15：“有一天夜里，接连梦见你三次，你的耳朵发烧没有？”（《上海的早晨》）

例16：紧接着她接连听到了两声“咕咚”，这次她听得更为清楚，她觉得这是冒出气泡来的声音。（《现实一种》）

例17：沈振新悲伤地叹息着，又接连吐了两口黄水。（《红日》）

例18：说着，保持生命的迫切的欲望，使他真的象没有负伤的人一样，接连地走了五六步。（《红日》）

例19：当他拾起筷子时，很快一碗麦饭吃下去了，接连他又吃两大碗，别人还不吃完，他已经在抽烟了！（《生死场》）

例20：他接连打了两个哈欠，霍地跳下床来，匆匆洗了一个脸，便到厂里去了。（《上海的早晨》）

例21：他接连点了数处，不多时，干草垛一个连一个烧起来。（《林海雪原》）

拿例14来说，“接连”在语义上同时指向谓语动词“吃”和宾语的数量定语“两碗”，但从表达的重点看是侧重在“数量”上的。

二、“接连”句的句法特征

（一）“接连”句谓语的特征

1. 形容词性谓语句

动态形容词谓语结构的“接连”句，其中形容词以单音节性质形容词为主，如下例的“冷”、“亮”；状态形容词不能进入这种谓语里。如：

例1：（天）接连冷了几天；（街灯）接连亮了起来。

至于“接连”句动态形容词谓语结构其他的特征，是可以从下面动词谓语句类推出来的，此从略。

2. 动词性谓语句

2.1“接连”句的谓语整体上是个复杂的多音节结构，至少是个双音节结构。

例2：接连嘘了两三口气/接连咳了几声嗽/枪声接连地响着

2.2从构成看，多数都含有数量结构，也有没有数量结构的情况。

2.2.1与“接连”共现的数量成分有动量、物量与时量三类，其中的“量”包括确量、约量两种情况，例如：

例3：他走过去，把父亲墙上挂的日历嚓嚓地接连扯了七页。(《人生》)(物量宾语)

例4：他连忙向前走了两步，又接连叫了他几声。(《家》)(动量宾语)

例5：接连坐了十几个小时的飞机，他感到很累。(时量宾语)

这三例的数量“七页”、“几声”与“十几个小时”分别是物量、动量与时量，其中“七页”是确量，后两个是约量。

2.2.2“接连”句没有“数量”共现，例如：

例6：这一天，天刚黑，爆竹声便接连地响起来，甚至在许多地方同时燃放。(《家》)

例7：觉慧接连地说：“谢谢你。”(《家》)

例8：巧珠用两只小手往外推，接连地说：“我不要，我不要。”(《上海的早晨》)

例9：朱延年抬起头来，接连摇头否认，“从来没有过，从来没有过。”(《上海的早晨》)

例10：他常赢少输，可那天他栽到我手里了，接连地输给我。(《活着》)

例11：远近接连地响起清亮的鸡啼声。(《红日》)

例12：今年接连传来喜讯。

例13：她气恼地接连用她的无力的手打肚皮，一面说：“你把

我害了!”(《家》)

例 6“响起来”是述补结构，例 7~12“说：‘谢谢你’”、“说：‘我不要，我不要’”、“否认：‘从来没有过，从来没有过’”、“输给我”、“响起清亮的鸡啼声”、“传来喜讯”是述宾结构，例 13“用她的无力的手打肚皮”是状中结构，它们都没有数量。

2.3“接连”前后有一些复杂的状语成分可以与之共现，但同类的其他四个词不行，如：

例 14：礼物潮水般的接连（*连连/*一连/*连续/*陆续）涌来。(《家》)

例 15：雪驹显然激动了，它向着那苍茫茫的远山接连（*连连/*一连/*连续/*陆续）就是三声长嘶。(《雪驹》)

例 16：他走过去，把父亲墙上挂的日历嚓嚓地接连（*连连/*一连/*连续/*陆续）扯了七页。(《人生》)

例 14 的比况结构“潮水般的”和“接连”在谓语“涌来”前能共现，例 15 的介词短语“向着那苍茫茫的远山”和“接连”在谓语“是”前能共现，而其他的四个是不能的；例 16 更是个复杂结构，层次关系为［状中［把父亲墙上挂的日历状中［嚓嚓地状中［接连动宾［扯了七页］］］］］，“连连、一连、连续与陆续”是不能进入的，或可以进入但可受性不强。

（二）“接连”与动词体标记的共现

“接连”可与动态助词“了”、“着”间接共现，形成“接连VP了（着）”结构，分布在各种时态句里，而“过”一般是不行的，如：

例 17：……后来又有几家公馆接连地响应着放起鞭炮来。(《家》)

例 18：徐昆又接连地拍着刘胜和陈坚的肩膀，笑嘻嘻地这样说。(《红日》)

例 19：雪，接连下了四五天了。

例 20：他今天接连给她打了三个电话，她怕他电话不断打来，不如见一次面，把事情谈谈清爽，免得他再纠缠下去。(《上海的

早晨》)

例 21：我也接连的摔了十二交，头上长出许多疙瘩来。(《鲁迅全集》第一卷)

例 22：他打扫了一下嗓子，接连咳了三声，眼光向三张桌子巡视了一阵，耸一耸肩膀，嘻着嘴，停了一会儿，说：“说我有心事吗？我可是没有心事。”(《上海的早晨》)

小　结

“接连”表示同一动作行为或性质一个接着一个发生或出现，时间间隔相对可长可短，强调反映行为或性质发生或出现的邻接性或相接性。在语义指向上它是多指的，有时重在数量上，有时(句中无数量)重在谓词上。其语义特征为：{渐次、相接或紧接、量大}。

分布上，可以与复杂的谓语结构共现，“连连”、“一连”、“连续”、“陆续”不行。对数量是选择性（optional）的。

第四节　连　续

一、语法意义

（一）副词“连续”的语义基本和动词“连续”一致，它主要表示某种动作行为或性质的整体延续不断的状况，对其中有无间隔不作表示。

例 1：白求恩在手术台旁，连续工作了 69 个小时。(语文总)

例 2：她终于忍不住低声哭起来，断续地说了两句话：“大表哥，我此刻心乱如麻。……你叫我从何说起？”于是一只手揿着心，连续咳了几声嗽。(《家》)

例 3：城买被连续挨打的第三天，也就是出事后的第七天，城买又一次被 G 召来的人逼问。(《青春禁忌游戏》，载《萌芽》2005 年第 1 期)

例 4：她从枕边摸出一个药瓶，连续吞咽下 3 颗药片。(《另一

种妇女生活》)

例5：侯瑞的两只眼睛相离很远，说话带着和蔼的笑容，“北大党的力量在最近两年连续遭到几次的逮捕、镇压之后，已经很微弱，到现在还没有恢复上来。”(《青春之歌》)

例6：那个军官又把脑袋露到矮墙上面来，他连续打了十多发子弹，喝令扑在地面上的兵士们！爬起身来继续冲锋。(《红日》)

例7：在保定和高阳的公路上，连续袭击了几次敌人。(《青春之歌》)

例8：这个星期他连续迟到了三次。

例9：近来人民币兑换美元的汇率连续上涨了5个百分点。

“工作”、“咳嗽”、“挨打”、“吞药片”、“遭逮捕、镇压”、“打子弹”、“袭击敌人”、“迟到”、“上涨”绝对要有个停顿，但“连续”着眼强调它们整体过程的相续不断的特征。

（二）“连续”的语义可以指向所在句的动作行为或数量成分，也可以同时指向上述成分，显示叙事主体或说话人对客观“量”的强调或评议。如：

例10：a. “这个符咒连续出现了三次。”(《预约死亡》)

b. “这个符咒出现了三次。”

以例10a为例，“连续”语义上可同时指向“三次”与“出现”，其中“三次”是个客观确量，但由于“连续”的强调，就显示了“这个符咒”出现的次数之多。而b式仅仅是一个客观的陈述。

二、“连续”句的句法特征

（一）“连续”句谓语的特征

1. 形容词性谓语句

动态形容词谓语结构的“连续”句，其中形容词以单音节性质形容词为主，如下例的“冷”、“晴朗”；状态形容词不能进入这种谓语里。如：

例1：（天）连续冷了几天。

例2：到了五月初，天就会连续晴朗。(《未来世界》)

至于“连续”句动态形容词谓语结构其他的特征，是可以从下面动词谓语句类推出来的，此从略。

2. 动词性谓语句

动词谓语结构大多是个复杂结构，从音节上说多数是双音节的。

2.1 与“连续”共现的有“数量”，特点是“连续”后有数量词。如：

例 3：汤阿英连续做了五天夜班，身体渐渐吃不消了。(《上海的早晨》)

例 4：就是从常常连续工作两天三天的极度紧张中挤出来的。(语文总)

例 5：学术文化的最前列，用精密高超的思维探讨着哲学意义上人和人性的秘密，有时连续论争三天三夜都无法取得一致意见。(《文明的碎片》)

例 6：他从来不能在任何一个地方连续工作两个月以上，他不敬业，不爱工作，他认为工作本身，就是一个“监牢”，只要他赚够了吃饭钱，他就开始游手好闲……(《梦的衣裳》)

例 7：你好好想一想，一大早我连续呼了你八九次究竟是为了什么！(《十面埋伏》)

例 8：他就这样连续错过了命运的四次暗示。(《难逃劫数》)

例 9：“那么刚才是谁几乎连续掉六次下来?”(《红苹果之恋》)

例 3、4、5、6 的“连续”与后面的时量“五天”、“两天三天”、“三天三夜”、“两个月以上”属于不连续共现，例 7、8、9 的“连续”与后面的动量“八九次”、“四次”、“六次”也是不连续共现。

2.2 “连续”句中也可以没有数量结构，不过这种情况不多，如：

例 10：炮管子虽然不粗，但连续发射起来，火力相当猛烈。(《空中小姐》)

例 11：我轻飘飘地连续大跳，不为人察觉地偷着懒，再剧烈的活动我也不会出汗了。(《浮出水面》)

例 12：这种药不能连续吃，至多不过一个星期。(《实用汉语中级教程》第 73 页)

例 13：本来这里人烟就稀少，经过敌人的连续“扫荡”，这地区就更显得凄楚荒凉了。(《风云初记》)

例 14：杨健望着坐在他旁边的余静说：“开过大会，成立组织，诉苦运动要抓紧在各个车间，连续进行。”(《上海的早晨》)

例 15：这几天因为断头太多，她连续做夜班，过分疲劳，现在到了下半夜，她的身子更加吃不消了。(《上海的早晨》)

例 16：粗暴的震耳的吼声，在王沟车站周围连续的响着，火车驶进扬旗了，彭亮从小玻璃窗里，望到了前边月台上的黄色的、黑色的人影和红绿灯。(《铁道游击队》)

例 17：李鸿义一梭子大肚匣子响后，接着便是刘勋苍的炸药爆炸了，引起全洞的子弹、炮弹连续爆炸，震得山摇地动。(《林海雪原》)

例 18：但，那回忆却连续的开始织张：——一个小伙子倒下来了，一个老头也倒下来了！(《生死场》)

这九个句子内没有任何“数量”结构，“连续”分别修饰“发射起来”、“大跳”、“吃”、“扫荡”、“进行”、“做夜班”、“响”、“爆炸”、“织张”。但这些动词本身内蕴着一个“连续量”。如例 10 中“发射”无论从对象或它本身的动作看，都是多量的。

(二)“连续”与动词体标记的共现

与“连续”句的谓语同现的动态助词一般是“了”，“着”通常是不能分布在这种结构里的，“过”似乎是可以分布的，但可受性差些，如：

例 19：(赵尧舜)连续按动了几下打火机点不着火，“怎么搞的?”(《顽主》)

例 20：这样连续唱了大约一个多小时，吉他、鼓声、歌声，忽然全停了……(《聚散两依依》)

例 21：他们连续吵了五天架。

例 22：我连续做了 60 个俯卧撑。

例 23：? a. 一天连续写过三篇通讯

例 23：b. 一天就连续写了三篇通讯

小 结

副词“连续”的语义是表示某种动作行为或性质的整体延续不断的状况，带有说话人一定的主观性，对“量”进行强调。它的语义一般指向后面的数量成分与谓词。其特征可表示为：{整体过程，延续，强调}。

句法上它对数量结构是选择性（optional）的，一般和动态助词“了”共现，它是动词“连续”不彻底虚化的产物，语法功能是作状语。

第五节 陆 续

一、语法意义

（一）“陆续”是个客观描写或刻画动作行为发生情态的副词，表义重点是指不同的动作行为主体有序地逐次地进行同一行为动作，所在句的结构格式为：$S_{复}$+陆续 VP，这时，“陆续”的语义前指；也可以是同一主体以同样的动作跟不同的对象发生关系，格式为：$S_{单}$+陆续 V（或 VP）+$O_{复}$。这时，“陆续”的语义后指。

1. 不同的动作行为主体有序地逐次地进行同一行为动作，如：

例 1：胜利的消息，陆续从前线传来。(《蚀》)

例 2：我军的伤员，陆续从火线上抬下来。(语文总)

例 3：开会的人陆续都到了。

例 4：金子银子和衣裳布匹陆续还起出些来，但都是星星点点，破破烂烂，不值一提的玩艺，通宵熬夜，人们困极了。(《暴风骤雨》)

例 5：经债权人再三再四地登门坐索，才陆陆续续地零零碎碎地付。(《上海的早晨》)

例 6：听到小坡回来了，准备好家什的人们，都陆续拥进小屋，在油灯下，听着小坡叙述他被捕、受刑和逃跑的经过。(《铁

道游击队》)

例 7：吃过早饭，大家陆续往旗杆院走——有的是本来就要来开会，有的是被小孩们拉来的。(《三里湾》)

例 8：这时候，铁锁的同行也都陆续从街上回来，一听铁锁报告了这个消息，都抢着到小东房去看……(《李家庄的变迁》)

例 9：目前，中国银行、建设银行和工商银行已陆续开通网上支付业务。

这种语义下的句子，主语名词都是些集体名词，它们的所指对象不止一个，是个复数概念。句中的动作或行为是由主体中的构成个体分别发出或接受的。我们把第 1 例图示如下：

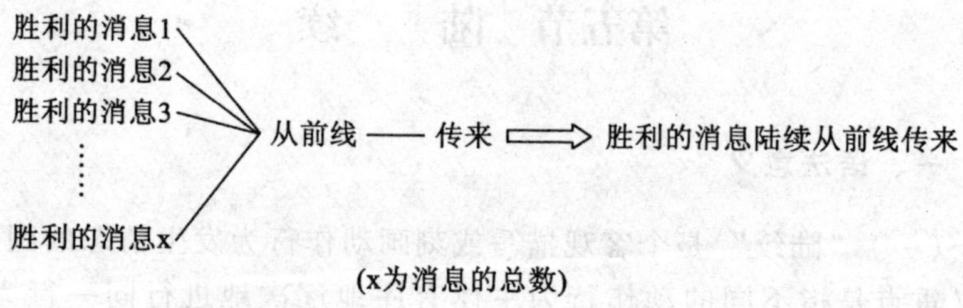

2. 同一主体以同样的动作行为跟不同的对象“有序”、“逐次”地发生关系，例如：

例 10：从一九二七年到一九三七年陆续发掘到头盖骨、下颌骨和许多牙齿及其他骨骼。(语文总)

例 11：说着，陆续摆开四道菜，第一道荠菜炒肉丝，接着荠菜墨鱼汤，再是荠菜炒鸡蛋，末了是荠菜豆腐汤。(语文总)

例 12：他又陆续地发明了“补脑益智生发油”，“鱼肝油口香糖”，细腰身女人吃了不致发胖的特制罐头“保瘦肥鸡”。(《灵感》)

例 13：新年前陆陆续续地收到了许多贺卡。

例 14：这个饭馆陆续招了几个外地人。

例 15：这家公司陆续推出好几种新产品。

例 16：她穿着单薄的衣服，带着小小的行李卷——那些乐器

她早没有闲情逸致玩弄它们，陆续都送给了她的学生。(《青春之歌》)

例 17：接着借了打字机回来写求职信，嘻嘻哈哈，喧哗热闹，书桌上搁一大壶冰柠檬茶，陆续有其他的同学来探访，叽喳不停。(《流金岁月》)

例 10—17 里的并列名词宾语包含的每一个个体，在与动词发生关系时都是有序渐次的，或者按照某种事物构成方位，或者是根据行为发生的内在时间顺序，等等。例 10 可图示如下：

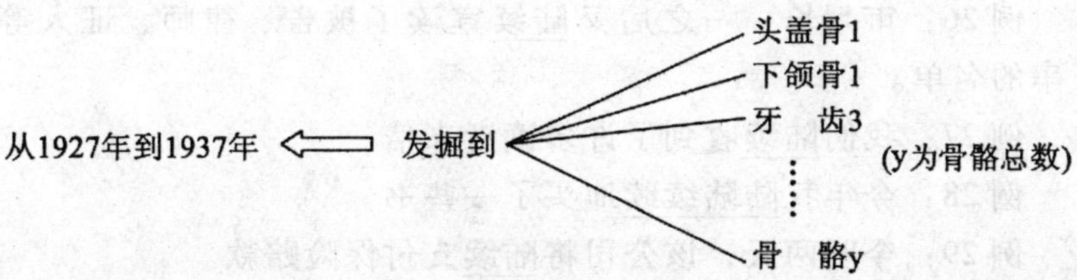

这种序列显然是按照发掘所得的先后排列的。与之类似的例 11、12 是按照“摆”的对象先后和“发明”的事物先后进行排序的。

(二)“陆续”的语义指向问题

1.“陆续”句句首无行为主体、是个存现句时，语义一般是后指，例 18、19 分别指向后面的施事宾语“几个人”、“客人”。如：

例 18：以后又陆续地走了几个人。(《家》)

例 19：陆陆续续几个邻居的屋里全来了客人。(《青春之歌》)

但也有例外，如上述例 10 的“陆续”就同时指向介词短语“从一九二七年到一九三七年”与宾语“头盖骨、下颌骨和许多牙齿及其他骨骼”。

2. 如果“陆续”句句首有行为主体，伴随行为主体单、复数的不同，它们的语义指向也是不同的：

(A) $S_{复}$+陆续 VP+ ($0_{单}$)，“陆续”的语义前指，如下例 20 ~ 23。

（B）$S_{单}$+陆续 VP+$O_{复}$，“陆续”的语义后指。如下例 24～29。

例 20：代表们陆续地步入会场。

例 21：朋友们陆续来我家“上班”了。（《浮出水面》）

例 22：先由我起，跟我妈辞年，然后胖子大娘领着佣人们，陆陆续续一批批上来作揖领赏。（《玉卿嫂》）

例 23：2000 余家参展厂商陆续进入商品交易会会场。

例 24：他陆续写了几本书。

例 25：“那么，他庞大的生意帝国又怎么办？”“据说已陆续发给子孙及亲信打理。”（《红尘》）

例 26：审判长……之后又陆续宣读了被告、律师、证人等一长串的名单。

例 27：我们陆续收到了许多读者来信。

例 28：今年我陆陆续续地买了一些书。

例 29：今明两天，该公司将陆续支付保险赔款。

3. 如果“陆续”所在句的动作主体和宾语都蕴含着复数信息时，其语义指向是前指还是后指，由大语境决定。例如：

例 30：方家孙家陆续电汇了钱来，回上海的船票辛楣替他们定好。（《围城》）

例 31：工人、小贩、公务员、洋车夫、新闻记者、年轻的家庭主妇、甚至退伍的士兵，不知在什么时候，也都陆续涌到游行的队伍里面来了。（《青春之歌》）

例 30、31“陆续”的语义分别前指“方家孙家”、“工人、小贩、公务员、洋车夫、新闻记者、年轻的家庭主妇、甚至退伍的士兵”。

二、“陆续”句的句法特征

（一）“陆续”句谓语的特征

1. 形容词性谓语句

形容词作谓语中心，没有动词作谓语中心的情况多，其中的形容词是表动态的性质形容词，反映某种性质的变化。例如：

例 1：村子里最穷的几户也在这几年当中陆续好起来了。（转

引自侯学超《现代汉语虚词词典》)

例 2：五点过后，便看见对面楼上几家的灯陆续地亮了起来。(转引自侯学超《现代汉语虚词词典》)

2. 动词性谓语句

动词谓语中心结构对动词没有任何限制条件，所有的动词都可以进入这一结构。就其附加成分说，包括有"数量"和无"数量"结构。如下例 3、4、5 包括有"数量"结构，例 6、7、8、9、10 就无"数量"结构。

例 3：一问，才知道是白血病，已陆陆续续住院九年……(《爱又如何》)

例 4：汉语他陆续学了三年。

例 5：这所学校陆陆续续新盖了几栋宿舍。

例 6：队伍、民夫、自卫队都陆续回来了。(《李家庄的变迁》)

例 7：快 8 点了，同学们陆续来到了教室。(《基础汉语》三〈下〉第 173 页)

例 8："它已经相当破旧，表面有疤痕，质地松弛，内部许多器官经过修理，有些在未来的十年间肯定会陆续出毛病，换一具新躯壳是明智之举。"(《紫薇愿》)

例 9：梅佐贤从东客厅里端进来三把红漆皮的椅子，大家才陆续坐下来。(《上海的早晨》)

例 10：这时候正赶上村里人陆续从地里往家走……(《三里湾》)

(二) 对主语、宾语的要求

"陆续"所在的句子，主语或宾语的所指必须至少含有两个或两个以上的构成对象或者是一个并列的名词短语，否则不成句。例如：

例 11：参加婚礼的客人已经陆续到达。

例 12：方家孙家陆续电汇了钱来，回上海的船票辛楣替他们定好。(《围城》)

例 13：a. 他又陆续地发明了"补脑益智生发油"、"鱼肝油口

香糖"，细腰身女人吃了不致发胖的特制罐头"保瘦肥鸡"。(《灵感》)

例 13：＊b. 他又陆续地发明了"补脑益智生发油"。

例 11 主语"客人"所指绝不是一个人，例 12 主语"方家孙家"为两个个体名词的并列，同时宾语"钱"也是可计数的离散物。例 13a 宾语三个名词结构"补脑益智生发油"、"鱼肝油口香糖"与"保瘦肥鸡"的并列，例 13b 不成立是由于主宾语所指对象"他"和"补脑益智生发油"都是个体名词。

(三)"陆续"与动词体标记的共现

"陆续"可用于过去、现在和将来时的句子里，谓语里可用动态助词"了、过"和表状态义的"着$_2$"，决不能是表持续义的"着$_1$"。如：

例 14：客人坐一会，也陆续散了。(《猫》)

例 15：一眨眼的工夫，他们三个人，先后陆续逼近了第一辆坦克。(《上海的早晨》)

例 16：灾民陆续搬进了新居。

例 17：这些专辑曾陆续和读者见过面。

例 18：战士们扛着$_2$枪陆续进入会场。

例 19：代表们正陆续地步入会场。

例 20：早饭以后，大家正陆续往旗杆院走的时候，干部们照例在北房里作开会的准备。(《三里湾》)

(四) 与其他时间副词的共现

"陆续"并不排斥表"曾经"和"正在"义的时间副词。如上例 17、19、20。

小　结

"陆续"是个客观描写或刻画动作行为发生的情态的副词，表义重点是指不同的动作行为主体有序地逐次地进行同一行为动作或同一主体以同样的动作跟不同的对象有序地逐次地发生关系。其语义一般是多指向的，可以指向主语、宾语和谓词，但着眼点在谓词上。其语义特征可概括为｛有序，逐次｝。

“陆续”句的谓语中心多为 VP，也存在表动态的性质 AP。“陆续”所在的句子的主宾语中必须至少要有一个在所指方面含有两个或两个以上的对象，否则不成句。

第六节 “连连”类副词的异同

一、相同点

（一）这五个表示频率的副词共同的语法意义是表示动作行为或性质发生或出现时的情状，句法上作状语。“陆续”描述客观量，其他的四个都或多或少体现了说话人对动作行为、数量或性质的“量”的强调或评价。语义指向上，它们都是多指。

例 1：但牟林森、吴双连连叫喊我们上车。(《让梦穿越你的心》)

例 2：今天一连来了七位客人。

例 3：最近接连出了好几件大事。

例 4：他一天就连续写了三篇通讯。

例 5：最近几年，北京陆续建成十几座立交桥。

其中例 1 ~ 4 的“连连”、“一连”、“接连”和“连续”都是说话人或叙事主体借以强调“量”的词语，我们称之为“主观显量词”；例 5 的“陆续”相应地称为“客观述量词”。不管主观的还是客观的显“量”词，它们都是对谓语结构的情态刻画，是个“情态量”副词，它们所在句就是一个反映动作行为或性质“情态量”的句子。

（二）分布上，这五个词不受语体限制，可以出现在口语、书面语。它们所在句子的谓语大都是一个多音节的复杂谓语结构。

二、不同点

（一）表义的侧重点不同：

连连：{频率，反复，持续，短时，主观强调}

一连：{反复，持续，量多或大，主观强调}

接连：{渐次、相接或紧接、量大，主观强调}

连续：{整体过程，延续，主观强调}

陆续：{有序，逐次}

1. 反映说话人对“量”的强调的强弱不同，从极强的主观性到相对客观的意义从左到右基本可以形成一个连续统：连连>一连>接连>连续>陆续

2. “连连”与“一连”比，它着眼点在动作行为或性质的发生或出现的“频率”与“短时”上；而后者则不强调这两个方面。“接连”侧重动作行为或性质的发生或出现的“渐次、相接或紧接”性，而“连续”强调某一过程的整体“延续”性。“陆续”突出的是动作行为或性质的发生或出现的“有序性或逐次性”。

（二）语义指向不同，“陆续”主要侧重指向谓词上，而其他的都可以指向动作行为或数量成分。

（三）从句法分布或与之共现的成分等看，它们主要的区别也很明显，图示如表6-1①：

表6-1

频率副词	形容词		动态助词			必须有数量成分	约量	确量	直接跟数量	重叠
	性	状	了	着	过					
连连	+	−	+	+	−	±	+	−	−	−
一连	+	−	+	−	+	+	+	+	+	−
接连	+	−	+	+	−	±	+	+	+	−
连续	+	−	+	−	?	±	+	+	+	—
陆续	+	−	+	+	+	±	+	+	−	+

① “−、+、±、?”分别表示“不能”、“可以”、“两种情况都可以”、“可受性差”。

第八章

留学生使用三组时间副词偏误分析及教学示例

第一节　偏误的具体表现

一、“原来”类副词的使用偏误

“原来”类的“原来”“本来”“原先”“原本”四个词既可以是名词或形容词（如：他原来的职业是教师/我们要恢复事物的本来面目）又常常充当副词（如：他原来/本来是学哲学的，后来改学历史了）的特性，使得这些表面看起来简单的词语在实际应用中常常产生偏误。比如，“原来”、“本来”、“原先”与“原本”意义相近，实际运用中也常常可以进行替换。例如：

(1) 他原来（本来/原先/原本）姓张，后来改姓李了。

因此，留学生误认为它们等值同义，造成一些使用上的错误。如：

(2)？毕竟他不自信，而且，原来他非常腼腆。

同时这组词在字词典或教材中又经常被用于互相解释，如武克忠主编的《现代汉语常用虚词词典》：

“原来”表示原先的某一情况或状态，意思相当于“原本”、“本来”。

“本来”表示某种事物或情况原先就是如此，意思相当于“原先”、“先前”，后面往往跟有表示转折的内容。

“原本”表示事物或情况原先就是如此，意思相当于“原来”、“本来”，多用于书面语。

“原先”表示先前的某一时期或先前的某一情况，相当于“先前”、“起初。”

诸如此类的解释无疑不能完满地解决对外汉语教学中存在的问题。① 致使外国学生使用时出现了大量的偏误句。

（一）原来

副词“原来”，第 64 课，英语注释为“originally, so”②。它表面简单，但从教学实践中看，不少留学生常常犯错，生成如下病句：

例 1：? 毕竟他不自信，而且，原来他非常腼腆。（日）

例 2：* 他讲的原来就不对，为什么一定要听他的。（韩/日）

例 3：* 昨天我原来要去看你的，后来有事就没去成。（日）

例 4：* a. 没想到这门课学起来这么难！

例 4：b. 原来嘛，学习知识就得下功夫。（日）

例 5：* 你原来就应该赔礼道歉嘛！（土耳其）

例 6：* 学生原来就该搞好学习嘛！（土耳其）

例 7：* 今天是星期一，原来就应该上课。（日）

例 8：* ……回宿舍，我写日记，给朋友写一封信。突然我的

---

① 由于“原先”、“原本”多用于书面语，而我们的教学主要针对的是初、中等汉语水平的留学生，几乎不会涉及这两个词。故本节只对“原来”、“本来”进行偏误分析。

② 杨寄洲：《汉语教程》三（上），北京语言文化大学出版社 1999 年版，第 40 页。

同屋喊嗓子。我出来客厅的时候，大吃一惊。因为在顶棚上颠倒挂着一只蝙蝠。我们俩没办法，所以给师兄打电话。他深夜醒了。帮助我们。他用可口可乐瓶摸蝙蝠。蝙蝠出去了……（韩）

例1、2中的“原来”应改为“本来$_{1a}$”。因为“本来$_{1a}$”是通过强调事件的“原初”或“起源”真实进而达到对某一事件的肯定或否定，带有说话人很强的主观性。而且，它所在句子表达的事件在说话时并未发生变化或改变。根据句意，例1、2的“原来”改为表示行为或性状的“原初”状况的“本来$_{1a}$”最为恰当。例1中的“原来”若是“原来$_{1a}$”似乎也可以成立，只是要有后续句。

根据句义，例3的“原来”应改为“本来$_{1a}$”。因为“本来$_{1a}$”是用来强调某种动作行为或性状的“原先”状况，它所在的小句多是给后一小句语义或语气的转变提供前提或基础。用“原来”之所以错，是由于“原来”主要强调时间的“早先、在先”，是指一个时段，与例3的“昨天”相矛盾。若去掉“昨天”，说成“我原来要去看你的，后来有事就没去成”就是一个合格句。

例4、5、6中“原来”应改为“本来$_2$”。因为“原来”不能与语气词“嘛”共现，也不具有“本来$_2$”的语义。“本来$_2$”表示按道理就应该这样的意思，但事实并非如此，含有虚拟的意义。常与语气词“吗”、“嘛”、“么”共现，表示说话人对确定的客观事物的肯定评价的语气。例7的“原来”也应换上表示按道理就应该这样的“本来$_2$”。“原来”没有这个意思。

杨寄洲《汉语教程》三（上）第40页只谈到“原来”在单句中的两种用法：A. 以前某一时期，当初。（现在已经不是这样了。）即“原来$_1$”。B. 发现了以前不知道的情况，含有恍然醒悟的意思。即“原来$_2$”。课文后也只出现了在单句中两种用法的练习题。而课文中出现的却是“原来$_2$”在语篇中的衔接作用。这造成了教材在编排上的前后照应不周，致使学生产生偏误。例8是一个韩国学生的作文。根据上下文，此处的“因为”应改为表示发现原先不知的真实情况、含恍然大悟义的“原来$_2$”，用来解释上文“大吃一惊”的原因。由于学生还没掌握“原来$_2$”在语篇中的用法，他们就用了已学过的表因果的关联词语“因为……所以……”

来表示，从而导致错句。

（二）本来

“本来”，第 85 课，英语注释也为“originally”①。留学生在学习汉语时，一般都是先接触“原来”。当他们在中级阶段接触到“本来”时，很容易把它与“原来”联系并等同起来，加之，教材的英文注释相同，教材和《现代汉语八百词》都解释为 A. 原先、先前。B. 表示按道理就该这样。二词 A 义项意思和用法基本一样，于是留学生便以为能用“原来”的地方也能用“本来”。因而造出 9 ~ 15 例的偏误句。

例 9：＊开始的时候，我以为这个事情很简单，本来还这么复杂。（日/法）

例 10：＊本来这是塑料花，我还以为这是鲜花呢。（日）

例 11：＊玛丽告诉我你回国了，本来你还没走啊。（日）

例 12：＊从来不言不语的小刘本来也有这样的心计。（德）

例 13：＊本来他出国了，怪不得有些日子没看到他了。（芬兰/韩）

例 14：＊本来你还没睡呀！（韩）

例 15：? 本来我不住在这里，一个星期前才搬过来。（韩）

例 9 ~ 14 句表达的是某一情况或状况是出乎说话人自己的预料之外的；或者是现存的某种情况与说话人的预期相反，含有吃惊、醒悟等意义。“本来”没有这些意思，应改为具有这两个意义的“原来$_2$”。

例 15 句“本来”若是“本来$_{1a}$”似可成立，但根据句义，例 15“本来”换成“原来$_{1a}$”最为恰当。“原来$_{1a}$”表示“早先、在先”的意思，指以前的某一时段，主要强调时间的“在先”性。而“本来$_{1a}$”主要强调行为或性状的“原初”状况。

另外，实词“原来”、“本来”作定语时，留学生往往不知道究竟该用哪一个。所以往往生出如下错句：

① 杨寄洲：《汉语教程》三（下），北京语言文化大学出版社 1999 年版，第 51 页。

例16：＊他比本来的老师厉害。　（日）

例17：＊学完了汉语，我要回国学习我本来的专业。　（日）

例18：＊她是我本来的女朋友。　（韩）

例19：＊本来的房子比这所好多了。　（韩）

例20：＊孩子长得太快了，本来的衣服大部分都不能穿了。　（德）

例21：＊他终于露出了原来的面目。　（土耳其）

例22：＊这件衣服原来的颜色是灰色的，可是现在几乎看不出来了。　（韩）

16～22例中的“原来”和“本来”互换一下就是合格句了。

二、“从来”类副词的使用偏误

在《汉语水平词汇与汉字等级大纲》中，“从来”类“从来”、“向来”、“历来”、“素来”、“一向”、“一直”、“始终”这七个时间副词按等级排序依次为：一直（甲）、从来（乙）、始终（乙）、向来（丙）、一向（丙）、历来（丁）、素来（超纲）。由于“历来”、“素来”多用于书面语且在我们的教学中几乎不会涉及，故我们只对前五个常用及次常用时间副词进行偏误分析。

这五个时间副词都可以表示从过去到现在情况和状态一直如此，没有变化。语义上有交叉，有时可替换，替换后语义不会发生太大的改变。例如：

（1）我从来（向来/一向/素来）没有早起早睡的习惯。

（2）我一直(从来）没学过法语。

（3）小王学习一直（一向）很用功。

很多工具书，比如《现代汉语八百词》、《现代汉语虚词例释》、侯学超《现代汉语虚词词典》、武克忠《现代汉语常用虚词词典》、王自强《现代汉语虚词用法小词典》等对这几个词都有解释。但过于简单，常常是这几个词互相解释，混淆了各自的区别，致使留学生在学习这几个词时感到比较困难，偏误率较高。

（一）从来

例1：＊他从来不跟别人开玩笑了。　（日）

例 2：＊这两天，他从来生病。（韩）

例 3：＊她总是那么温和，她从来愿意帮助别人。（德）

例 4：＊他在她公司门口等了很久，希望能见她一面，但从来也没有见到她。（韩/日）

例 5：＊北京有些名胜古迹我从来一直想去游览。（韩）

例 6：＊她从来从事教学工作。（日）

例 7：＊从来妈妈一边工作，一边照顾三个儿女。（日）

例 8：＊学完了汉语，我要回国学习我从来的专业。（韩）

例 9：＊斯皮尔伯格从来拍摄很有名的电影，所以从来的电影受到了小孩子、大人等等的热烈欢迎。（韩）

例 10：？在困难面前，他从来没后退。（日）

例 11：＊他没被人从来注意过。（韩/日）

例 12：＊小王从来跟别人没开过玩笑。（韩）

这五个词都表示某种动作、行为或事件，从过去到现在为止经常出现或经常存在，着眼点是对到目前为止出现的情况的总结。因为经常出现的或经常存在的情况无所谓完成，与“了$_1$”是相对立的。另外，总结性的命题，句中的“时”意义是过去经常，与“了$_2$”表示事件实现后的状态延续的功能也不兼容，因此，这五个词与“了”不能共现。母语为英语、日语、韩语等的外国留学生往往把汉语的“了”等同于他们母语中的一般过去时态或过去完成时态。认为凡是发生在过去的动作、行为或事件都要用上“了”。如上例 1 去掉“了”句子才合格（例 13、40 同此）。

例 2“从来”应改为“一直”。“一直”可以表示距今较近的时间，如例 2 的“这两天”，而“从来”不能这样用。

例 3 说的是“她”的性格和“她”处世为人的一贯作法。应该选用表示习性义的“一向”或表示言说主体对行为或性状的惯常性的肯定的“向来”。“从来”不具有这些意思，且“从来”多用于否定句，少用于肯定句。“一向”、“向来”不受此限。

例 4 应该选用“始终”。说话人说这句话有个预设：他只要在她公司门口等她，按理说总会等到她的，但事实上，他从开始到最后(“等了很久”）始终都没有见到她。“始终”从其意义来说，是强调某种性状的“量”大的，比如例4里有时间词“很久”。“从来”虽也有“始终”或“一直”的意思，但“从来”主要是对一个事实或命题从时间上进行一种决然性的肯定，强调它的行为或性状的周遍性或无例外。与句义不相吻合。

例5是因误加而产生的副词偏误。是受副词意义和用法的限制，句中误加了不能共现的语义成分，例5是两个近义时间副词连用的误例。留学生是把“从来”附会成“从……以来”而产生这种误用的，例5只能保留“一直”。《现代汉语八百词》指出，“一直”与“从来”在表示“从过去持续到现在时，二者可以通用”①，但其实两者有不少区别。如在肯定句中，“一直”常用于以下四种句式的动词谓语前：①动词表示心理活动；②动词表所属关系等持续性状态；③在“在+动作动词+着”表示进行态的结构中；④动词+在+处所词（如：她一直住在上海）。而这四类句式中的“一直”都不能换用“从来”。“从来”多用于否定句。有的可以用“从来”的否定句也不能用“一直”。如：“外国菜里从来（*一直）没有鸡鸭肫肝。”有些即使能替换，句子意思也有差别。如：她从来没有晚来早走过/她一直没有晚来早走过。前一句“她从来没有晚来早走过”是强调“一次也没有”，是周遍性的否定；而“她一直没有晚来早走过”只表示“晚来早走”这种情况客观上不存在，表达不出说话者主观所强调的“绝对否定义。”因此，笼统说“从来”和“一直”在“表示从过去持续到现在时，二者可通用”是不妥的，这一结论易产生误导。

例6、7的“从来”应改为“一直”，且例7的“一直”应放在主语“妈妈”的后面。例8该用时间名词“原来”却误用了“从来”。“从来”是时间副词，不能作定语。

“从来”在用法上有一些限制，它一般用于否定句较多，而具有相同意思的“一向”无此限制。例9是个肯定句，用“从来”不妥，可改为“一向”。另外，“从来”是时间副词，不能作定语，所以句中第二个“从来”的位置也要改一改，整句话应改为“斯

① 吕叔湘：《现代汉语八百词》，商务印书馆1996年版，第537页。

皮尔伯格一向拍摄很有想象力的电影，所以他的电影一向受到了小孩子、大人等等的热烈欢迎。"

例10是说"他"在面对困难时采取的一种态度。而"从来"是强调某一性状或行为动作一直如此。重在强调周遍性、主观评议。依句意，用"从来"似乎能说，不过可受性差点，加个"过"就可以了。或换用表示某行为性状在某一整体过程和某一时间范围内不间断性的"始终"。

例11"从来"在"被"字句中错序，时间副词"从来"应放在"被"字句前面，全句应改为：他从来没被人注意过。

例12"从来"与其他介词短语错序，全句应改为：小王从来没跟别人开过玩笑。

（二）向来

例13：＊玛丽向来爱干净了。（韩）

例14：？这种事情我向来没有听说过。（日）

例15：＊他向来去西藏。（日）

例16：＊她向来不爱他。（日）

例17：＊这几年他向来没住在乡下。（日）

例18：？领导向来支持我们进行科学研究。（日）

例19：？因为没有人告诉她，所以，她向来不知道这件事。（日）

例20：＊他向来爱着他的女朋友。（韩）

"向来"主要表示言说主体对行为或性状的惯常性的肯定，语气较强烈；"从来"表示言说主体从时间方面对事件、性状或行为的强调，着眼点是其无例外性、周遍性。从句义来看，例14的"向来"换成"从来"更为妥当。

例15"去"前应添上表意愿的能愿动词"想"。根据句意，例15是说"他一直以来有个愿望——去西藏"，这里的"向来"只能换成反映某一整体过程中的性状或行为的持续不断的"一直"。"向来"主要表示言说主体对行为和性状的惯常性的肯定，与句意不相吻合。

例16的"向来"可用意义相近的"从来"、"一直"替换。分别改为：她从来不爱他/她一直不爱他。二者的区别是：用“从来”是强调“一次也没有”或是周遍性的否定；而用“一直”只表示“不爱他”这种情况客观上存在，表达不出说话者主观所强调的“绝对否定义”。

“向来”与“一向”意思基本相同，但若限定了时段，只能用“一向”。例17句有时间短语“这几年”，因此，“向来”应改为“一向”。

18、19例的“向来”似乎可以，只是可受性差。18、19、20例的“向来”最好都应改为“一直”。“向来”主要表示言说主体对行为或性状的惯常性的肯定；“一直”是反映某一整体过程中的性状或行为的持续不断。例18说的是“领导”支持我们进行科学研究的一种持续性行为，而不是对行为或性状的惯常性的肯定。19、20例同此。“一直”的语义与例18、19、20的句义相符。

（三）一向

例21：＊这几天我身体一向不太舒服。（韩）

例22：＊这几天爸爸一向回家很晚。（印尼）

例23：＊最近天气一向不好，不是刮风就是下雨。（韩/日）

例24：＊我最近一向很忙，因为太多工作了。（印尼）

例25：？这个篮球队在全国比赛中得了冠军，他们一向没有获得过这么高的名次。（韩）

例26：＊听了这个笑话，小红一向笑个不停。（日）

例27：＊从会议开始到会议结束，他一向保持沉默，没说一句话。（韩）

例28：＊雪从早上一向下到夜里才停。（韩）

例29：＊我一向想跟你结婚。（韩）

例30：＊我一向看着那位小姐。（韩）

21～24例“一向”都应改为“一直”。虽然“一向”与“一直”在表示时间方面有相同处，都是强调某一性状或行为动作一直如此，但二者仍有些差别：“一向”指过去到说话时这一段时间，不再指将来；“一直”可以指将来。如“他们俩的友谊一直持续到现在”。另外，“一直”可以表示距今较近的时间，如例21、

22、23、24 有表短时义的时间词语“这几天”、“最近”，与“一向”表“长时、静态、习性”义的语义冲突。

例 25 的“一向”侧重强调行为动作的“先前性”，有时隐含着以前如此，现在并不这样的意思，它常常出现在否定句中。如此说来，例 25 的“一向”不为错。不过，例 25 改为表示某一性状或行为一直如此，重在强调周遍性、无例外性的“从来”更为恰当。

例 26 的“一向”应改为“一直”。“一直”强调连续性，多用于动作、活动或状态方面。例 26 中“笑”是具体的动作，“一直笑”是强调连续发出笑的动作。而“一向”强调稳定性，多用于行为思想、品行爱好、思想作风方面。如果说成“小红一向爱笑”是合格句，“爱笑”是一种习惯，“一向爱笑”强调一直有这种习惯。

例 27 从前面的时间状语“从会议开始到会议结束”来看，说的是一个有始有终的整体过程，因此，应该选用反映某行为或性状在某一整体过程和某一时间范围内的不间断性的“始终”最为合适。

例 28“一向”应改为“一直”。“一向”指的是从过去到现在，只强调过去总是如此，没有改变；“一直”可以表示某一段时间是这样。如例 28 的“下雪”是“从早上到夜里”这个时段。

例 29、30 中的“一向”换成“一直”即可成立。因为“一向”通常表示习性、属性、特征等，修饰静态动词、形容词时通常表示事物的一贯性、恒常性。修饰动作性动词或与时间词共现时通常表示行为状态的规律性。而“一直”所在的句子则通常表示动作行为或状态的持久性，语义重心在它所限定的时间的长久上。例 29、30 的句义与“一直”的语义相符。

（四）一直

例 31：*尽管他拼命地追赶，但一直也没有追上他们。（韩/新西兰）

例 32：? 他一直也不因为自己是残疾人而自卑。（韩/日）

例 33：*武汉的夏天一直就很热。（日）

例 34：? 他一直乐于帮助别人。（韩/日）

例 35：＊看他们那生气的样子，我以为会吵起来，但他一直都没说一句话。（日）

例 36：＊无论什么事儿，不断一直做很重要。（日）

例 37：＊雨一直下一天一夜。（波兰）

例 38：＊他从昨天早上七点开始一直在学校门前等了你。（日）

例 39：＊我一直爱上他，可是他跟我的朋友结婚了。（日）

以上偏误的出现，原因是留学生没有完全掌握“一直”的用法。根据句义，例 31 的重点不在于动作行为或状态的持续不断，而在于“追赶”时的整个过程，因此，选用反映某行为或性状在某一整体过程和某一时间范围内的不间断性的“始终”为妥。

例 32 用“一直”不为错，但改为“从来”更能表现说话人的主观意愿。关于“一直”与“从来”的区别，见本节“从来”处。

例 33 用“一直”欠妥。诚然，多数情况下，武汉的夏天很热，但也有少数时候，武汉的夏天不太热。所以，应选用表示习性义的“一向”或表示惯常性的“向来”最为恰当。

例 34 中“他帮助别人”是他的性格或他的一贯作法，这里的“一直”似乎可以说，但改为表示说话人对行为或性状的惯常性行为的肯定的“向来”，或表示习性义的“一向”最好。

“一直”主要反映某一整体过程中的性状或行为持续不断；“始终”侧重表示从开始到最后的全过程。例 35 的“一直”应改为“始终”为好。且用“始终”时蕴含有说话人说这句话的预期：“我”看到他们都很生气，按理说，他们会吵起来。但事实上，“他”在生气的整个过程中都没有说一句话。“始终”能表达这一预设的意思，“一直”不能。

例 36“一直”的位置应在句首，且“做”前应添上“地”，全句改为：无论什么事儿，一直不断地做很重要。或将句首的“一直”改为“连续”，当然此时的“连续”是动词。

例 37、38 偏误的出现，原因是留学生没有完全掌握“一直”和“一向”的用法。“一直”所修饰的动词如果带上时量补语，动词后要有动态助词“了”，如果没有时量补语的话则不应使用

“了”。因此，例37、38应改为：雨一直下了一天一夜/他从昨天早上七点开始一直在学校门前等你。

例39“我一直爱他”已经有结果义，谓语动词后再出现结果补语“上”则显得语义重复，因此，应删掉“上”，全句改为：我一直爱他，可是他跟我的朋友结婚了。

（五）始终

例40：*我们始终反对那个意见了。（日）

例41：*今天我始终没看见他。（韩/日）

例42：*昨晚他屋里的灯始终亮着。（日）

例43：*小明在病中始终坚持工作。（新西兰）

例44：*他始终愿意快一点儿毕业。（日）

例45：*他们俩的友谊始终持续了两年。（日）

例46：*他始终做事认真，从不马虎。（韩/日）

例47：*他始终不喜欢跟别人打交道。（韩）

例48：*世界杯开始了，我始终很兴奋。（日）

“始终”表示在一个时间段里持续不断，而例40中的“了”却表示动作或状态已经发生变化，两者在语义上相斥。

例41、42、43、44的“始终”都应该换成“一直”。根据句义，例41、42、43、44都重在反映某一整体过程中的性状或行为的持续不间断性，而不是要强调某行为或性状的有始有终的整体过程。此外，例44的“愿意”应换成“希望”。“希望”一般表达良好的意愿，或说话人认为对己有利的情况。而“愿意”多包含有“为某事作牺牲、遭受损失、付出代价”的含义。显然，这里的“愿意”应改为“希望”。

例45的“始终”应换成“一直”，“一直”可以表示动作和状态持续的时间，其格式为“一直+V+时量短语”。“始终”不能这么用。

“始终”主要表示某行为或性状在某一整体过程和某一时间范围内的不间断性。根据句义，用在例46不妥。应该换为表习性义的“一向”或表惯常性的“向来”。

例47是说“他不喜欢跟别人打交道”，说的是他的喜好。而不是重在强调一个从开始到结束的过程。因此，例 47 的“始终”改为“从来”、“向来”或“一向”。用“从来”是说他一点也不喜欢跟别人打交道。强调其无例外性。用“向来”和“一向”则是说他不喜欢跟别人打交道，是他的一种习惯行为。

“始终”着重强调动作或状态在一个有头有尾的过程里持续，例 48“世界杯开始了”只谈到“头”即“开始”，没有说到“尾”即“结束”。全句应改为：世界杯从开始到结束，我始终很兴奋。

三、“连连”类副词的使用偏误

在《汉语水平词汇与汉字等级大纲》中，“连连”类“连连”、“一连”、“接连”、“连续”、“陆续”这五个词按等级排序依次为：连续（乙/动词兼副词）、陆续（乙）、一连（丙）、接连（丙/动词兼副词）、连连（丁）。这五个词意义和用法相近，在句中都可以充当状语，修饰谓语，描述动作行为的接连发生、连续不断。词典对这五个词的释义都差不多，从中很难看出差别。如《现代汉语虚词例释》：

“连连”表示短时间里行为一个接一个反复进行。

“一连”意思、用法跟“连”大致相同。

“陆续”表示动作、行为接连不断。有时候是几个主体前后相随，发出同样的动作，有时候是同一主体以同样的动作跟不同的对象发生关系。

武克忠《现代汉语常用虚词词典》：

“连连”表示在短时间内同一动作、行为接连发生或同一情况接连出现。

“一连”表示同一动作、行为接连不断地发生，或同一事物、情况连续出现，相当于“接连”、“连续”、“连着”。

“接连”（副词）表示动作、行为或情况一次接着一次地发生或进行，相当于“一连、”“连着”。

“连续”（副词）表示前后没有间断，有“接连”的意思，用在动词前面作状语。

“陆续”表示前前后后，断断续续地。

加之教材的解释也不够准确，致使不少留学生对这几个词的用法感到困惑，经常造出偏误句。

（一）连连

例1：＊这本书很有意思，我连连看了。（日）

例2：＊他连连跑了几次，才把出国的手续办好。（韩/日）

例3：＊中国女排一年里连连得了两次世界冠军。（日）

例4：＊连连被他骗了几回之后，无人再相信他、可怜他。（韩）

例5：＊上个月，我连连病了三天。（越南）

例6：＊你如果能连连回答三个问题，就能得奖。（越南）

例7：＊她连连唱了四首歌。（韩/越南）

例8：＊他连连跳了三个小时的舞。（俄）

例9：＊他连连输了五盘。（韩）

例10：＊他的太太连连生了几个女孩子。（韩）

例11：＊她连连找了两份工作。（土耳其）

例12：＊我的同胞连连进教室来了。（韩）

例13：＊一放假，大家都连连赶回家去和家人相聚。（新加坡）

例1该用“一连”却用了与“一连”近义的表频率副词“连连”。还需注意，例1句尾必须添上数量成分，全句改为：这本书很有意思，我一连看了几遍。

“连连”基本不与数量短语共现，例2～6“连连跑了几次”、“连连得了两次世界冠军”、“连连被他骗了几回”、“连连病了三天”、“连连回答三个问题”有数量短语，所以不能说。另一方面，这五种行为也不能在短时内快速连续反复。因此，例2～6都应改为“一连”、“接连”或“连续”。不过，三种改法句义会各有侧重：用“一连”强调他跑出国手续的“次数多”、女排在一年里得的冠军“次数多”、被他骗的“次数多”、一个月内生病的“次数多”、回答问题的“次数多”；用“接连”侧重“跑出国手续”、“得冠军”、“被他骗”、“生病”、“回答问题”这五种行为一次接一次紧接着发生；用“连续”则强调“跑出国手续”、“得冠军”、

"被他骗"、"生病"、"回答问题" 这五种行为过程的"延续性"。7、8、9三例的错误与2～6例相同，只需将7、8、9例中的"连连"换成"一连"，句子即可成立。

由于"连连"是高频、短时副词，因而在短时间内快速连续反复地"生孩子"与"找工作"不能受"连连"的修饰。而"一连"表示同一动作行为或某种性状的重复或持续出现，且必须与数量词共现。例10、11句义与"一连"的语义吻合，因此，10、11两例中的"连连"改为"一连"最为恰当。

12、13两例说的是人群的进出、活动的进行。"连连"表示的是在短时间内同一动作、行为有频率有节奏的反复，因此用在这两例中不对，应选用"陆续"。"陆续"表义的重点是指不同的动作行为主体有序地逐次地进行同一行为动作或同一主体以同样的动作跟不同的对象发生关系，可用于指人群的进出或活动的进行。

（二）一连

例14：＊这几天一连下雨，我们没有出去。（韩/日）

例15：＊最近两天一连发生了不好的事情。（韩）

例16：＊他一连喝水。（越南）

例17：＊她一连丢了钥匙。（韩）

例18：＊她一连哭了。（韩/越南）

例19：＊他一连说错了成语，觉得很不好意思。（韩/越南）

例20：＊王老师新年前一连收到来自全国各地的贺年卡。（韩）

例21：＊他四年一连去了中国。（俄）

例22：＊昨天一连刮风下雨，今天雨总算停了。（日）

《现代汉语八百词》对"一连"的解释是：［副］表示同一动作或同一情况接连发生，后面常有表示次数的数量与之配合。汉语课本《桥梁——实用中级汉语》（上册，第167页）对"一连"也有类似的解释：一连，副词。表示动作连续进行，不间断。在动词前作状语。常用数量词作补语。若按照以上解释来判断14～22例，则并不算错，但14～22例确实是错句。原因是词典和教材的解释使留学生误认为："一连"就是"接连不断、不间断"的意思；

“一连”所在句数量成分可有可无。侯学超《现代汉语虚词词典》以及周小兵①、王黎②都明确指出“一连”句必须有数量成分同现。因此，例 14、15 应改为语义与之相近的“接连”、“连续”。用“接连”表示“下雨”、“不好的事”一个接着一个发生或出现，时间间隔相对可长可短；用“连续”着重强调“下雨”、“不好的事”的相续不断。例 14 的“一连”还可改为“一直”。用“一直”主要表示“下雨”持续不断。16～19 例“一连”句必须与数量成分共现，四句分别改为：他一连喝了五杯水/她一连丢了几把钥匙/她一连哭了三天三夜/他一连说错了几个成语，觉得很不好意思。

例 20“一连”应改为“陆续”、“连续”或“连连”。改为“陆续”、“连续”表示王老师“接连不断”地收到贺年卡；改为“连连”则侧重短时、有频率的反复，即：在短时间内王老师一次接一次的收到贺年卡。

例 21“一连”可改为“连续”。“连续”主要表示某种动作行为或性状的整体延续不断的状况，对其中有无间隔不作表示。另外，例 21 的“四年”应放在动词“去”前。全句改为：他连续四年去了中国。

例 22“一连”应改为“连续”、“接连”。用“连续”侧重强调“刮风下雨这两种情况相续不断”；用“接连”则强调“刮风下雨一个接着一个紧接着出现。”

（三）接连

例 23：? 一到春天，院子里的花接连地开了。（韩/日/新加坡）

例 24：* 比尔不懂汉语，急得接连摇头。（韩/日）

例 25：* 听到接连的噩耗，再坚强的人也受不了。（新西兰）

例 26：* 演出结束，观众接连叫好。（韩/日）

例 27：* 听到接连的噩耗，再坚强的人也受不了。（新西兰）

---

① 周小兵：《对外汉语教学中的副词研究》，中国社会科学出版社 2002 年版。

② 王黎：《说“一连”》，《世界汉语教学》2002 年第 2 期。

例23用“接连”可接受性较差，最好改为“陆续”。“陆续”表示先先后后、断断续续地连接下去，可以是“一朵接一朵相续不断地开”；也可以是先先后后、断断续续地开。

例24“接连”应改为“连连”。“连连”表示在短时间内同一动作行为有频率有节奏地反复。“摇头”是在短时间内快速连续反复的动作，可以受“连连”修饰。

例25“接连”位置不对，应放在句首，并去掉“的”才是个正确句。句首也可改用“连连”。用“连连”着眼点在动作行为或性状的发生或出现的“频率”与“短时”上，与例25句义相符。例26“接连”也应改为“连连”，解释同例25。

例27“接连”与谓语“听到”错序，全句应改为：接连听到噩耗，再坚强的人也受不了。

（四）连续

例28：？老师<u>连续</u>称赞：“好孩子，做得对！” （韩/日）

例29：＊我的好朋友<u>连续</u>结婚了。 （日）

例30：＊一放寒假，留学生们都<u>连续</u>去外地旅行了。 （韩/越南）

例31：＊旅客们<u>连续</u>上船了。 （日）

例32：＊演出就要开始了，观众<u>连续</u>走进剧场。 （越南）

例33：＊领导<u>连续</u>离开了主席台。 （韩/土耳其）

例34：＊客人们<u>连续</u>来了。 （韩）

例35：＊他们<u>连续</u>离开了教室。 （越南）

例36：＊我的同学<u>连续</u>结婚了。 （韩/越南）

例37：＊只要<u>连续</u>学习，就学好汉语。 （日）

“连续”是强调某一过程的整体“延续性”，例28用“连续”可受性差，改为“连连”最好。“连连”着眼点在动作行为或性状的发生或出现的“频率”与“短时”上。例28的“称赞”是在短时内能连续反复的动词，可受“连连”修饰。

例29～36的“连续”应改为“陆续”。关于这两个词的意义，词典的释义都差不多（见本节开头对“连续”与“陆续”的释义）。若按照词典的解释来判断29～36例，则似乎不算错，但

29～36例确实是错句。其实，“连续”重在强调某一过程的整体“延续”性；而“陆续”则突出的是动作行为或性质发生或出现的“有序性或逐次性”，大多指人群的进出或活动的进行。29～36例并没强调某一过程的整体“延续”，而是谈的人群的进出或活动的进行等，所以，不能用“连续”。

例37“连续”可改为“一直”。“一直”可表示某一整体过程中的性状或行为的持续不断性。与例37句义相吻合。另外，“学习”前最好添上“用功”或“努力”等词，“就”后加上能愿动词“能”或“会”，全句为：只要一直用功（努力）学习，就能（会）学好汉语。当然，例37也可在“连续”后加上“不断地”，全句改为“只要连续不断地学习，就能（会）学好汉语”。不过，这时的“连续”是动词。

（五）陆续

例38：？最近一段时间，这儿陆续发生了几起交通事故。（韩/日）

例39：＊他困得不行，陆续打了好几个呵欠。（日）

例40：＊这支球队陆续地失误，真让球迷们失望。（日）

例41：＊他最近陆续得到成功。（日）

例42：＊他陆续地给我打电话。（韩）

这五例偏误的出现一方面跟外国学生不能区分“陆续”与“接连”、“连续”、“连连”、“一连”有关系，同时也是汉语的一些教材和工具书释义方式影响的结果。如杨寄洲《基础汉语教程（三）》（上）说“陆续”表示有先有后地，时断时续地。这就使学生误认为“陆续”的意思与“不断”、“连续”差不多。例38句用“陆续”只是客观地描述了“这儿”最近一段时间里时断时续地发生过几起交通事故，可受性差。交通事故是大家都不愿看到的事情，根据句义说话人是要告诉我们：最近一段时间，这儿发生的交通事故之多、情况之严重。因此，改为含有强调义的“连续”、“接连”、“一连”为好。

例39“打呵欠”不能受“陆续”的修饰。应选用能在短时间内快速连续反复的“连连”、或侧重动作行为或性状的发生与出现的“渐次相接或紧接”性的“接连”、或表示动作行为或性状在某个量幅内发生或存在的“度或量”的大或多的“一连”。

“陆续”所在的句子，主语或宾语的所指必须至少含有两个以上的构成对象，突出其动作行为或性质的发生或出现的“有序性”或“逐次性”。如果主语是单数，那么行为涉及的对象一定是不同的。例 40 的主语是单数，而“失误”是同一性质的，显然，用“陆续”不对，宜改为“连连”或“接连”或“连续”。用“连连”强调这支球队在短时间内失球次数多；用“接连”强调这支球队一次又一次地失球；用“连续”强调失球的次数相续不断。

例 41 的“陆续”宜换成“连续”，“得到”宜换成“获得”。“获得”指取得；得到（多用于抽象事物）。如：获得好评；获得显著的成绩。另外，全句是已然句。例 41 应改为：他最近连续获得了成功。

“陆续”多指人群的进出或活动的进行。例 42 说的是“他给我打电话”，用“陆续”与句义不符，应改为表示动作行为或性状的发生或出现的“渐次相接或紧接性”的“接连”最好。

第二节　偏误的类型、原因及宜采取的对策

上面我们对留学生在学习和使用“原来”类、“从来”类、“连连”类这三组副词时出现的偏误分别进行了举例和分析，下面我们将就留学生使用这三组副词产生的偏误进行综合分析，总结偏误类型，揭示产生偏误的原因，并提出解决问题的几点建议。

一、偏误类型

我们对留学生使用这三组时间副词的偏误从语法、语用、语篇三个层面加以观察。把偏误分成三大类型。

（一）语法层面上的偏误类型

1. 遗漏

因遗漏而产生的偏误有两类，一类是遗漏副词本身，即该用副词而没有用而产生的偏误。一类是遗漏与副词相呼应的成分而造成

的语义残缺。

1.1 遗漏副词

例1：＊自江户时代以来，东京是日本的政治经济中心。（日）

正：自江户时代以来，东京一直是日本的政治经济中心。

例2：＊最近天气不好，不是刮风就是下雨。　（韩/土耳其）

正：最近天气一直不好，不是刮风就是下雨。

1.2 遗漏与时间副词相关的呼应成分。

例3：＊一连下了雨，今天雨总算停了。　（韩）

正：一连下了几天雨，今天雨总算停了。

例4：＊他一连说错了成语，觉得很不好意思。　（比利时）

正：他一连说错了几个成语，觉得很不好意思。

2. 误加

因误加而产生的偏误也有两类：一类是误加副词本身，一类是受副词意义和用法的限制，句中误加了不能共现的语义成分。

2.1 误加副词（下例黑体部分为多余成分）

例5：＊北京有些名胜古迹我**从来**一直想去游览。（韩）

正：北京有些名胜古迹我一直想去游览。

例6：＊雨接连**一直**下，我不出去门。　（俄）

正：雨接连下了几天，我都没有出门。

2.2 语义成分多余（下例黑体部分为多余成分）

例7：＊他从来很喜欢开玩笑**了**。　（日）

正：他从来很喜欢开玩笑。

例8：＊玛丽向来爱干净**了**。　（韩）

正：玛丽向来爱干净。

例9：＊我们始终反对那个意见**了**。　（日）

正：我们始终反对那个意见。

总之，误加偏误可以从两方面找到根源，一是学生把某些语法规则过度泛化，二是把母语的相近形式的规则套用在汉语上。

3. 错序

这三组时间副词错序的类型有二：一类是三组副词作状语与其他句法成分错序。在我们收集到的误例中，这类偏误绝大部分是时间副词与谓语错序。一类则是时间副词在多项状语中错序。

3.1 时间副词与谓语错序（下例黑体为错序成分）

例 10：＊**听到**接连的噩耗，再坚强的人也受不了。（新西兰）

正：接连听到噩耗，再坚强的人也受不了。

例 11：＊一放寒假，留学生们都**去外地**陆续旅行了。（俄）

正：一放寒假，留学生们都陆续去外地旅行了。

3.2 时间副词在多项状语中错序

对于缺乏语感的留学生来说，时间副词连用以及同其他状语共现时，出现错序是在所难免的。

3.2.1 副词连用错序

例 12：＊无论什么事儿，不断一直做很重要。（日）

正：无论什么事儿，一直不断地做很重要。

例 13：＊我没一直去过北京。（韩）

正：我一直没去过北京。

3.2.2 时间副词在“把”字句和“被”字句中错序。如：

例 14：＊他没被人从来注意过。（韩/日）

正：他从来没被人注意过。

例 15：＊我把它从来没放在心上。（德）

正：我从来没把它放在心上。

例 16：＊我始终把这事没告诉妈妈。（韩/法）

正：我始终没把这事告诉妈妈。

例 17：＊修鞋补鞋这一行当，过去为江浙农民所一向垄断。（老挝）

正：修鞋补鞋这一行当，过去一向为江浙农民所垄断。

3.2.3 时间副词与其他介词短语错序。如：

例 18：＊小王跟别人从来没开过玩笑。（韩）

正：小王从来没跟别人开过玩笑。

例 19：＊自从来到中国后，我没给她从来打过电话。（韩）

正：自从来到中国后，我从来没给她打过电话。

3.2.4 时间副词与其他成分错序。如：

例 20：＊他四年一连去了中国。（俄）

正：他一连四年去了中国。

例 21：＊他一连不能起床两个月。 （德）

正：他一连两个月不能起床。

例 22：＊从来妈妈一边工作，一边照顾三个儿女。 （日）

正：妈妈一直一边工作，一边照顾三个儿女。

4. 误用

一类是这三组时间副词本身误用，一类是这三组时间副词的呼应成分误用。

4.1 三组时间副词本身的误用

例 23：＊他讲的原来就不对，为什么一定要听他的。（韩/日）

正：他讲的本来就不对，为什么一定要听他的。

例 24：＊开始的时候，我以为这个事情很简单，本来还这么复杂。 （日/法）

正：开始的时候，我以为这个事情很简单，原来还这么复杂。

例 25：＊她总是那么温和，她从来愿意帮助别人。 （德）

正：她总是那么温和，她一向（向来）愿意帮助别人。

例 26：＊这几年他向来没住在乡下。 （日）

正：这几年他一向没住在乡下。

例 27：＊我最近一向很忙，因为太多工作了。 （印尼）

正：我最近一直很忙，因为太多工作了。

例 28：＊看他们那生气的样子，我以为会吵起来，但他一直都没说一句话。（日）

正：看他们那生气的样子，我以为会吵起来，但他始终都没说一句话。

例 29：＊他始终做事认真，从不马虎。 （韩/日）

正：他一向（向来）做事认真，从不马虎。

例 30：＊上个月，我连连病了三天。 （韩）

正：上个月，我一连病了三天。

例 31：＊这本书很有意思，我连连看了。 （日）

正：这本书很有意思，我一连看了几遍。

例 32：＊演出结束，观众接连叫好。 （韩/日）

正：演出结束，观众连连叫好。

例 33：＊旅客们连续上船了。（日）

正：旅客们陆续上船了。

例 34：＊最近一段时间，这儿陆续发生了几起交通事故。（韩/日）

正：最近一段时间，这儿连续（接连/一连）发生了几起交通事故。

4.2 三组时间副词呼应成分误用（下例黑体部分为误用部分）

例 35：＊我一直爱上他，可是他跟我的朋友结婚了。（日）

正：我一直爱他，可是他跟我的朋友结婚了。

（二）语用层面上的偏误类型

语用层面上的偏误，是指那些“在形式上不能说有什么毛病，但放在这个语言环境中，又显然是不妥当的”（陆俭明，1992）偏误。这种非形式上的偏误，在实际教学中常被忽视。而中介语理论要求深究这种形式上的“对”与掌握之间的关系，认为掌握还是没掌握要放在更大的背景下去检验。更大的背景，一般可以指超句结构、语境和语用。① 语言的交际都是在一定语境下进行的，根据格赖斯（H. Paul Grice）的会话合作原则，交谈中交际者所说的话都应符合该交谈的目的，因此交际双方要遵循“量”、“质”、“关联”和“方式”四个方面的准则（左思民，2000）从语用角度来分析，这三组时间副词中有些副词与言外义、预设、焦点等语用概念有着十分密切的关系。

1. 言外义

言外义是相对于字面意义而言的，是透过字面意义而表现出的附加意义，也就是交际的目的所在。比如，表重复义的“连续”与数量成分共现时，其数量常有“多”的言外义，如：“他连续熬夜三天”。当留学生不明白这一点时就容易犯错，造出“我连续吃了一个苹果”这样的错句。

---

① 鲁健骥：《中介语研究中的几个问题》，《语言文字应用》1993 年第 1 期。

2. 语义焦点

例 36：？我在苏州一直工作/？我一直在苏州工作

例 36 两句适用于不同的语境，这涉及语义焦点问题。前一句“一直”的辖域是“工作”，语义焦点是“一直工作，没干别的”；而后一句“一直”的辖域是“在苏州工作”，语义焦点是“在苏州工作，没去别处工作”。它们分别适用于不同的语境。若问留学生：这几年你在哪儿工作？——＊a. 我在苏州一直工作。这样回答就不对。因为此处问题的焦点是“在哪儿”，而 a 句回答的焦点是“干什么”，一问一答语义错位，阻碍了交际。应回答：b. 我一直在苏州工作。若问留学生：这几年你在苏州干什么？那么 a 句为合格句，b 句不合格。

3. 语用预设

例 37：我还以为是谁呢，原来$_2$是你呀！

“原来$_2$”有强调现存的某种情况与说话人的预设相反的意思。例 37 前一分句的预设是说话人“我”认为存在某个人，但这个人不是“你”，而后一分句表达的事实恰恰相反，是“你”。即说话人预设与事实相反，因而令说话人惊喜。这种意义的“原来$_2$”常与“以为”搭配。“原来$_2$”还可以用来强调出现或现存的某种情况或状况是出乎自己的预料之外的。这时的“原来$_2$”常与“哦、难怪、怪不得、大吃一惊”等呼应。留学生往往弄不清楚这两种意义下的“原来$_2$”各自的共现成分，因而造出以下错句：我还怪不得是谁呢，原来$_2$是你呀！

（三）语篇上的偏误

如果说语用上的偏误是我们教学所忽视的，那么语篇上的偏误更是以往的教学没有做到，也做不到的。可见，我们应该重视语用和语篇层面上的偏误分析。中、高级阶段的留学生普遍存在一个问题，即说话时单独的句子可能没什么错，成段的话就连贯性差，前言不搭后语，让中国人觉得别扭。如：

例 38：＊……回宿舍，我写日记，给朋友写一封信。突然我的同屋喊嗓子。我出来客厅的时候，大吃一惊。因为在顶棚上颠倒挂着一只蝙蝠。我们俩没办法，所以给师兄打电话。他深夜醒了。

帮助我们。他用可口可乐瓶摸蝙蝠。蝙蝠出去了……　　（韩）

正：……回宿舍，我写日记，给朋友写一封信。突然我的同屋喊嗓子。我出来客厅的时候，大吃一惊。原来在顶棚上颠倒挂着一只蝙蝠。我们俩没办法，所以给师兄打电话。他深夜醒了。帮助我们。他用可口可乐瓶摸蝙蝠。蝙蝠出去了……

我们认为，这首先是由于外国人不习惯用汉语思维，对汉语上下文之间“意合”的内在气脉没有充分地感知和把握，更不能自然地将它表现出来。其次，也在于他们对汉语的连词、代词、副词、语气词等衔接词在句子、语段之间的连接作用没有充分地感知和理解，不能自如地运用。如例 38 的“因为”应改为释因性衔接副词“原来$_2$”，“所以”应换成“只好”。

二、产生偏误的原因

对外汉语教学的对象是外国人。目前在学校进行的对外汉语教学至少涉及教、学和环境三个方面。因此，我们探讨偏误的来源也不能脱离这三个因素。对外汉语教学的主体是学生，教师处于主导地位，教学双方的各种因素都会对留学生的汉语学习产生影响。从学生学习的有关方面来看，有学生的年龄、教育背景、对汉语及汉文化的认同程度、母语类型、学习策略、自我评价等因素。从教师“教”的方面来看，有教师的教学理论素养、教学方法、教材等因素。

（一）教学主体的偏差

教学主体上的偏差主要有语际负迁移和语内负迁移等四种。

1. 语际负迁移。

语言对比分析认为，第二语言学习者的母语会对目的语产生积极的和消极的两方面的作用。消极作用就是对目的语学习产生负迁移，在这三组时间副词的学习中，常表现为把汉语中某个时间副词译成母语中对应的词来理解、使用而产生偏误，比如时间副词“原来、本来、原先”译成英语，对应词都是“originally”，留学生就以为这几个词意思差不多，是可以换用的。因而造出“毕竟他不自信，而且，原来他非常腼腆”这样的句子来。这属于典型的语际负迁移。

调查表明，借助母语中的对应词来学习汉语副词的占 32%，可见母语对目的语产生的语际负迁移是留学生汉语副词学习中产生偏误的不可忽视的因素之一。①

2. 语内负迁移。

2.1 过度类推

来华留学学习汉语的大多是成年人，他们一般都具备了一定的抽象概括和逻辑思维能力，在学习中常常会使用举一反三的推导方法，对所学的目的语规则进行类推。但这种类推一旦过度就会导致目的语规则的泛化，运用范围被任意扩大，造成使用上的偏误。比如，留学生在初级阶段学习了时间副词“原来”后，到了中级阶段学习“本来”一词，看到教材中给出的英文对应词一样，教材对二者的解释也差不多，于是留学生就以为能用“原来”的地方也能用“本来”。因而造出下面的偏误句：

例 1：＊本来这是塑料花，我还以为这是鲜花呢。（日）

例 2：＊开始的时候，我以为这个事情很简单，本来还这么复杂。（日/法）

例 3：＊玛丽告诉我你回国了，本来你还没走啊。（日）

例 4：＊从来不言不语的小刘本来也有这样的心计。（德）

例 5：＊本来他出国了，怪不得有些日子没看到他了。（芬兰/韩）

例 6：＊本来你还没睡呀！（韩）

2.2 过度概括

由于成年人具有抽象概括能力，因此能对所学的目的语知识进行自觉的概括，这体现了学生的自主性。但这种概括若不恰当，就会直接影响到目的语规则的正确使用。比如，母语为英、日、韩等的外国留学生往往把汉语的“了”等同于他们母语中的一般过去时态或过去完成时态。认为凡是发生在过去的动作、行为或事件都

① 叶翔：《留学生汉语常用副词偏误分析》，苏州大学硕士学位论文 2001 年。

要用上“了”，而忽略了有些副词对“了”的排斥，如“从来、始终、连连”等时间副词对语义的限制（见第八章第一节偏误例句），“从来、始终”等强调持续义的副词与完成态“了”在语义上相斥。

2.3 近义替换

汉语词汇非常丰富，有大量同（近）义词。通过同（近）义词的学习，可以扩大词汇量，提高语言能力，但它也有负作用，因为绝大多数同（近）义词在词的色彩义、感情义甚至概念义上是有差别的，尤其在语法意义上差别更大。如果随便使用同（近）义词替换，极易产生偏误。下面例句就是留学生不能很好地区分本书所讨论的三组双音近义时间副词的差别所致：

例7：＊学生原来就该搞好学习嘛！（土耳其）

例8：＊从来不言不语的小刘本来也有这样的心计。（德）

例9：＊学完了汉语，我要回国学习我从来的专业。（韩）

例10：＊这几天我身体一向不太舒服。（韩）

例11：＊他始终不喜欢跟别人打交道。（韩）

例12：＊我的好朋友连续结婚了。（日）

例13：＊比尔不懂汉语，急得接连摇头。（韩/日）

例14：＊她一连哭了。（韩/越南）

例15：＊她连连唱了四首歌。（韩/越南）

例16：＊他最近陆续得到成功。（日）

当然，这类偏误的产生并非由单一原因造成，它跟留学生的学习策略、教材和工具书中的释义以及教师的讲解都有一定关系。

3. 目的语规则内化不够引起的顾此失彼。在我们收集到的时间副词误例中，有时能明显看出有些学生对目的语规则进行内化的倾向。语言的使用是在一系列规则和顺序的联系、规范下形成的，每一个语句的使用都有一系列规则的限制，当学生把注意焦点放在他认为重要的规则上时，对其他规则就会顾此失彼。如：

例17：＊我们一直谈话谈到十一点左右。（韩）

例18：＊昨晚我们开会一直开到早上第二天。（日）

例19：＊我们开会开一直到十二点。（德）

"一直"的用法有重要的两点：①表动作持续到某一时间点；②"V+O"或离合词带补语必须重复前一个动词。这两项规则是留学生特别注意的焦点，但他们对于动宾、动补以及副词状语共现的位序规则内化不够，因而造成了以上三例的偏误。①

4. 学习策略。学习策略是影响学习效果的重要因素。留学生在学习汉语时，为了避免出现错误往往采取避繁就简、避难就易、避新就旧的回避策略，回避策略是学习者的一种正常表现。如第三章"偏误分析"中提到的，留学生把"原来$_2$"等同于旧词"因为"，在交际中她就习惯性地选择有"安全感"的旧词语来确保交际的正确性，完全忽略了"原来$_2$"和"因为"在语义和语法上的差别，因此很自然地回避了新词，从而产生偏误。鲁健骥认为，这是中介语反复性的体现。"外语学习者在表达一个意思的时候，需要使用的目的语形式比较难，他就会退而使用中介语的一个更为他所熟悉、所理解的形式：而这一形式以目的语的标准看是有偏误的。……学外语的人常常为了'保险'反倒出了偏误，这就是中介语反复性的表现。"②

（二）教学上的失误。教学上的失误是诱发学生偏误的原因之一，或者说是主要原因之一。教学的各个环节和教材的每一部分处理得不好，都可能诱使学生发生偏误。下面我们从课文内容、语言知识的讲解和练习的设计等方面来看教学上可能存在的失误。

1. 一些教材超越教学阶段编课文，语言难度上失去控制，使学生接触许多在他们所处的学习阶段还无法理解的语言现象（如词语）和用法。如杨寄洲《汉语教程》三(上) 第40页只谈到"原来"在单句中的两种用法，而课文中出现的却是"原来"在语篇中的衔接作用。这造成了超越教学阶段编写课文内容的情况，致使留学生产生偏误。（见第八章第一节偏误句例8）。

---

① 叶翔：《留学生汉语常用副词偏误分析》，苏州大学硕士学位论文，2001年。

② 鲁健骥：《中介语研究中的几个问题》，《语言文字应用》1993年第1期。

2. 教师在讲解上的失误。比如某些汉语本身还没有研究清楚的语言现象，是造成学生某些偏误顽症的原因所在。“了”的用法就是突出的例子。(见第五章第九节)

3. 练习的设计是最容易被忽视的环节。比如，关于“从来”，几乎所有的教材都说明“多用于否定句”，而例句中却有肯定句，但对“从来”可以用于怎样的肯定句却未作任何具体说明。《汉语中级教程》(杜荣主编，北京大学出版社 1992 年版）还要求用“从来”和“笑呵呵、早来晚走”等造句，显然是要学生把“从来”用于肯定句。这是极易引起偏误的。

4. 此外，词典等工具书的失误、环境（包括社会文化环境和语言学习、使用环境）的误导都容易使留学生产生偏误。

需要补充说明的是，以上所说的产生偏误的几种情况，常常不是单一的，而是综合的、交叉的。

三、几点建议

以上我们分析了留学生在使用三组时间副词时产生偏误的类型、原因。现在我们提出解决问题的一般原则和处理这三组时间副词的一些具体办法。

（一）强化常用词语（如这三组副词）的个案研究，特别是立足对外汉语教学需要的研究。

（二）从教材方面来说，要消除学生的对等词观念。给对应词语时，应能限制词义。有些词，如大部分数词，只给对应词语一般不会引起对意义的误解。另一些词特别是一些近义词，在给出对应词之后，还应该有限制性、解释性的说明，这就基本可以排除学生把这两个词理解成相同意思的可能。如：

原来：originally（to emphasize the unchanged state of things)

本来：originally（to emphasize the original state of things)

另外，要重视汉英对比研究和研究成果在教学中的运用。汉英对比研究可以帮助教师部分地预知学生可能出现的偏误，充分地、多方面地认识汉语词汇系统和个别词的特点，从而解决教学的针对性问题。需注意的是，给对应词也好，词语例解也好，都必须体现对比的结果。

（三）处理词语时，要注意教学的阶段性。不同的教学阶段，处理词语的方法不一样。在初级阶段出现的词语，意义一般比较单纯，就没必要对词做过多的解释，也没必要给出那些不常用的意义或用法。如副词“原来”，在初级阶段只教给学生“原来”有“原来$_1$”、“原来$_2$”两种意义以及它们在分句中怎样使用就行了，不必把“原来$_2$”在语篇中的衔接作用教给学生。因为后者是在初级阶段不可能出现的用法。如果都一下子教给学生，反而会适得其反。

（四）对于生词表、词组、注释、词语例解要区别情况，分别处理。一般来说，生词表中处理的词都是只解决意义问题，涉及用法、搭配关系的，就要用词组和词语例解的办法解决。如：

一向：一向 AP/VP

一向很自信/一向很努力/一向很热情/一向不早睡/一向偷懒

但是这远远不够。有些词如本书讨论的三组副词就要作些说明、举例，才能使学生明白。如：“从来、向来、一直、一向”，教材上把它们都解释为表示从过去到现在。① 作为教师还应给学生讲清楚，这四个词侧重点不同，然后各举几个典型例子说明并比较异同：

从来：多用于否定句。着眼点是无例外性、周遍性。如“她从来不喝酒”。

向来：用于肯定、否定都可以。特别强调不止目前如此。如“小明向来不去跳舞”。

一直：多用于肯定句。侧重整体过程的持续性。如“几年来，他一直坚持锻炼身体，所以身体很好”。

一向：多用于肯定句。主要表示行为性状的一贯性。如“他做事一向很认真”。

---

① 分别见杨寄洲：《汉语教程》三（上）第 193 页、第 203 页、第 62 页，《汉语教程》三（下）第 27 页。

第三节　教学示例

为了使教师教学、学生学习“有章可循”，这一节我们重点谈谈对外汉语近义词教学对策、三组时间副词的教学示例。下面分别介绍。

一、对外汉语近义词教学对策

近义词教学是当前对外汉语词汇教学的一大难点。近义词教学的核心是辨析，辨析究竟从何入手，怎样进行对症辨析，是亟待解决的问题。我们认为，为了使学习者把握近义词最为重要的同中之异，重要的是考释词语的本义和词源义。在很多情况下有必要追溯词义发展的历史，结合本义或词源义来揭示近义词之间的意义差别，解释近义词的特定搭配关系，从而进一步提高学习者用词造句的能力。

此外，有针对性的辨析方法还应有如下三个方面：辨析语义，探究语义上的细微差别；深入语境，捕捉用法的差异之处；区别词性，认知词性的语法功能。

（一）近义词教学现状

近义词教学是对外汉语词汇教学的一大难点。虽然近几年专为对外汉语近义词教学而编写的参考书相继问世，在一定程度上解决了教师备课难的问题。但现实教学中的如下情形不能不引起我们的重视：有的教师备课时全力以赴地查阅了很多辞书，可谓准备充分，但课堂上常常会出现面对学生一个小小的提问不知如何作答的尴尬局面；有的教师教授了多年汉语，近义词也辨析了无数个，但当学生问及辨析方法时，却依然模棱两可。另外，近几年近义词教学中还存在一种较为普遍的现象：凡被词典收入的、可以查到的近义词，教师备课便信心十足；可一旦触及还没被专家纳入研究视野的近义词，教师授课便慌了手脚，不知如何入手。我们认为，出现上述种种情况的原因可能跟教师自身教学投入精力有关，但究其根本还是缺少针对非母语汉语学习者近义词教学的有效指导。

对非母语汉语学习者来说，要做到正确使用近义词，唯一的途径就是掌握正确的辨析近义词的途径和方法，这样才会真正从“源头”避免偏误的出现；对从事近义词教学的教师而言，只有从宏观上抓住辨析近义词的“脉”，明确对外汉语教学该怎样进行近义词辨析，才能在教学中根据学生的实际偏误给予有针对性的指导。

（二）近义词教学对策

教学实践表明，词汇是许多第二语言汉语学习者的主要障碍，更成了制约留学生汉语水平提高的瓶颈。因此，我们认为，对外汉语教学中近义词辨析应注重历时的角度。

以本书为例，在前面三章历时考察部分，通过对三组词各个语素本义的追溯，我们了解了这些双音词凝结的根本原因。对于“同语素双音词”辨析，关键是“异语素”之间的辨析（当然，要在语义的基础上，结合语境和句法进行），因此，在明确“同语素”本义的基础上，加强对各个异语素的分析、对比，追溯“异语素”的本义就显得异常重要。

我们讨论的三组副词每组内部成员不少有相同的语素，以“原来”组词为例，有两个词都有语素“本”，四个词中有三个词都有语素“（元）原”。“元”本义指人的头，引申为开始，“原”本义指水的源头，引申为开始，“本”本指草木的根，由此指根源、根基，再引申为开始。这几个语素的引申线索是：

元：头——开始

原：（水）源头——开始

本：草木的根——根基、根源——开始

从以上对各语素本义的分析看，“原先”表示纯粹的时间在先性；“本来”主要强调所描述事物的初始的本有的状态；“原来”强调的是事物未改变前的状态；“原本”是前面三个词意义的总和。

对于“非同语素近义双音词”的辨析，如“始终/一直”，本义和理据更为重要，因为这类近义双音词的混淆往往是由于对“该用词”和“误用词”的语义把握都不准确造成的。比如：“大雪始终下了三天”这个病句中，应该用“一直”。“始终”和“一直”都有“从开始到最后一直如此”的意思，但二者各语素的本义及语素结合理据不同。“始”的本义当为怀孕之始，引申泛指开始。“终”的本义指到头终了。“始终”常用义为“从始到终。”“一”的本义是最小的正整数，虚化为时间副词，有“一直”、“始终”的意思。“直”有“一直；不转变；连续不断”的意思。所以，副词“始终”重在表示从头到尾的持续不变。强调有头有尾的一个过程，因而“始终+动词”后不能带时间词语；“一直”偏于表示动作持续不断或状态持续不变。强调动作或状态的持续性，所以“一直+动词”后可带时间词语。

在课堂教学进行偏误分析时，要基于语素本义和语素结合理据这两个根本差异，这样才能达到辨析的目的。

当然，除了从历时的角度考释词语的本义和词源义外，还可以通过找准“切入点”，就语义、语用两大方面进行对症辨析。

1. 辨析语义，探究语义上的细微差别

语义是“源”。科学甄别、准确辨析近义词语义上的细微差别，引导学生从本质上认清相关近义词语义诸方面的“异同”，这是学生准确理解、正确使用近义词的必要前提。

1.1 语义轻重不同

“从来”和“向来”都能用于否定句，但意义轻重有别。“从来”是周遍性的否定，强调的是无例外性；“向来”的否定语气不如“从来”强烈。如“我从来不吸烟”、“我向来不吸烟”，前者是说一口烟也不吸，后者是说没有吸烟的习惯，特殊情况下偶尔也许会吸一两口。因不明二者意义轻重有别，留学生常会出现如下偏误：

＊她总是那么温和，她从来愿意帮助别人。

＊他要结婚的事我向来没听他说过。

1.2 语义侧重点不同

如表频率副词“连续”和“陆续”都表示动作行为或性质发生或出现时的情状，但副词“连续”主要表示某种动作行为或性质的整体延续不断的状况，对其中有无间隔不作表示。而“陆续”是个客观描写或刻画动作行为发生情态的副词，表义重点是指不同的动作行为主体有序地逐次地进行同一行为动作。

事实上，如果教师教学中能够剖析二者语义侧重不同，学生作业中出现的偏误就会避免。

1.3 适用范围不同

比如"连忙""赶快"都可以用来强调前后两个动作或事情之间的时间间隔很小。但"连忙"只能用于陈述句，不能用于祈使句，而"赶快"可以用在祈使句中。明确了二者的适用范围，教学中如下偏误就可以减少了：

*我找你有点事儿，你连忙上来！

*你家出事儿啦，你妈叫你连忙回去。

2. 深入语境，捕捉用法的差异

词语用法的不同源自语义，但就汉语学习者而言，意义的探究是为其正确理解和使用近义词开启一扇门窗，而捕捉用法的差异之处才是对外汉语近义词辨析的教学重点。

2.1 语用色彩不同

有些语用偏误，完全是因为学生不明词语的语用色彩所致，因此教会学生审视语用色彩（感情色彩、语体色彩），对正确使用近义词大有好处。比如"不要"、"勿"同义，都表示劝止，但是"不要"用于口语，如"不要说话"、"不要乱跑"、"不要大意"等；"勿"只用于书面语，如"请勿吸烟"、"请勿入内"、"切勿上当"等。

如果学生明白二词在语用色彩上有差别，此类偏误就可以避免或减少。下面两例偏误，显然源于语体色彩的差异：

*上课了，请勿说话了。

*下雪了，开车一定要小心，千万勿大意。

2.2 搭配对象不同

教学过程中抓住语境搭配对象进行辨析指导，并适时地给学生提供一些带有一定使用规律的词语组合，不仅有助于提高辨析教学的效率，更有助于学生建立近义词词语搭配网络，从而全面提高运用近义词进行语言交际的能力。比如"连连"和"一连"都表示动作行为或性质发生或出现时的情状，句法上作状语。但"连连"几乎不与数量词共现；"一连"则必须与数量词共现。看下面学生误用的例子：

*上个月，我连连病了三天。

＊你如果能连连回答三个问题，就能得奖。

＊她连连唱了四首歌。

学生掌握了“连连”、“一连”的语境搭配规律后，自己便可修改。

3. 区别词性，认清词的语法功能

词性不同，句中位置不同，语境搭配也就不同。帮助学生区别近义词的词性和语法功能是词汇教学必须足够重视的一个方面。比如：“但是”是转折连词，用在后一分句主语之前，如“尽管爸爸不同意，但是妈妈却支持我学习汉语”；“却”是转折副词，只能用在后一分句主语之后，如“她刚开始学汉语，发音却比老同学好”。明确了“但是”与“却”词性及句中位置的不同，学生也就不会出现下面这样的表达了：

＊我们按时来了，却他们没来。

＊刘老师虽然上年纪了，却每星期还上6节课。

总之，教师在进行近义词辨析时，一定要依据语句，对症进行辨析指导，不能片面追求辨析理论上的“周全、完美”，更不能盲目照搬专家、学者编纂的辞书条款。

近义词搭配网络的建立，要依照“循序渐进”的原则，要符合学生的语言习得规律，符合学生的认知心理。教者那种“一气呵成”、“全盘托出”的做法，势必会加重学生的学习负担。

近义词教学的成功，除了明确辨析方法，对症实施指导以外，还要注意语言艺术。简要、通俗、易懂的语言会取得“化难为易”的功效。

二、教学示例

（一）原来/本来①

“原来”和“本来”都是常用的时间副词，属于中级阶段教学

① 由于“原先”、“原本”多用于书面语，而我们的教学主要针对的是初中等汉语水平的留学生，几乎不会涉及这两个词。故此处只对“原来”、“本来”进行讲解。

的语法项目。在对外汉语教材中，通常是把这两个副词分开来教，先教“原来”，然后再教“本来”。

“原来”和“本来”各自都有两种不同的意义和用法，在教材中一般会把意义和用法不同的两个“原来”和“本来”安排在同一课书里。但不管怎样，教师都要准确地向学生讲清二者的各种意义和用法。

1. 原来

作为时间副词的“原来”有两种意义。我们可以采用直接说明法，教师直接向学生说明，时间副词“原来”有两种意义：

1.1 以前某一时期，当初。现在已经不是这样了。即“原来$_1$”。如：

他原来$_1$在北京住，后来去了上海。

我原来$_1$喜欢打羽毛球，可是现在喜欢打网球。

我们院原来$_1$留学生少，最近几年开始增加了。

1.2 发现了原来不知道的情况，含有恍然大悟的意思。即“原来$_2$”。如：

这几天她俩没说话，原来$_2$她们吵架了。

怪不得教室里这么安静，原来$_2$没有人。

难怪这两天没看见山本，原来$_2$他回国了。

然后让学生朗读例句。

讲完意义之后，还要讲清用法。“原来$_1$”一般处在句子的前一分句，它的后续句常有时间词语“现在”、“后来”或转折词语“可是”、“但是”等呼应。“原来$_2$”可用在主语前、后，大多在句子的后半句，是对前半句的说明或解释。

上面就“原来$_1$”、“原来$_2$”的意义和用法进行了展示和说明。下一步就是练习使用这个语法点。做法可以由机械练习过渡到交际练习。

☆让学生用“原来$_1$”、“原来$_2$”跟所给的词语一起组成句子：

不是	老师	现在是
几天	没上课	病了

☆教师口述前（或后）半句话，让学生用“原来$_1$”、“原来$_2$”

完成另外半句话：

________________，现在好多了。

________________，我以为你早走了。

☆用"原来"完成会话：

A：____________________________？

B：我原来是学法律的，今年才改学经济。

A：____________________________？

B：怎么，不欢迎吗？

2. 本来

"本来"的教学往往是在教了"原来"之后，这样在教"本来"时就可以将"本来"与"原来"进行对比，从而加深理解。比如可以将上次教"原来"的例句再板书出来或利用投影仪展示出来，同时在各句后面，再加上一个用"本来"的例句：

例1：他原来$_1$在北京住，后来去了上海。/他本来$_1$在北京住，后来去了上海。

例2：我原来$_1$喜欢打羽毛球，可是现在喜欢打网球。/我本来$_1$喜欢打羽毛球，可是现在喜欢打网球。

例3：我们院原来$_1$留学生少，最近几年开始增加了。/我们院本来$_1$留学生少，最近几年开始增加了。

这样，通过对比，就可以让学生了解到，在基本相同的语境下，"原来$_1$"和"本来$_1$"的意思和用法差不多，在表示人或事物的前后变化时，都有拿先前的情况和说话时的情况作对比的用法，表示某一情况的前后变化或转变。

"本来$_2$"的讲解，教师可直接给出例句让学生体会，然后归纳意义和用法：

例4：我本来$_2$就没打算来。

例5：事情本来$_2$就是这个样子嘛！

例6：这件事本来$_2$不应该发生的。

例7：本来$_2$嘛！一个孩子，懂什么事。

教师归纳："本来$_2$"表示按道理就应该这样做。在用法上，"本来$_2$"多与"嘛""么"连续连用或间隔连用。

在这之后，教师要进一步引导学生注意二词的异同点：“原来$_1$”和“本来$_1$”的意思和用法差不多，可以换用；“本来$_2$”可以与语气词“嘛”、“么”连用，加强确认语气，“原来$_2$”不能。“原来$_2$”有发现了原来不知道的情况，含有恍然大悟的意思。这是“本来$_2$”所不具有的意思。

“本来”的练习可以与“原来”对比，由浅到深地进行：

☆选词填空：

（1）我说，你病没好，__________就不可以出去。你看，又发烧了。（原来 本来）

（2）我以为电视机坏了，__________是没接上电源。（原来 本来）

（3）他俩__________不是一个学校的。（原来 本来）

☆用“原来”和“本来”完成句子：

（1）____________________，现在比过去重了十公斤。

（2）____________________，但买不到票，所以不去了。

（3）他告诉我你回国了，____________________。

（4）你挣钱多，____________________。

☆判断下面的句子对不对，不对的请改正，并说明错误原因；对的句子中的“原来”或“本来”可不可以相互替换，同时说明为什么？

（1）<u>本来</u>你是刚来的老师，看上去跟学生一样。

（2）食堂的菜<u>原来</u>就应该卖得便宜些。

（3）这本词典<u>本来</u>是旧的，现在怎么又变成新的了。

（二）从来/向来/一向/一直/始终①

“一直”、“从来”、“向来”、“一向”、“始终”是初、中级阶段的外国学生常常弄混的五个词，原因是这五个词都有“强调某

① 由于“历来”、“素来”多用于书面语且在我们的教学中几乎不会涉及，故我们只讲解其余五个常用及次常用时间副词。

一性状或行为动作一直如此”的意思。但是它们在意义、词性和用法上还是有区别的。

在教材中，这五个词通常是分别出现在不同的课文里。如果先学“一直”，可以单独讲解它的意义和用法，但到后来教“从来”时，就应该把它们放在一起进行对比；之后出现“向来”时，再将“向来”与前两个词进行对比；再后来出现“一向”时，再将“一向”与前三个词进行对比；最后出现“始终”时，再将“始终”与前四个词进行对比，这样可以帮助学生分辨清楚这五个词的异同点。

为了说明这五个词之间的异同点，可以举出下面五组例句：

1. 一直

例 8：雨一直下到晚上才停。

例 9：大学毕业以后，我们一直没见过面。

例 10：? 他一直（从来）也不因为自己是残疾人而自卑。

例 11：大学四年，我的汉语成绩一直很好。

2. 从来

例 12：孩子很听话，从来没有让老师批评过。

例 13：* 她从来（一直）从事教学工作。

例 14：* 这两天，她从来（一直）生病。

例 15：她的屋子从来就很干净。

3. 向来

例 16：他向来不抽烟。

例 17：* 他向来（一直）爱着他的女朋友。

例 18：* 这几年她向来（一向）没住在乡下。

例 19：她对工作向来认真负责。

4. 一向

例 20：* 阿里一向（一直）是个认真学习的好学生。

例 21：* 听了这个笑话，小红一向（一直）笑个不停。

例 22：* 从会议开始到会议结束，他一向（一直）保持沉默。

例 23：他的脾气一向不好。

5. 始终

例 24：我始终没把这事告诉妈妈。

例 25：＊他始终（从来/向来/一向）不喜欢跟别人打交道。

例 26：他始终一个人生活，没有结婚。

例 27：＊世界杯开始了，我始终很兴奋。

通过这五组例句可以看出：这五个词都是强调某一性状或行为动作一直如此。但各自又有一些不同：

“一直”强调连续性，多用于动作、活动或状态方面，如例 21；

“从来”表示某一性状或行为一直如此，重在强调周遍性、无例外性，“从来”多用于否定句，如例 10、12；

在肯定句中，“从来”必须要与表“量”的副词（如“都”、“很”、“这么”等）共现才是合格句，如例 15。

“向来”表示言说主体对行为或性状的惯常性的肯定，如例 19；

“向来”不能与时段词共现，如例 18 的时间短语“这几年”；

“一向”表示行为或性状的一贯性或先前性，如例 23；

“一向”可以与时段词共现，如例 18，这是“一向”与“向来”的主要区别之处；

“始终”着重强调动作或状态在一个有头有尾的过程里持续，如例 24、26、27。

讲完了这五个词意义上的区别后，就应该继续说明这五个词在词性和用法上的不同。首先可以告诉学生，这五个词都是副词，另外，“一向”还是时间名词，如例 30。然后举例说明这五个词在用法上的不同：

例 28：a. 学习，他从来（向来/一向/一直/始终）都很刻苦。

例 28：b. 学习，从来（＊向来/＊一向/＊一直/＊始终）他都很刻苦。

例 29：他们俩的友谊一直（＊从来/＊向来/＊一向/＊始终）持续到现在。

例 30：这一向我很忙，不能陪你逛街了。

从这些例子可以看出：

"从来"在句中可以有好几个位置：可以放在句首，如例28b句，又可以居句中，如例28a句。

"一直"不受时间限制，可以用于过去、现在和将来，其余四个词只能指从过去到说话时这一段时间，如例29；

"一向"可以作时间名词，其余四个词不能，如例30。

以上通过对比法，概括说明了这五个词在意义、词性和用法上的异同点。在教学中，由于这五个词一般是分别出现在初、中级阶段教材中不同的课文里，我们建议，教完第一个，在教第二个的时候，应该采用对比法来凸现二者的区别，在教第三个的时候，同样采用对比法来凸现三者的区别，以此类推。

下面是为这五个词设计的练习：

☆用"从来"、"向来"、"一向"、"一直"、"始终"填空：

（1）她毕业后＿＿＿＿＿在机关工作。

（2）我＿＿＿＿＿不认为男的就一定比女的强。

（3）女儿的房间＿＿＿＿＿收拾得整整齐齐。

（4）这几年她＿＿＿＿＿住在乡下。

（5）他＿＿＿＿＿拒绝告诉我为什么要这样做。

☆用指定词语完成句子：

（1）她总是那么温和，＿＿＿＿＿＿＿＿＿＿＿＿。（从来）

（2）我这个人＿＿＿＿＿＿＿＿＿＿＿＿。（向来）

（3）＿＿＿＿＿＿＿＿＿＿＿＿，到处是鞭炮的轰鸣声。（一向）

（4）我们两个从那时起，＿＿＿＿＿＿＿＿＿＿＿＿。（一直）

（5）那个邮包的秘密，他＿＿＿＿＿＿＿＿＿＿＿＿。（始终）

☆判断下列句子对错并改正病句：

（　　）（1）我从来去过那个地方。

（　　）（2）这件事我向来没听他说过。

（　　）（3）我一直不太喜欢这里的天气。

（　　）（4）他始终没能从痛苦中解脱出来。

（　　）（5）他要结婚的事我一向不知道。

（三）陆续/连续/接连/一连/连连

“陆续”、“连续”、“接连”、“一连”、“连连”是外国留学生常常弄混的五个表示频率的副词。属于初、中级阶段教学的语法项目。这五个词都可以表示动作行为或性质发生或出现时的情状，句法上作状语。

从教材的安排来看，应该先教“陆续”。我们可以采用归纳法，即先给学生举出这样的例句：

例 31：快 8 点了，同学们陆续来到了教室。

例 32：新年前，王老师陆陆续续地收到了许多贺卡。

例 33：我的同学陆续结婚了。

然后从这几个例句中，教师归纳出“陆续”的意义：

“陆续”可以指不同的动作行为主体有序地逐次地进行同一行为动作，如例 31、33；也可以是同一主体以同样的动作跟不同的对象发生关系，如例 32。

两种格式分别为：

$S_{复}$+陆续 VP+（$O_{单}$）　　“陆续”的语义前指，

$S_{单}$+陆续 VP+$O_{复}$　　“陆续”的语义后指。

讲完意义后，还要讲清用法。在用法上，“陆续”常常用于人群的进出或活动的进行等，如例 31、33。

到后来教“连续”的时候，应该把“连续”和“陆续”放在一起进行对比，以此类推，最后出现“连连”时，再把这五个词放在一起进行对比，以便帮助学生区分这五个词之间的异同。

在展示其余四个词之前，可以通过师生对话，简要地复习一下上述“陆续”的意义和用法，然后板书以下几组例句：

1. 陆续

例 34：快 8 点了，同学们陆续来到了教室。

例 35：新年前，王老师陆陆续续地收到了许多贺卡。

例 36：我的同学陆续结婚了。

2. 连续

例 37：齐扎内连续踢进了三个球。

例 38：雨已经连续下了三天了。

例 39：这种药不能连续吃，至多不过一个星期。

3. 接连

例 40：这几天突然变冷，班里的同学接连感冒。

例 41：这几句话他接连说了好几遍。

例 42：他在最近几次比赛中，接连获奖。

4. 一连

例 43：在大家的鼓励下，山本一连唱了好几首歌。

例 44：一连下了五天雨，河里的水都满了。

例 45：为了赶任务，我一连两天没睡觉。

5. 连连

例 46：听了他的话，老师连连点头。

例 47：老板连连称赞小王干得很不错。

例 48：最近那儿连连发生地震。

让学生对比这五组例句后，教师归纳这五个词的意义：

“陆续”突出的是动作行为或性质的发生或出现的“有序性或逐次性”，如例 34、35、36；

“连续”强调的是某一过程的整体“延续性”，如例 37、38、39；

“接连”侧重动作行为或性质的发生或出现的“渐次、相接或紧接性”，如例 40、41、42；

“一连”表示同一动作行为或性质的重复出现或持续，如例 43、44、45；

“连连”着眼点在动作行为或性质发生或出现的“频率”与“短时”上，如例 46、47、48。

然后问学生：这五个词哪些词必须跟数量词共现？哪些词不能跟数量词共现？哪些词既可以跟数量词共现又可以不跟数量词共现？这五个词中，哪些词能表达说话人对“量”的强调和评价？

通过这样的对比、启发和学生的回答，学生就有可能发现：

在用法上，“一连”必须与数量词共现；“连连”几乎不与数量词共现；“陆续”、“连续”和“接连”既可以与数量成分共现，也可以不跟数量成分共现；“陆续”是描述客观量，其余四个都或多或少体现了说话人对动作行为、数量或性质的“量”的强调或评价；“陆续”能重叠成“陆陆续续”，其余四个词不能，如例35。

（教师补充）：在词性上，“连续”和“接连”除了副词用法外，还可以作动词用，如：

例49：故事的前后不太连续。

例50：冯玉卿忽然顿住了，接连着几个“哎”，却拖不出下文……（《子夜》）

讲完这五个词在意义、词性和用法上的异同之后，可以给学生做如下练习：

☆用“陆续”、“连续”、“接连”、“一连”、“连连”填空：

（1）今年__________传来好消息。

（2）我已经__________工作三天了，实在是太累了。

（3）我感冒了，__________几天不舒服。

（4）参加婚礼的人已经__________到达。

（5）最近这个地段__________不断地发生交通事故。

☆用指定词语完成句子：

（1）______________________________，路上到处都是水。（接连）

（2）______________________________，天气一下子凉快了。（连续）

（3）______________________________，还没晴的意思。（一连）

（4）______________________________，忙得我团团转。（陆续）

（5）______________________________他才醒来。（连连）

☆用指定词语完成会话：

（1）a：小王最近表现怎么样？

b：______________________________。（连连）

（2）a：近几年，北京的交通方便不方便？

b：________________________________。　　　　（陆续）

（3）a：你的脸色怎么这么苍白？

b：________________________________。　　　　（一连）

（4）a：你今天忙不忙？

b：________________________________。　　　　（接连）

（5）a：这里的天气情况如何？

b：________________________________。　　　　（连续）

余　论

一、三组时间副词之间和每类内部成员之间语义、分布、表达等方面异同的综合分析

“原来”类、“从来”类、“连连”类这三组副词的语法化程度高低不同，因而在时间表达方面所起的功能也有一定的差别。要正确把握这些虚词的意义，最有效的办法是进行具体的比较、分析。①

（一）相同点

语义上，这三组副词都表示事物或动作发生、变化的时间或频率（频率也是时间），主要修饰动词或带上“了、着、过”的形容词。

句类分布上，都主要分布在陈述句里，不能出现在祈使句中。

从表达的角度看，这三组词都是情态成分。“原来”类、“从

① 陆俭明，马真：《虚词研究浅论》，载《现代汉语虚词散论》，语文出版社 1999 年版，第 4 页。

来”类是从时制方面反映说话人对行为、性状的态度、语气或评议等；“连连”类主要是用来描摹谓词所表示的体貌或“动相”等，表示说话人对行为或性质量的强调。从“句法·情态”看，都是通过状语这一成分体现说话人的情态的。简言之，着眼句法与语用两个方面，这三组副词都是表达“情态”范畴的手段之一。

（二）不同点

1. 语义或语法意义方面的差异

1.1 “原来”类时间副词都含有“以前、先前”等义，但它们时间性强弱不同，其中，“原先$_{1a}$”的时间性最强、最纯，“本来$_{1a}$”最弱，从左到右它们形成一个递降的连续体：

它们虽然句法功能基本相同，可以作状语，但在句首充当话题（或者说是“主位”）这一点来说是有差别的。“原本$_1$”没有这种功能，而“原先$_1$”、“原来$_{1a}$”、“本来$_{1a}$”则完全可以。

作为语用成分，这四个词在“强调、追溯、评议、态度及各种语气”等方面也不同。

“原先$_{1a}$”、“原来$_{1a}$”着眼性状或行为在过去的一个时段的表现，基本是客观的反映。“原先$_{1a}$”基本没有主观性。

“原本$_1$”、“本来$_{1a}$”则强调或肯定行为性状的“原初”性，即对动作行为或性状进行认同或否定，反映叙事主体或说话人的主观态度，有很强的主观性。这四个词的主观性由弱到强也表现出一个连续状况：

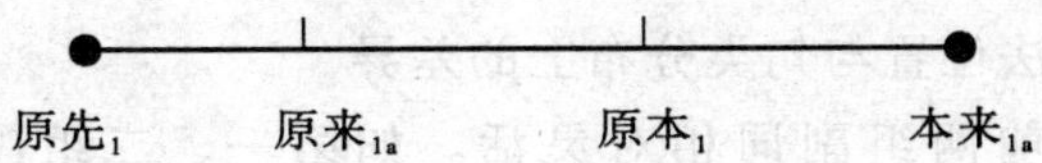

1.2 “从来”类时间副词中，“从来”强调某一性状或行为动作一直如此，着眼点是其无例外性、周遍性。“向来”和“从来”

基本一样，特别强调不止目前如此。“历来”常用于反映一个较长时段内的行为或性状的惯常情况。“素来”强调与人物的习性有关的性状或行为保持不变。“一向”表示行为或性状的一贯性。“一直”侧重行为活动与性状存在的整体过程的持续性。“始终”反映行为或性状在某一整体过程内的不间断性。

这七个词在语用义方面也存在一定的不同，即它们在反映说话人的主观态度或倾向上有个级次——“从来、向来、历来、素来、一向、一直、始终”，越靠前表意的主观性就越强。

1.3“连连”类表频率副词表义的侧重点是，“连连”与“一连”比，“连连”着眼点在动作行为或性质的发生或出现的“频率”与“短时”上；而“一连”则不强调这两个方面。“接连”侧重动作行为或性质的发生或出现的“渐次、相接或紧接”性，而“连续”强调某一过程的整体“延续”性。“陆续”突出的是动作行为或性质的发生或出现的“有序性或逐次性”。

这几个词反映说话人主观态度上的情态义强弱不同，从极强的主观性到相对客观的意义从左到右基本可以形成一个连续统：连连>一连>接连>连续>陆续。

这几个词语义指向有不同，“陆续”主要侧重指向谓词上，而其他的都可以指向动作行为或数量成分。

总的来看，语义上，“原来”类、“从来”类副词与“连连”类着重点不同，前两类表达时制，强调性状行为一直如此，是言说主体从时间上对性状或行为进行强调，不同程度地反映说话人的态度和语气，所在句子基本呈现出静态特性；后者表示的是时体状貌。“原来”类、“从来”类的不同在于前者侧重“以前或先前”性，时间性强；后者突出“经历”义或曾然性，体意义明显。

2. 三组词句类分布与共现成分的差异

2.1 句法位置与句类分布上的差异

2.1.1 前两组副词相对灵活。如第一、二组副词“原来$_1$”、“原来$_2$”、“本来$_1$”、“本来$_2$”、“原先”、“从来”可居于句首、句中；第一组“原本”、第二组“向来、历来、一向、一直、素来、始终”和第三组表频率副词只能出现在谓语前。

2.1.2 三组副词分布的句类从语气类型看除主要集中在陈述句外，出现在其他的句类是有选择的。第三组副词只出现在陈述句中；“原来$_{1a}$”、“本来$_{1a}$”、“本来$_{1b}$”、“原先$_1$”、“原本$_1$”、“从来”、“向来”、“历来”、“一直”能出现在疑问句里；“原来$_2$”、“本来$_{1b}$”、“本来$_2$”、“从来”、“向来”、“历来”、“始终”可分布在感叹句里；“原来$_{1b}$”、“原先$_2$”、“原本$_2$”则不能出现在这两种句类里。

2.2 共现成分上的差异

2.2.1 与形容词的共现。第一、二组副词能与性质形容词和状态形容词共现，其中，“原来$_{1a}$”、“本来$_{1a}$”、“原先$_1$”、“原本”、“从来”、“向来”还能修饰形容词的 ABAB 式；第三组只能修饰性质形容词且以单音节居多。

2.2.2 与动词的共现。三组副词能与表动作义（除“原来$_{1b}$”）、思维义（除“原来$_{1b}$”）、需要义（除“原来$_{1b}$”）、变化义（除“原来$_{1b}$”）和持续义（除“原来$_2$”、“本来$_2$”外）的动词共现；前两组还能与表关系属性义的动词共现，第三组不可；第二、三组副词不能与瞬间非自主不可重复的动词共现，第一组（除“本来$_{1b}$”）可以；第一组和第二组中的“从来”、“向来”、“素来”、“始终”可与“V 一下”、“V（一）V”共现，其余的不行。第二组副词可与能愿动词共现，第三组不行，第一组中“原来$_1$”、“原先”和“原本”能与必要类、可能类、愿望类共现，“本来$_{1b}$”不能与这三类共现；“本来$_{1a}$”、“本来$_2$”能与愿望类共现；“原来$_2$”不能与必要类助动词共现。

2.3 与动态助词的共现。“原来$_{1a}$”、“原来$_2$”、“本来$_{1a}$”、“原先$_1$”、“原本$_1$”、“一直”、“始终”和“陆续”可与“了、着、过”共现；“一连”能与“了、过”共现，其余几个词不能与“了”、“过”共现；“从来”、“向来”、“素来”和“一向”能与“着、过”共现；“连连”和“接连”与“了、着”共现；“连续”只与“了”共现；“原来$_{1b}$”、“本来$_{1b}$”、“本来$_2$”、“原先$_2$”、“原本$_2$”只与“着”共现；“历来”只与“过”共现。

2.4 与其他副词的共现。第二组副词能与否定副词和转折副词共现；第三组不行；第一组“原来$_{1a}$”、“原来$_2$”、“本来$_{1a}$”、“本来$_2$”、“原先$_1$”、“原本$_1$”能与否定副词和转折副词同现；“原来$_{1b}$”、“本来$_{1b}$”则不能；“原本$_2$”能与否定副词共现但不能与转折副词共现。第一组除“本来$_{1b}$”、“本来$_2$”、“原本$_2$”外都能与表过去、已然的时间副词如“已、老早”等共现，第二组（除“一直”、“始终”）和第三组不能；第一组“原来$_{1a}$”、“原来$_2$”、“本来$_{1a}$”、“原先$_1$”、“原本$_1$”能与表频率副词“一直、总”等共现，第二、三组不能。第一组“原来$_2$”、“本来$_{1a}$”、“原本$_1$”能与时间副词“（正）在”共现，“原来$_1$”、“本来$_{1b}$”、“本来$_2$”、“原先”、“原本$_2$”和第二组副词（除“一直”、“始终”外）不能。第一组（除“本来$_2$”）和第二组不能与表短时、未然的时间副词共现；第二组的“一直”还可与语气副词共现，其余的不行。第三组几乎不与其他副词同现。

2.5 与代词的共现。第一组“原来$_{1b}$”、“原来$_2$”、“本来$_{1b}$”、“本来$_2$”、“原先”能与“这样、如此”等代词搭配，“原来$_{1a}$”、“本来$_{1a}$”、“原本”和第三组不能；第二组都能与之共现。

2.6 与数量短语的共现。第三组副词可与数量短语共现，前两组不可。

另外，前两组副词能与程度副词共现，第三组则不行。“原来$_2$”、“本来$_2$”、“原先”能与语气词共现，其余的不能。

3. 语篇功能上的差异

前两组副词基本有充当语篇“主位”的功能，和后续小句里的其他词语形成形式上的衔接手段。第三组副词不能处于主位，而且在衔接上多是通过语义上的关系进行的。

3.1 前两组副词都能在句中起到形式上的组织语篇的功能。例如：

例1：赵尧舜也说，“我原来$_{1a}$也不能喝，后来老要去应酬，也就练出些酒量。”(《顽主》)

例2：他本来$_{1a}$可以到车间找她，但是那里面的人多，如果她当面给他一个难堪，那却吃不消。(《上海的早晨》)

例3：纠纷原本$_1$是由于一点点小事，却不知怎么变得愈演愈

烈。(《大浴女》)

例 4：原先$_1$说“知识就是力量”，现在，特别是到了 21 世纪，知识将就是生产力。

例 5：听说东郊区的人大主任对爆炸的情况从来也没过问过，等我们公安机关抓了人后，却一个电话接一个电话的让放人。(《十面埋伏》)

例 6：就像现在，连向来干练果决的史元杰，尽管只是刚刚得到这个消息，但同你说起话来的时候，就已经变得那么吞吞吐吐，思前算后了。(《十面埋伏》)

例 7：历来有这种心理的人总被社会各方赞为胸有大志，因此这已成为一种被充分肯定的社会意识形态。(《十万进士》)

例 8：马英素来佩服赵振江心细谨慎，可是总觉得多少有些过分，带兵不比做文章，得有点冲劲，这一次更觉得赵振江有些保守，便劝说道：“我们已经作了最坏的情况估计，即使这样，也可以保证胜利。”(《平原枪声》)

例 9：小学老师吃了十几二十年粉笔灰，在县城里一向默默无闻，没有想到有一天会受到这样的赏识，很有些受宠若惊。(《将军镇》)

例 10：虽说墨非一直没有过越轨之举，但黛二清楚他心里的愿望并不是没有。(《无处告别》)

例 11：当时，我正在和我过去十分倾慕但始终没勾上手的一个女同学聊天，她如今也是残花败柳了，刚离了婚，也不那么清高了。(《过把瘾就死》)

第一组副词能在语篇中起衔接作用，比如：“原来$_{1a}$、本来$_{1a}$、原先$_1$和原本$_1$”是表先时顺序的衔接副词，“原来$_2$”、“本来$_2$”为释因性衔接副词（见第三章）。第二组词中的“向来”、“历来”偶尔也能起语篇连接功能。如：

例 12：在接受记者采访时，北京大学的潘维教授说：“向来，诺贝尔奖并不是科学家追求的一个目标，没有哪位获奖的科学家是为了得诺贝尔奖才搞科学研究的。”(李利群《诺贝尔奖为谁而设——中国不得诺奖再反思》，《青年参考》2002 年 10 月 19 日)

3.2 前两组副词在句中可以连用。第一组词只能间隔连用，第二组词有连续连用和间隔连用两种情况，第三组词不能连用。

前两组副词在句中连用的例子如：

例 13：原来$_2$ 他们本来$_{1b}$就是朴实的，单纯的，生活虽然艰苦，但他们始终抱着愉快的满足。(《灵与肉》)

例 14：他原来$_2$ 只羡慕潘宏福和冯永祥，将来能像他们那样吃得开就心满意足了，从来没想到他比爸爸的前途还远大，真是出乎意料之外……(《上海的早晨》)

例 15：几十位同学围坐在一家中档酒店的包间里，听小狼一直用手机和她联络，却原来$_2$是厅里又有了临时的会。(《树下》)

例 16：有厚厚一叠报道赵三公子与孙雅芝的秘闻杂志，我本来$_{1a}$一向不看这些东西，一读之下，不禁为之倾倒，哗，绘形绘色，活灵活现，简直像是躲在赵老三床底下作现场观察后才写的，文人无行，一至于斯。(《香雪海》)

例 17：我本来$_{1a}$一向觉得玉卿嫂的眼睛很俏的，但是当她盯着庆生看时，闪光闪得好厉害，嘴巴闭得紧紧的，却有点怕人了。(《玉卿嫂》)

例 18：“我没跑远，本来$_{1a}$想去我姨妈家的，走了一段路，心里害怕又回来了，加了衣服一直在小花园坐到天亮。”(《过把瘾就死》)

例 19：“我会隐身术。我本来$_{1b}$就一直跟着你呢。”(《风筝飘带》)

例 20：朱砂一直在跟伊娃聊天，我无所事事地坐在一边的草地上，回想了一会儿，觉得从见到马克的妻子第一眼开始，我就没有原先$_1$ 预想中那么嫉妒，相反我也磁铁伊娃，谁叫她那么美，人们总是喜欢美丽的事物的。(《上海宝贝》)

例 21：所有这些，原先$_1$ 从来也没有让他注意过，可是当秀秀那张脸就象一朵花一样日渐开放起来的时候，那隐隐暗伏的命运的威胁，便不能不使他心悸气短了。(《小站的黄昏》)

第一组词间隔连用的例子如：

例 22：原来$_2$ 世上有这么多的山，原来$_2$ 阳光常常被山遮住。

(《秋天的愤怒》)

例 23：在人生的道路上，我们原来$_{1b}$就不是朝着同一个方向，偶然的相逢，本来$_{1b}$就该挥挥手，不扬起一丝尘埃。(《巴西狂欢节》)

例 24：我本来$_{1a}$以为只是我们汤家吃朱半天一家的苦头，原来$_{2}$劳动人民都吃了许多苦呢。(《上海的早晨》)

例 25：一件原来$_{1a}$（本来$_{1a}$/原本$_{1}$/？原先$_{1}$）撕毁不能穿的衬衫，现在变得比原先那件更完美更独特。我赞叹道：太漂亮了，就像艺术品一样。老婆说：都是那个做皮鞋的老师傅给我启发。补丁，原本$_{1}$（本来$_{1a}$/？原来$_{1a}$/？原先$_{1}$）是一种遗憾，却可以通过巧手匠心，让它呈现出一种完美。(《生命的补丁》，载《读者》2005年第13期)

例25的“原来$_{1a}$”与“现在”对比，这里的“原来$_{1a}$”可换成“原本$_{1}$、本来$_{1a}$”，照理也可用“原先$_{1}$”，但因后一分句有介宾“原先”，故前面再用“原先$_{1}$”就重复了；例25的“原本$_{1}$”可换成“本来$_{1a}$”，因为二词都可强调所描述事物的初始的本有的状态。“原来$_{1a}$”、“原先$_{1}$”没有这个意义，不能换用。

第二组词连续连用的例子如：

例 26：也许惦记着我的是年迈的双亲吧？他们打电话来永远是那几句话：家里都好，你很忙，不要惦记我们。可是他们却一直一直地惦记着我。(《谁在惦记着你》，载《读者》2005年第3期)

例 27：“我一直一直很奇怪，为什么你们都以为乃文爱上的是我？”(《红苹果之恋》)

第二组词间隔连用的例子如：

例 28：“女人家有啥能力？她的事从来不和我商量，一回到家里，向来不谈正经的。”(《上海的早晨》)

例 29：我这个人向来不爱运动，而且在国内时从来没骑自行车上过街，所以来中国后，每次骑车上街我都提心吊胆的。(《汉语教程》三〈上〉，第200页)

例 30：偶然地，你不知从什么渠道知道了他的生日，于是从那天的凌晨开始，你便不停地默念着生日快乐，可是却始终没有敢

对他说，因为你们还从来没有说过话呢。(《年少时的影子情人》，载《读者》原创版，2005 年第 1 期)

例 31：这些赠品，都是他们从来不舍得用，从来不拿给人看，一直藏在小包袱的最里层的……（语文总）

例 32：至于说我们穷呀弱呀，我们历来不回避，我们向来这样讲。(《邓小平文选》第 2 卷)

例 33：他一向镇定自若，从来没慌张过，现在他的手却发抖了。

例 34：别人说，我不是哑巴，他始终不敢相信，因为他从来没听我说过一句话。(《黄金时代》)

例 35：芳契从来没来过这间酒吧，永实也一向没有告诉她有这个好去处，每个人都有权保留一点儿私隐。(《紫薇愿》)

例 36：科长一直在帮马主任查那个汇报人，却是始终没能查出。(《埋伏》)

例 37：从一九七一年开始，他一直申请回国探亲，由于我们一家缺乏政治影响而始终未能如愿。(《晚霞消失的时候》)

例 38：只有奶奶，始终不曾离开过曾家大院，也始终不曾原谅过靖萱和梦寒。(《水云间》)

3. 3 “原来”类衔接副词在语篇中居于主前和居于主后，表达效果上有差异。(见第三章)

在主观性上，“原来”类与“从来”类强于“连连”类，分布上前者也是比后者灵活多变，因而所反映的语篇、人际功能生动多样，后者却比较单一，主要在句法上起作用。在与谓词的组合能力上，也是如此。因而，前两类副词不仅具有句法功能，更为重要的是它兼有的语用功能——它们是些语用成分。后者恰恰相反，句法、语义功能突出而语用功能不及前者。

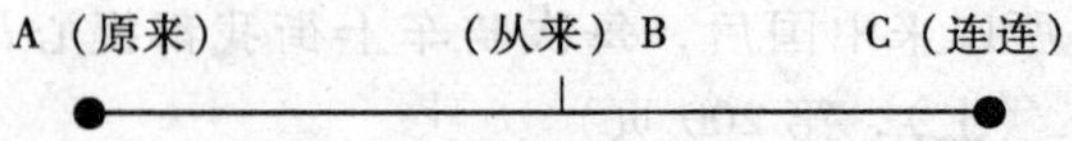

因此从 A 到 B 再到 C，它们的功能由句法、语用与语篇等逐渐

趋于单一的句法功能；同时它们所在的句子的动态性逐步增强，静态性却减弱。

二、三组词历时演变所反映的语法化规律

Givón① 提出了一个著名的观点：今天的词法曾是昨天的句法。王力先生②也早就明确提出仂语（也就是今天所说的短语）的凝固化是复音词产生的主要方式。汉语词汇的发展状况证明了这一点。汉语的双音词多是由短语凝固而来的。从短语固化成双音词是双音词产生的一个最重要的方式。汉语复合词有五种基本结构方式，即并列式、偏正式、主谓式、动宾式、述补式，正对应于基本的汉语短语结构分类。历时的考察可以发现，所有这五种短语类型都可以降格为词。本书讨论的 16 个副词中有 11 个分别从介词短语、并列短语固化成双音词；有 3 个是由偏正短语凝固虚化为词的；1 个可能由主谓短语虚化而来；1 个由单音节频率副词重叠而成。

（一）演变轨迹

我们讨论的双音节时间副词中有五个是由古汉语中两个单音节词组合成的短语逐渐“词化”而成的，这五个是“原本、原先、始终、接连、连续”。其中，“原本、原先”是由古汉语中两个同义连用的名词构成的并列式名词短语演化而来；“始终”是由古汉语中两个反义连用的名词构成的并列式名词短语演化而来；“接连、连续”由古汉语中两个同义连用的动词构成的并列式动词短语演化而成。如“始终”，先秦典籍已见连言用例，最早指开头和结尾，是并列式名词短语，在句中作宾语。到了汉代，“始终”使用渐多。随着“始终”的广泛使用，其句法位置发生了变化，由主要居于句首或句末移至谓语动词前作状语，凝固虚化为时间副词，表示某种行为或状态在一定时间内没有变化，从开始到结束都一样。用在谓语动词前作状语。其时间应在东汉。

---

① Givón，T. Historical Syntax and Synchronic Morphology：an Archaeologist's Field Trip. Chicago Linguistic Society. 1971.

② 王力：《汉语语法纲要》，新知识出版社 1957 年版。

我们讨论的双音副词有三个是由古汉语中的介宾短语"从X（以/已）来"逐渐词化而成，这三个是"原来、本来、从来"。以"从来"为例。时间副词"从来"产生以前，"从"与"来"有两种不同的结构方式：①"从+来"；②"从X（以/已）来"。冯春田先生认为时间副词"从来"是由介宾短语"从X（以/已）来"省缩而成。他作出了很好的解释：当句法环境并不要求明确这个介词时间短语的时间起点（X），而只单单表示从过去到当时一向如此，那么X就有了省缩的条件，于是"从X（以/已）来"就省缩为"从来"(连接性成分"以/已"在X消失时失去作用，自然不用)；这时"X"已不具有独立性；"从来"就成为一个词。"本来"、"原来"两个词的演化过程同此。

我们讨论的双音副词有三个可能是由时间副词"从来"类推而来的，这三个是"向来、历来、素来"。

我们讨论的双音时间副词中有三个由古汉语中的偏正短语固化而来，这三个是"一向、一直、一连"。以"一向"为例。先秦"一向"连用是个偏正短语，本义是朝着一个目标或方向。这种用法先秦已见。随着两词的连用，渐渐由一个短语虚化为一个时间副词，用作状语，表示由过去到说话时一直如此。最早用例见于东汉。

表频率的副词"陆续"似由古汉语中的主谓短语固化而成。"陆"本义指高平之地，引申为道路、物体运行的轨道等。"陆"、"续"二词连用最初可能是主谓短语，后来凝固成词，语义扩大，泛指接续不断。由于句法位置的前移，"陆续"慢慢虚化为一个频率副词，表示动作有先有后，接连不断。初见时代似应在唐代。

表频率副词"连连"由副词"连"重叠而成。先秦，"连"是动词，本义指连接。引申为连续不停止。汉代，引申作虚词的"连"可用作副词，表示动作行为是连续多次发生的。可译为"连续"、"连连"等。重叠式"连连"出现于唐代，表示对动作行为频度的强调。

（二）语法化机制

语法化机制主要有移位、类推、泛化、弱化、认同等。本书讨论的 16 个副词的形成主要是依赖前三种机制。

1. 移位。移位是词语语法位置的变更，移位往往是实词虚化的先导，特别是移位后的语法位置在语言中固定下来之后，随着虚化的其他机制的运行，虚化现象便日益加剧，终于使词汇成分语法化。“始终、接连、连续”三个副词就是由于句法位置的变化，伴随着语义的虚化演变而来。“始终”可为代表，其移位情况见本节“演变轨迹”部分所述。

2. 类推。类推是指两个本来意义和功能相同的成分或形式，当其中一个成分或形式语法化以后，另一个成分或形式在相同条件下，也可能受其影响，发生同类的变化。比如当时间副词“从来”由“从 X（以/已）来”省缩为“从来”以后(“X”为时间起点)，由于“向、历、素”都能表示时间，因而就由“从来”类推出时间副词“向来、历来、素来”。

3. 语义的抽象化或泛化。“一向、一直、一连”由偏正短语凝固虚化成副词，是经由语义抽象化、泛化的途径的。“一向”可为代表，其演变情况见本节“演变轨迹”部分所述。

主要参考文献

一、论文

（1）吕叔湘：《汉语句法的灵活性》，《中国语文》，1986 年第 1 期。

（2）邢福义：《从“原来”的词性看词的归类问题》，《汉语学习》，1985 年第 6 期。

（3）陆俭明：《关于语义指向分析》，《中国语言学论丛》（第一辑），北京语言文化大学出版社 1997 年版。

（4）陆俭明：《开展面向对外汉语教学的词汇语法研究》，《语言教学与研究》，2006 年第 2 期。

（5）徐通锵：《字和汉语语义句法的基本结构原理》，《语言文字应用》，2001 年第 1 期。

（6）王宁：《训诂学与汉语双音词的结构和意义》，《语言教学与研究》，1994 年第 4 期。

（7）王宁：《论本源双音合成词凝结的历史原因》，《古典文献与文化论丛》（第二辑），杭州大学出版社 1999 年版。

（8）张永言：《关于词的内部形式》，《语文学论集》，语文出版社 1992 年版。

（9）沈家煊：《“语法化”研究综述》，《外语教学与研究》，1994 年第 4 期。

（10）沈家煊：《实词虚化的机制》，《当代语言学》，1998 年第 3 期。

（11）沈家煊：《语言的“主观性”和“主观化”》，《外语教学与研究》，2001 年第 4 期。

（12）沈家煊：《有界与无界》，《中国语文》，1995 年第 5 期。

（13）沈开木：《论语义指向》，《华南师范大学学报》，1996 年第 1 期。

（14）张伯江：《认识观的语法表现》，《国外语言学》，1997 年第 2 期。

（15）刘叔新：《释义中的区别性特点问题》，《语言文字应用》，1994 年第 1 期。

（16）刘叔新：《汉语复合词内部形式的特点与类》，《中国语文》1985 年第 3 期。

（17）张志毅：《同义词辨析应该注意语法上的区别》，《汉语学习》，1958 年第 11 期。

（18）萧国政：《21 世纪现代汉语语法研究的内涵构成与发展选择——拓展主体加强两翼》，《华东师范大学学报》，2004 年第 3 期。

（19）郭锐：《汉语动词的过程结构》，《中国语文》，1993 年第 6 期。

（20）廖秋忠：《现代汉语语篇中连接成分》，《中国语文》，1986 年第 6 期。

（21）廖秋忠：《篇章与语用和句法研究》，《语言教学与研究》，1991 年第 4 期。

（22）屈承熹：《汉语副词的篇章功能》，《语言教学与研究》，1991 年第 2 期。

（23）张谊生：《副词的篇章连接功能》，《语言研究》，1996

年第 1 期。

（24）张谊生：《论与汉语副词相关的虚化机制——兼论现代汉语副词的性质、分类与范围》，《中国语文》，2000 年第 1 期。

（25）张谊生：《现代汉语时间副词三论》，见《语言问题再认识》，上海教育出版社 2001 年版。

（26）邓守信：《汉语动词的时间结构》，《第一届国际汉语教学讨论会论文选》，北京语言学出版社 1985 年版。

（27）陈平：《论现代汉语时间系统的三元结构》，《中国语文》，1988 年第 6 期。

（28）洪波：《论汉语实词虚化的机制》，郭锡良《古代汉语语法论集》，语文出版社 1998 年版。

（29）刘坚，曹广顺，吴福祥：《论诱发汉语词汇语法化的若干因素》，《中国语文》，1995 年第 3 期。

（30）孙锡信：《语法化机制探颐》，《语言文字学》，2003 年第 5 期。

（31）徐时仪：《论词组结构功能的虚化》，《复旦学报》（社科版），1998 年第 5 期。

（32）吴福祥：《关于语法化的单向性问题》，《当代语言学》，2003 年第 4 期。

（33）冯春田：《汉语历史上跟介词“自”、“从”有关的几个句法单位词化问题》，商务印书馆语言学出版基金第二次中青年语言学者论坛“21 世纪的中国语言学”会议论文，2004 年 5 月。

（34）冯胜利：《汉语双音化的历史来源》，史有为主编《从语义信息到类型比较》，北京语言文化大学出版社 2001 年版。

（35）张博：《汉语实词相应虚化的语义条件》，《中国语言学报》，2003 年第 11 期。

（36）马清华：《词汇语法化的动因》，《汉语学习》，2003 年第 2 期。

（37）袁毓林：《多项副词共现的语序原则及其认知解释》，《语言学论丛》26，商务印书馆 2002 年版。

（38）黄河：《常用副词共现时的次序》，北京大学中文系《缀玉二集》，北京大学出版社 1990 年版。

（39）史金生：《语气副词的范围、类别和共现顺序》，《中国语文》，2003 年第 1 期。

（40）史金生，胡小萍：《动量副词的类别及其选择性》，《语文研究》，2004 年第 2 期。

（41）崔希亮：《事件情态和汉语的表态系统》，《语法研究与探索》（十二），中国语文杂志社编，商务印书馆 2003 年版。

（42）卢英顺：《语义指向研究漫谈》，《世界汉语教学》，1995 年第 3 期。

（43）周刚：《语义指向分析刍议》，《语文研究》，1998 年第 3 期。

（44）赵永新：《汉外对比研究与对外汉语教学》，载《中国对外汉语教学学会成立十周年纪念论文选》，北京语言学院出版社 1996 年版。

（45）杨寄洲：《课堂教学中怎么进行近义词语用法对比》，《世界汉语教学》，2004 年第 3 期。

（46）李晓琪：《论对外汉语虚词教学》，《世界汉语教学》，1998 年第 3 期。

（47）敖桂华：《对外汉语近义词辨析教学对策》，《汉语学习》，2008 年第 3 期。

（48）苏英霞：《同义词辨析的几种方法》，《汉语学习》，2000 年第 2 期。

（49）刘缙：《对外汉语近义词教学漫谈》，《语言文字应用》，1997 年第 1 期。

（50）史金生：《现代汉语副词语义功能研究》，南开大学博士学位论文，2002 年。

二、专著

（1）爱德华·萨丕尔：《语言论》，卢卓元译，商务印书馆 1995 年版。

（2）布龙菲尔德：《语言论》，袁家骅译，商务印书馆 1985

年版。

（3）索绪尔：《普通语言学教程》，商务印书馆 1990 年版。

（4）A. J. 格雷马斯：《结构语义学方法研究》，生活·读书·新知三联书店 1999 年版。

（5）黎锦熙：《新著国语文法》，商务印书馆 2000 年版。

（6）王力：《中国语法理论》，商务印书馆 2000 年版。

（7）王力：《汉语史稿》，中华书局 2001 年版。

（8）高名凯：《语言论》，商务印书馆 1995 年版。

（9）高名凯，石安石：《语言学概论》，中华书局 1963 年版。

（10）郭锡良：《古代汉语语法论集》，语文出版社 1998 年版。

（11）杨伯峻，何乐士：《古汉语语法及其发展》（上）（修订本），语文出版社 2001 年版。

（12）吕叔湘：《汉语语法论文集》，商务印书馆 1999 年版。

（13）吕叔湘等著，马庆株编：《语法研究入门》，商务印书馆 2000 年版。

（14）赵元任：《汉语口语语法》，商务印书馆 2001 年版。

（15）朱德熙：《语法讲义》，商务印书馆 1982 年版。

（16）朱德熙：《语法答问》，商务印书馆 2000 年版。

（17）陆俭明，马真：《现代汉语虚词散论》，语文出版社 1999 年版。

（18）陆俭明，沈阳：《汉语和汉语研究十五讲》，北京大学出版社 2003 年版。

（19）胡裕树，范晓：《动词研究》，河南大学出版社 1995 年版。

（20）江蓝生：《近代汉语探源》，商务印书馆 2001 年版。

（21）吕必松：《对外汉语教育与对外汉语教学》，外语教学与研究出版社 2005 年版。

（22）李宇明：《汉语量范畴研究》，华中师范大学出版社 2000 年版。

（23）李宇明：《语法研究录》，商务印书馆 2002 年版。

（24）赵金铭：《对外汉语教学概论》，商务印书馆 2005 年版。

（25）赵金铭：《新视角汉语语法研究》，北京语言文化大学出版社 1997 年版。

（26）沈家煊：《不对称和标记论》，江西教育出版社 1999 年版。

（27）张伯江，方梅：《汉语功能语法研究》，江西教育出版社 2001 年版。

（28）徐通锵：《语言论》，东北师范大学出版社 1997 年版。

（29）胡壮麟，朱永生，张德录：《系统功能语法概论》，湖南教育出版社 1989 年版。

（30）胡壮麟：《语篇的衔接与连贯》，上海外语教育出版社 2003 年版。

（31）徐烈炯：《生成语法理论》，上海外语教育出版社 1998 年版。

（32）桂诗春，宁春岩：《语言学方法论》，外语教学与研究出版社 1997 年版。

（33）马庆株：《汉语动词和动词性结构》，北京语言学院出版社 1992 年版。

（34）太田辰夫：《中国语历史文法》，蒋绍愚，徐昌华译，北京大学出版社 2003 年版。

（35）志村良治：《中国中世语法史研究》，中华书局 1995 年版。

（36）卢烈红：《古尊宿语要代词助词研究》，武汉大学出版社 1998 年版。

（37）胡明扬：《词类问题考察》，北京语言文化大学出版社 1997 年版。

（38）徐杰：《普遍语法原则与汉语语法现象》，北京大学出版社 2004 年版。

（39）吴福祥：《汉语语法化研究》，商务印书馆 2005 年版。

（40）吴福祥，洪波：《语法化与语法研究》（一），商务印书馆 2003 年版。

（41）龚千炎：《汉语的时相　时制　时态》，商务印书馆 2000

年版。

（42）范晓：《三个平面的语法观》，北京语言学院出版社 1996 年版。

（43）葛本仪：《现代汉语词汇学》，山东人民出版社 2002 年版。

（44）许威汉：《二十世纪的汉语词汇学》，书海出版社 2002 年版。

（45）张志毅，张庆云：《词汇语义学》，商务印书馆 2004 年版。

（46）符淮青：《语义的分析和描写》，语文出版社 1996 年版。

（47）符淮青：《现代汉语词汇》，北京大学出版社 1997 年版。

（48）曹炜：《现代汉语词汇研究》，北京大学出版社 2004 年版。

（49）刘叔新：《汉语描写词汇学》，商务印书馆 1995 年版。

（50）苏新春：《汉语词汇计量研究》，厦门大学出版社 2001 年版。

（51）苏新春：《汉语词义学》，广东教育出版社 1997 年版。

（52）王艾录，司富珍：《汉语的词语理据》，商务印书馆 2001 年版。

（53）张斌，范开泰：《现代汉语虚词研究综述》，安徽教育出版社 2002 年版。

（54）张斌，张谊生：《现代汉语虚词》，华东师范大学出版社 2002 年版。

（55）戴耀晶：《现代汉语时体系统研究》，浙江教育出版社 1997 年版。

（56）萧国政：《汉语语法研究论》，华中师范大学出版社 2003 年版。

（57）李向农：《现代汉语时点时段研究》，华中师范大学出版社 1998 年版。

（58）张谊生：《现代汉语副词研究》，学林出版社 2001 年版。

（59）张谊生：《现代汉语副词探索》，学林出版社 2004 年版。

（60）邵敬敏：《汉语语法的立体研究》，商务印书馆 2000 年版。

（61）中国语文杂志社编：《语法研究和探索》（十二），商务印书馆 2003 年版。

（62）石毓智，李讷：《汉语语法化的历程——形态句法发展的动因和机制》，北京大学出版社 2000 年版。

（63）石毓智：《语法的认知语义基础》，江西教育出版社 2000 年版。

（64）杨荣祥：《近代汉语副词研究》，商务印书馆 2005 年版。

（65）赵艳芳：《认知语言学概论》，上海外语教育出版社 2002 年版。

（66）束定芳：《语言的认知研究——认知语言学论文精选》，上海外语教育出版社 2004 年版。

（67）鲁健骥：《对外汉语教学思考集》，北京语言文化大学出版社 1999 年版。

（68）吕文华：《对外汉语教学语法体系研究》，北京语言文化大学出版社 1999 年版。

（69）鲁川：《汉语语法的意合网络》，商务印书馆 2001 年版。

（70）周小兵，李海鸥：《对外汉语教学入门》，中山大学出版社 2004 年版。

（71）周小兵，赵新：《对外汉语教学中的副词研究》，中国社会科学出版社 2002 年版。

（72）周小兵：《句法 · 语义 · 篇章》，广东高等教育出版社 1996 年版。

（73）周小兵，朱其智，邓小宁：《外国人学汉语语法偏误研究》，北京语言大学出版社 2007 年版。

（74）王建勤：《汉语作为第二语言的习得研究》，北京语言大学出版社 2008 年版。

（75）崔永华，杨寄洲：《对外汉语课堂教学技巧》，北京语言大学出版社 2008 年版。

（76）张和生：《对外汉语课堂教学技巧研究》，商务印书馆

2006 年版。

（77）孙德金：《对外汉语词汇及词汇教学研究》，商务印书馆 2006 年版。

（78）张和生：《汉语可以这样教——语言要素篇》，商务印书馆 2008 年版。

（79）张和生：《对外汉语课堂教学技巧研究》，商务印书馆 2006 年版。

（80）彭增安，陈光磊：《对外汉语课堂教学概论》，世界图书出版公司 2006 年版。

（81）朱志平：《汉语双音复合词属性研究》，北京大学出版社 2005 年版。

三、工具书

（1）国家汉语水平考试委员会办公室考试中心制定：《汉语水平词汇与汉字等级大纲》（修订本），经济科学出版社 2001 年版。

（2）国家对外汉语教学领导小组办公室编制：《高等学校外国留学生汉语教学词汇大纲》（长期进修），北京语言文化大学出版社 2002 年版。

（3）商务印书馆编辑部：《辞源》，商务印书馆 1998 年版。

（4）许慎：《说文解字》，中华书局 1996 年版。

（5）段玉裁：《说文解字注》，上海古籍出版社 1981 年版。

（6）刘淇：《助字辨略》，中华书局 1983 年版。

（7）宗福邦，陈世铙，萧海波：《故训汇纂》，商务印书馆 2003 年版。

（8）汉语大词典编写组：《汉语大词典》，汉语大词典出版社 1990 年版。

（9）汉语大字典编辑委员会：《汉语大字典》，湖北辞书出版社，四川辞书出版社 1998 年版。

（10）吕叔湘主编：《现代汉语八百词》，商务印书馆 1990 年版。

（11）北京大学中文系 1955、1957 级语言班：《现代汉语虚词例释》，商务印书馆 1996 年版。

（12）何金松：《虚词历时词典》，湖北人民出版社 1994 年版。

（13）中国社会科学院语言研究所古代汉语研究室：《古代汉语虚词词典》，商务印书馆 2000 年版。

（14）孟琮，郑怀德等：《动词用法词典》，商务印书馆 2003 年版。

（15）侯学超：《现代汉语虚词词典》，北京大学出版社 1998 年版。

（16）张斌：《现代汉语虚词词典》，商务印书馆 2001 年版。

（17）武克忠：《现代汉语常用虚词词典》，江西教育出版社 1998 年版。

（18）王自强：《现代汉语虚词用法小词典》，上海辞书出版社 1984 年版。

（19）北京语言学院编写组：《现代汉语常用词语例解》，北京语言学院 1986 年版。

（20）曲阜师范大学编写组：《现代汉语常用虚词词典》，浙江教育出版社 1992 年版。

（21）杨寄洲，贾永芬：《1700 对近义词语用法对比》，北京语言大学出版社 2007 年版。

（22）王还：《汉语近义词典》（汉英双解），北京语言大学出版社 2005 年版。

（23）卢福波：《对外汉语常用词语对比例释》，北京语言大学出版社 2008 年版。

（24）邵敬敏：《HSK 汉语水平考试词典》，华东师范大学出版社 2000 年版。

四、教材

（1）杨寄洲：《汉语教程》三（上/下），北京语言文化大学出版社 1999 年版。

（2）陈灼：《桥梁——实用中级汉语》（上），北京语言大学出版社 2003 年版。

（3）杜莱：《汉语中级教程》，北京大学出版社 1992 年版。

（4）董瑾：《经贸汉语听和说》，外语教学与研究出版社 2003 年版。

（5）董瑾：《经贸汉语阅读与写作》，外语教学与研究出版社 2003 年版。

后　记

本书是在我的博士论文《"原来"、"从来"、"连连"三组时间副词研究》的基础上修改充实而成的。

本书得以问世首先应当归功于我的导师卢烈红教授的悉心指导。尤以卢老师的睿智、启迪，使我茅塞顿开。在我硕士、博士学习的七年时间中，老师勤奋的治学精神、严谨的治学态度和科学的治学方法我将永远铭记在心并施之于后学。对卢老师的感激之情我无以言表，唯有努力地工作来回报老师的厚爱。

如果说，这本书是我的一点儿研究成果的话，这里面也浸润着前辈学者对培养后代学人所付出的心血。我深深地感激在学术上一路扶持我、帮助过我的老师们！

在攻读硕士、博士学位的生涯中，我庆幸自己能聆听郑远汉教授、杨合鸣教授、宗福邦教授、萧国政教授的教诲，使我增长了见识，开阔了视野。在博士论文的写作期间，郭锡良教授、祝敏彻教授、尉迟治平教授、孙玉文教授、杨合鸣教授、宗福邦教授、萧国政教授、赵世举教授、杨逢彬教授、骆瑞鹤教授，或在开题报告、或在毕业论文答辩时对论文的写作提出了许多中肯的意见和建议。

人过中年，作为女儿、妻子和母亲，我也深深地感激家人给予我的支持和鼓励。感谢父母默默奉献——尤其是我来武汉的十余年间给予我精神上的鼓励为我拼搏进取增强了信心和力量。可怜天下父母心终身难忘！感谢兄姊代我所尽的孝道！感谢这几年我奔忙于工作和研究之间时丈夫和女儿默默地承受与分担！友人告诉我，“舍得”之义，没有“舍”，哪有“得”。我深知自己今日之“得”，实为你们所“舍”。

本书得到武汉大学出版社领导的大力支持，黎晓方女士对本书做了非常仔细的审核工作，在此一并表示由衷的感谢！限于作者的学识，书中一定还存在不少疏漏甚至是错误。敬请广大读者批评指正。

唐为群
2010 年 4 月于武汉大学珞涵新邨寓所

武汉大学学术丛书 书目

中国当代哲学问题探索
中国辩证法史稿（第一卷）
德国古典哲学逻辑进程（修订版）
毛泽东哲学分支学科研究
哲学研究方法论
改革开放的社会学研究
邓小平哲学研究
社会认识方法论
康德黑格尔哲学研究
人文社会科学哲学
中国共产党解放和发展生产力思想研究
思想政治教育有效性研究（第二版）
政治文明论
中国现代价值观的初生历程
精神动力论
广义政治论
中西文化分野的历史反思
第二次世界大战与战后欧洲一体化起源研究
哲学与美学问题
行为主义政治学方法论研究
政治现代化比较研究
调和与制衡
“跨越论”与落后国家经济发展道路
村民自治与宗族关系研究
中国特色社会主义基本问题研究
一种中道自由主义：托克维尔政治思想研究
社会转型与组织化调控
中国现阶段所有制结构及其演变的理论与实证研究
战后美国对外经济制裁
从简帛中挖掘出来的政治哲学

国际经济法概论
国际私法
国际组织法
国际条约法
国际强行法与国际公共政策
比较外资法
比较民法学
犯罪通论
刑罚通论
中国刑事政策学
中国冲突法研究
中国与国际私法统一化进程（修订版）
比较宪法学
人民代表大会制度的理论与实践
国际民商新秩序的理论建构
中国涉外经济法律问题新探
良法论
国际私法（冲突法篇）（修订版）
比较刑法原理
担保物权法比较研究
澳门有组织犯罪研究
行政法基本原则研究
国际刑法学
遗传资源获取与惠益分享的法律问题研究
欧洲联盟法总论
民事诉讼辩论原则研究
权力的法治规约
宪法与公民教育
国际商事争议解决机制研究
人民监督员制度的立法研究

当代西方经济学说（上、下）
唐代人口问题研究
非农化及城镇化理论与实践
马克思经济学手稿研究
西方利润理论研究
西方经济发展思想史
宏观市场营销研究
经济运行机制与宏观调控体系
三峡工程移民与库区发展研究
２１世纪长江三峡库区的协调与可持续发展
经济全球化条件下的世界金融危机研究
中国跨世纪的改革与发展
中国特色的社会保障道路探索
发展经济学的新发展
跨国公司海外直接投资研究
利益冲突与制度变迁
市场营销审计研究
以人为本的企业文化
路径依赖、管理哲理与第三种调节方式研究
中国劳动力流动与“三农”问题
新开放经济宏观经济学理论研究
关系结合方式与中间商自发行为的关系研究
发达国家发展初期与当今发展中国家经济发展比较研究
旅游业、政府主导与公共营销
创新、模仿、知识产权和全球经济增长
消费者非伦理行为形成机理及决策过程研究

武汉大学学术丛书 书目

随机分析学基础
流形的拓扑学
环论
近代鞅论
鞅与ｂａｎａｃｈ空间几何学
现代偏微分方程引论
算子函数论
随机分形引论
随机过程论
平面弹性复变方法（第二版）
光纤孤子理论基础
Ｂａｎａｃｈ空间结构理论
电磁波传播原理
计算固体物理学
电磁理论中的并矢格林函数
穆斯堡尔效应与晶格动力学
植物进化生物学
广义遗传学的探索
水稻雄性不育生物学
植物逆境细胞及生理学
输卵管生殖生理与临床
Ａｇｅｎｔ和多Ａｇｅｎｔ系统的设计与应用
因特网信息资源深层开发与利用研究
并行计算机程序设计导论
并行分布计算中的调度算法理论与设计
水文非线性系统理论与方法
拱坝CADC的理论与实践
河流水沙灾害及其防治
地球重力场逼近理论与中国2000似大地水准面的确定
碾压混凝土材料、结构与性能
喷射技术理论及应用
Dirichlet级数与随机Dirichlet级数的值分布
地下水的体视化研究
病毒分子生态学
解析函数边值问题（第二版）
工业测量
日本血吸虫超微结构
能动构造及其时间标度
基于内容的视频编码与传输控制技术
机载激光雷达测量技术理论与方法
相对论与相对论重力测量
水工钢闸门检测理论与实践
空间信息的尺度、不确定性与融合
基于序列图像的视觉检测理论与方法

中日战争史（１９３１～１９４５）（修订版）
中苏外交关系研究（１９３１～１９４５）
汗简注释
国民军史
中国俸禄制度史
斯坦因所获吐鲁番文书研究
敦煌吐鲁番文书初探（二编）
十五十六世纪东西方历史初学集（续编）
清代军费研究
魏晋南北朝隋唐史三论
湖北考古发现与研究
德国资本主义发展史
法国文明史
李鸿章思想体系研究
唐长孺社会文化史论丛
殷墟文化研究
战时美国大战略与中国抗日战场（1941～1945年）
古代荆楚地理新探·续集
汉水中下游河道变迁与堤防
吐鲁番文书总目（日本收藏卷）
用典研究
《四库全书总目》编纂考
元代教育研究
中国实录体史学研究
分歧与协调
明清长江流域山区资源开发与环境演变
清代财政政策与货币政策研究
“封建”考论（第二版）
经济开发与环境变迁研究
中国华洋义赈救灾总会研究
明清鄂东宗族与地方社会

文言小说高峰的回归
文坛是非辩
评康殷文字学
中国戏曲文化概论（修订版）
法国小说论
宋代女性文学
《古尊宿语要》代词助词研究
社会主义文艺学
文言小说审美发展史
海外汉学研究
《文心雕龙》义疏
选择·接受·转化
中国早期文化意识的嬗变（第一卷）
中国早期文化意识的嬗变（第二卷）
中国文学流派意识的发生和发展
汉语语义结构研究
明清词研究史
新文学的版本批评
中国古代文论诗性特征研究
唐五代逐臣与贬谪文学研究
王蒙传论
教育格言论析
嘉靖前期诗坛研究（1522-1550）
清词话考述
“原来”、“从来”、“连连”三组时间副词研究

中国印刷术的起源
现代情报学理论
信息经济学
中国古籍编撰史
大众媒介的政治社会化功能
现代信息管理机制研究
科学信息交流研究
比较出版学
IRM-KM范式与情报学发展研究
公共信息资源的多元化管理